目　錄

作者序　/004

第一章　概說　/007
　　一、智慧財產權的概念 008
　　二、智慧財產權的起源 008
　　三、智慧財產權的立法 008
　　四、智慧財產權的特徵 008
　　五、智慧財產權的分類 009
　　六、智產權經濟的保護 010

第二章　《科學技術基本法》　/011
　　第一節　《科技法》之概念 012
　　第二節　《科技法》之起源 014
　　第三節　《科技法》之立法 016
　　第四節　《科技法》之內容 017

第三章　《專利法》　/023
　　第一節　《專利法》之概念 024
　　第二節　《專利法》之起源 025
　　第三節　《專利法》之立法 026
　　第四節　《專利法》之內容 027
　　第五節　《專利法》之實務 038
　　第六節　《專利法》之案例 156

目 錄

第四章 《商標法》 /179

第一節 《商標法》之概念 180
第二節 《商標法》之起源 181
第三節 《商標法》之立法 182
第四節 《商標法》之內容 184
第五節 《商標法》之實務 197
第六節 《商標法》之案例 251

第五章 《著作權法》 /261

第一節 《著作權法》之概念 262
第二節 《著作權法》之起源 263
第三節 《著作權法》之立法 265
第四節 《著作權法》之內容 266
第五節 《著作權法》之實務 283
第六節 《著作權法》之案例 292

第六章 《積體電路電路布局保護法》與《營業祕密法》/337

第一節 《積體電路電路布局保護法》338
第二節 《營業祕密法》370

第七章 結論 /397

作者序

　　本書之起緣，緣於一段心痛的往事。發明創作是筆者從小的興趣，甚至是癡迷，我只關心研究成不成功，其他事與我何干。奈何！只陶醉於研發，卻不懂《專利法》，凡申請專利案都得委託律師事務所辦理，並得將技術清清楚楚的交代，如果所託非人，技術很容易被竊走，而我便是所託非人的受害者。

　　目前盛行的〝車牌辨識技術〞，早在四十幾年前我已發明出來，主要用於高速公路的收費，費用累計一個月，如同電話繳費單一樣的簡便。當時，我委託律師事務所申請，承辦工程師說，這是跨時代的技術，很有前途。正常委託，最長三個月內一定要向專利局送件，然承辦工程師卻拖一年半的時間還未送件，我因相信，也忙於實驗，雖偶而會關心，然終究沒有起疑心。直到有一天，另一位承辦工程師突然通知我到事務所，拿申請書給我確認，並說這個案子的承辦工程師已離職，由他來承接。但申請書上的技術，與我的技術卻是截然不同，我千方百計尋找前工程師，卻毫無信息，方知技術被竊，這對我的打擊有多大，心裡有多痛，更遑論我付出的心血，一氣之下，便把申請書全部撕掉。

　　歲月悠悠，事隔一年，我與朋友前去世貿參觀發明展，朋友突然大叫說：「哇賽！你已拿到專利了。」我順著他的眼光，赫然發現我的技術，竟然出現在發明展上，這更讓我感到心痛。於是，我決定到律師事務所專利部工作，從中學習而能自給自足，不假外求，此即本書之動機。

　　在任職試用三個月期滿時，按事務所的規定，必須通過兩項考核：一為學科的筆試；二為術科的酒試。其中之酒試，聽說老闆喜歡喝酒，加上交際應酬的需要。當然，酒試老闆是主考官，他說通過就通過。筆試結果，我在國內《專利法》與國外《專利法》雙料冠軍，幾近滿分，老闆很不以為然的對〝國外專利部〞同事說：「**你們實在很丟臉，人家在國內部第一名沒話說，你們在國外部竟然輸給他。**」

　　至於酒試，則必須通過全體同事的敬酒，事務所近四十人，男女約各半，女性與交情好的同事，大都會放水隨意一下，男性則想看出醜、

看笑話，個個以乾杯為樂，非把你灌倒不可。應試者有三人，第一位酒淺，僅四杯啤酒就倒；第二位酒量不錯，撐到十七杯，眼看快要過關，卻開始發酒瘋，最後嘔吐不止；接著是我，心想：「**我最多兩瓶八杯，一定撐不過二十一位男同事，尤其是國外部對我有敵意，更不可能放過我，但前面你們已喝了兩杯，可以賭一下。**」於是，我決定將兩瓶玻璃罐的啤酒，一起倒入一個很大的杯子，並說我平常都是喝高粱，啤酒實在太小 case 了，一個一個敬太麻煩，這樣吧！我把這一大杯先乾，以表示對你們的敬意，之後如有人要單挑，我隨時奉陪。話畢，即咕嚕咕嚕的喝完，大家嚇了一跳，沒人敢挑戰。接著，我說：「**肚子太脹了，我上一下廁所。在廁所裡，怎麼樣外面也不會知道。**」於是，我是唯一過關者。

年終時，我以未滿一年的新員工，首例獲得該事務所二十幾年來的績優員工獎。事務所上的《龍虎榜》：

核准率最高者：蔡輝振，超過 80%的核准率。

接案率最高者：蔡輝振，每月總金額近一百萬元。

比事務所訂的 20 萬元責任額高出 5 倍，獎金也超過月薪的三倍。此等成就除努力外，也因我是理工出身，又曾從事研究發明，對於如何改善客戶的技術，使產品更完美，獲准率又高，所以客戶都喜歡委託我申請專利，並撰寫申請書。

本書以《智慧財產權之理論與實務》為名，乃基於市集上缺乏一本理論與實務並重，又能相互呼應，尤其是修改後新法的書籍。可惜！坊間有關智慧財產權的書籍，雖由法學專家所撰寫，然大都非發明家，也不是撰寫工程師，更無親自申請過專利，故顯然以理論為重，實務為輕，尤其實務缺乏實戰經驗，且《專利法》已修改十六次之多，其中之除罪化是一個重大變革，舊法書籍自然無法因應新法的規定，故難於滿足初學者，或從事於研發者的需求。本書力求理論與實務並重，詳實簡易，讓學習者，或僅需實務的創作者，申請智慧產財權之用，各取所需，此即本書之目的。

筆者雖非法學專家，卻有豐富的實務經驗，曾在律師事務所專利部任職撰寫工程師二年、主任一年，更是從事產品研發者，擁有十幾件專

智慧財產權之理論與實務

利，榮獲過〝美國紐約國際發明展金杯獎〞、〝瑞士日內瓦國際發明展銀牌獎〞、〝德國紐倫堡國際發明展金牌獎〞，以及〝中山學術技術發明獎〞等。在商標上亦擁有十幾件；在著作上也撰寫近30本書。該等專利、商標之申請，除前兩件專利委託律師事務所辦理外，其餘皆由本人親自撰寫申請，節省不少經費，尤其在教學上，以及任職出版社社長，也常涉及智慧財產權，故有一定的認知與實戰經驗。

本書之內容，以智慧財產權為主，然因涉及《科學技術基本法》之母法，該法是智慧財產權產生的法律依據，故本書除第一章概說外，也在第二章論及該基本法。智慧財產權法雖是子法，但它也是一種上位的概念，是〝《專利法》〞、〝《商標法》〞、〝《著作權法》〞、〝《積體電路電路布局保護法》〞，以及〝《營業祕密法》〞等法的總稱，是為本書內容的核心，故依其順序第三章《專利法》、第四章《商標法》、第五章《著作權法》，以及第六章《積體電路電路布局保護法》與《營業祕密法》，最後以第七章結論做結。

筆者之所以執著撰寫本書，只為那癡於研究發明，卻不懂智慧財產權者，提供一座燈塔，以免重蹈筆者的不幸，故本書淺顯易懂，尤其是實務的引導，其範例係筆者所研發技術，經筆者撰寫申請而獲准專利者，讓讀者依其引導也能撰寫申請書，縱不能撰寫，也能看懂申請書，才不至於技術被竊，或專利保護不足，或侵犯別人的著作權等情事發生。至於，能擴大而有利於他人，雖不是筆者所在意，卻也樂見。

筆者既非法學專家，文中缺失在所難免，還望先進指教。最後感謝竊盜我技術的人，使本書能付梓，而我在其他領域，也能有所成就。最後聲明，本書內容以蔡輝龍、蔡輝振：《公民素養新論》，筆者所撰〈公民之科技法素養〉為基底，並適度的整編、修改及大量補充，尤其是新舊法的更正；而有關本書的表格、圖式，以及案例、判例等資料，主要參考或引至經濟部關智慧財產權局與《維基百科》；至於本書僅共參考。

國立雲林科技大學漢學所退休教授
天空數位出版社社長

蔡輝振 謹識於臺中望日臺
2025.元旦

第一章 概說

一、智慧財產權的概念
二、智慧財產權的起源
三、智慧財產權的立法
四、智慧財產權的特徵
五、智慧財產權的分類
六、智產權經濟的保護

智慧財產權之理論與實務

本單元係針對智慧財產權的概念、起源、立法、特徵、分類，以及保護等相關問題，說明如下：

一、智慧財產權的概念：

所謂 "智慧財產（IntellectualProperty）"，係指人類精神活動之成果，而能產生財產上的價值者謂之；並由法律所創設的一種權利，即謂之 "智慧財產權（IntellectualPropertyRights）"；而經由法律一定的程序，制定一套規範來保護我們智慧財產權者的法律，即是 "智慧財產權法（IntellectualPropertyLaw）"。

也就是指人類用智慧創造出來的無形財產，包含：專利權、商標權、著作權等領域。其他如文學形式或音樂形式等藝術作品，以及一些發現、發明、詞語、詞組、符號與設計等，也都可以當作智慧財產而受到保護。

二、智慧財產權的起源：

智慧財產權的概念，起源於17世紀中葉，法國‧卡普佐夫（BenediktCarpzovJr.）首次提出，後經比利時‧皮爾第在此基礎上，進行了發展。到1967年，成立《世界智慧財產權組織公約》簽訂後，智慧財產權的概念便得到世界大多數國家所認可，一直沿用迄今。

三、智慧財產權的立法：

智慧財產權法，以 "《科學技術基本法》（BasicLawonScienceandTechnology）" 為母法，該法是智慧財產權法產生的法律依據。智慧財產權法雖是子法，但它也是一種上位的概念，是 "《專利法》（PatentLaw）"、"《商標法》（TrademarkLaw）"、"《著作權法》（CopyrightLaw）"、"《積體電路電路布局保護法》（IntegratedCircuitLayoutProtectionAct）"，以及 "《營業祕密法》（TradeSecretsLaw）" 等法的總稱，其立法分散於上述各法中。

四、智慧財產權的特徵：

智慧財產權的特徵，具有三大：

1. 專有性：

所謂 "專有性（Proprietary）"，是指除權利人同意或法律規定外，權利人以外的任何人，不得享有或使用該項權利。這表明除非透過 "強制許可"、"合理使用" 或 "徵用" 等法律程序，否則權利人獨占的專有權利，將受到嚴格的保護，他人不得侵犯。

2. 地域性：

所謂〝地域性(Regional)〞,是指除非國家之間簽有國際公約,或雙邊互惠協定外,經一國法律所保護的某項權利,只能在該國範圍內發生法律效力。在特定地區,依特定之法律程序產生,也只在該地區生效。

3. 時間性:

所謂〝時間性(Temporality)〞,是指法律對各項權利的保護,都有一定的期限規定,各國法律對保護期限的長短可能一致,也可能不完全相同,只有參加國際協定,或進行國際申請時,才對該項權利有統一的保護期限。

智慧財產權雖具有排他性,但政府為其公益目的,而有〝強制許可〞的現象。如我國《專利法》第八十七條,以及第九十條,均明文限制專利權之效力。積體電路電路布局保護法第十八條,積體電路布局之創作性保護,雖賦予創作人電路布局權,但仍准許為研究、教學或還原工程之目的,分析或評估他人之電路布局,而加以複製;也有使用者因公益目的,在符合一定要件下,仍可合理使用,如我國《著作權法》六十五條第一項即規定:「著作之合理使用,不構成著作財產權之侵害。」

再者,由於智慧財產權係屬地主義,只能在授與國範圍內發生法律效力而得到保護,其他國家並沒有必須給予法律保護之義務。以目前現況,雖隨著智慧財產權國際保護的加強,一系列國際保護條約、區域性條約,或雙邊協定的簽訂,使得該權利保護的地域範圍逐漸擴大,但仍以各國國內立法保護為主。

五、智慧財產權的分類:

智慧財產權的分類,主要有三:

1. 工業產權:

所謂〝工業產權(IndustrialProperty)〞,它主要有專利、商標,以及積體電路電路布局保護法等。其中之專利權,又分為發明專利、新型專利,以及設計專利。我國發明專利保護 20 年;新型專利保護 10 年;設計專利保護 12 年;商標則可無限期保護;電路布局保護 10 年。

2. 著作權:

所謂〝著作權(Copyright)〞,它主要有文學與藝術作品。文學如小說、詩歌、戲劇、電影、音樂等作品;藝術如繪圖、繪畫、攝影、雕塑,以及建築設計等作品。與著作權相關的權利,還包括表演藝術家對其表演的權利、錄音製品製作者對其錄音製品的權利,以及廣播電視組織對

其廣播和電視節目的權利。著作權的保護，持續到作者逝世後至少 50 年。

3. 商業秘密權：

所謂〝商業秘密權(Trade Secret Rights)〞，是以企業所認定的資訊，禁止能接觸該機密的人，將其透露出去，一般係通過合約的形式來實現。只要接觸到該秘密的人，在獲取該機密前簽署合約，或同意保密，他們就必須遵守約定，沒有時間限制，且任何訊息都可以被認定為商業秘密。如〝可口可樂的配方〞等。

六、智產權經濟的保護：

二十一世紀為知識的經濟，所謂〝知識經濟〞，根據經濟合作暨開發組織（Organization for Economic Cooperation and Development, OECD）在《1996 年科學技術和產業展望》的報告中，首度提出「**以知識為基礎的經濟**」，也就是知識經濟(The Knowledge-Based Economy）的概念。而後經由發展而成今日定義為「**建立在知識和資訊的生產、分配和使用上的經濟**」。

知識產業係相對於傳統產業的新興產業，其類型根據經濟合作暨開發組織（OECD）的分類如下：

1. 知識密集型產業：

該產業涵蓋：航太、電腦與辦公室自動化設備、製藥、通信與半導體、科學儀器、汽車、電機、化學製品、運輸工具、機械等十個工業。

2. 知識密集型服務業：

該服務業涵蓋：運輸倉儲及通信、金融保險不動產、工商服務、社會及個人服務等四個行業。

3. 深化服務型服務業：

該服務業涵蓋：二十四小時服務、到府服務、全套服務、客戶訂做、有求必應的服務等。

4. 創新服務型服務業：

該服務業涵蓋：壽命保證公司的設立、提供新經驗的服務、創造新流行的服務、快遞直銷的服務，以及網路基礎建設、電子商務等的服務。

知識經濟乃靠人類智慧所發展出來的經濟，是國家立法保護的私有財產，它將依附在人力資本，以及科學技術當中，是經濟發展的核心，在二十一世紀的今日，一片欣欣向榮，其智慧財產權的保護，尤為重要。

第二章 科學技術基本法

第一節　科技法之概念
第二節　科技法之起源
第三節　科技法之立法
第四節　科技法之內容

本單元係針對《科學技術基本法》的概念、起源、立法,以及內容等相關問題,說明如下:

第一節 《科技法》之概念

所謂"《科學技術基本法》"簡稱"《科技法》(ScienceandTechnologyLaw)",或稱"《科技法律》(TechnologyLaw)",係指規範科技行為與科技事務之基本法律的總稱。顧名思義也就是在科學技術領域中,作相關原則規範之母法,要落實該法,還有待在政府各部門中,推動一系列子法與之配合,方能見效。其中之"科技行為(ScienceandTechnologyDoings)"所指,乃是人類利用科學技術之研究發展,運用於生產製造上,並能正確使用該產品之一切行為者謂之;而"科技事務(ScienceandTechnologyAffairs)",則指因科技行為所發生的一切有關事務稱之。

《科技法》與科技行為、科技事務等三者之間,不僅是規範關係,亦有"引導(Guide)"、"助長(Helpgrow)"與"抑制(Inhibition)"等作用。意即當科技行為產生創新,或異動時,《科技法》也會隨之變革,所發生之科技事務亦將有所不同;而《科技法》基於保障正面價值之科技行為,或基於安全而限制了科技行為,也都會引起科技行為與科技事務的變化,三者之間產生了"互動關係(Interaction)"。

《科技法》之產生,與科技行為具有引發人類紛爭之潛在原因,以及我們對於科技行為所引發之生存與生活互動之關懷有關。它基於"法之需求"及"法之止爭"的功能取向而產生,會隨著各個時代之科技發展與進步,而發生變遷。由於科技行為種類,以及與科技有關之事務種類繁多,難以用單一,或統一之《科技法》律來規範,故世界各國之《科技法》律,皆散見於各種法規中,尚缺少完整之體系。如:空氣污染防制法、環境影響評估法等皆是。

《科技法》之目的,一方面在於引導科技行為於正軌,使科技得以發揮經世濟民的功能;另一方面在於避免科技行為之偏軌,以致造成對人類與大自然的災害。因此,《科技法》是以"安全規範",配合"技術

第二章　科學技術基本法

規則"為手段,並採取以"預防危險"為原則之機制,對於科技行為做適度之規範,以達到"促進科技之利用以厚生,確保正常發展與預防危害"的目的。[1]

　　《科技法》之範圍,非常廣泛,種類也非常之多,但與我們較密切關係者,大致為"智慧財產權法"等。《科技法》是母法,而智慧財產權法雖是子法,但它也是一種上位的概念,是"《專利法》"、"《商標法》"、"《著作權法》"、"《積體電路電路布局權法》",以及"《營業機密權法》"等法的總稱,是一種無形體的財產權,沒有動產或不動產那麼具體。

---

[1] 參見蔡志方:〈論科技法律之概念與衍生之問題〉,載於《城仲模教授七秩華誕祝壽論文集》,(臺北:新學林出版股份有限公司,2008年10月)。

第二節 《科技法》之起源

我國現有基本法有：《科學技術基本法》、《教育基本法》、《環境基本法》、《通訊傳播基本法》、《原住民族基本法》、《客家基本法》、《文化基本法》，以及《海洋基本法》等。可見，《科學技術基本法》只是國家眾多基本法中之一環。

基本法主要目的，在於補充憲法有關重要事務條款的不足，並確定重要事物法制的根本目的與原則之法律。它在重要事務之原則性、綱領性、方針性的規範，在一個國家擁有最高效力的法律，與憲法大致相同。

基本法起源於日本，該國在立法上，習慣制定某一領域之基本法，以確定政策方向，然後再續訂各基本法之子法，我國基本法也大致如此。但有以下爭端：

一、準憲法說：

基本法具有補充憲法的效力，如我國基本國策，即屬於準憲法性質。

二、實質法律說：

基本法有實質法律效果，因此具有法律的效力。

三、形式法律說：

基本法僅有政策宣示之效力，並無實質法律效果。

四、實務見解說：

基本法在實務上，認為具有實質法律效力者，大致以法院判決為準。

基本法具有臨時性、過渡性的特徵，縱觀世界各國，有多個國家因特殊因素而先採用基本法來過度，如：

1. 中華民國：

公元 1912 年，中華民國肇始立國，臨時政府先以《臨時政府組織大綱》暫行憲法功能，後於同年制訂《臨時約法》。北伐結束後，廢止《臨

時約法》、另訂《訓政時期約法》，以實施黨國合一的訓政體制。在《中華民國憲法》於 1947 年正式頒布施行前，這兩部約法實際乃當時之國家基本法。

2. 德國：

德國在第二次世界大戰後，分裂為東德與西德。西德政府認為不宜在尚未統一前施行憲法，只有暫停施行憲法，以基本法實施民主選舉，以及其他保護民主國家社會的必要法則。

3. 香港與澳門：

香港和澳門，是中華人民共和國的特別行政區，兩地的政治體制與內地有所不同，因此在憲法之下制定基本法，以實施高度自治。

第三節 《科技法》之立法

我國第一部《科學技術基本法》，制定於民國八十七年十二月二十九日由立法院三讀通過，全文共二十三條。翌年一月二十日由總統以華總一義字第8800013190號公布實施。後為因應時代變遷與實務的需要，復於：

民國九十二年五月二十八日，總統令修正公布；

民國九十四年一月十九日，總統令修正公布；

民國一百年十二月十四日，總統令修正公布；

民國一百零六年六月十四日，總統再以華總一義字第10600073301號令修正公布，前後修正四次，以成現行之二十三條的條文。

為落實該母法，政府推動一系列子法與之配合，如民國八十九年二月二十五日行政院臺（89）科字第05913號令，所發布的《政府科學技術研究發展成果歸屬及運用辦法》，即是行政院根據《科技法》第六條第二項之法律授權，為管理及運用政府補助、委辦，或出資之科學技術研究發展成果，所制定之研發成果歸屬及運用辦法。行政院農業發展委員會，於民國九十年九月十四日行政院農委會（90）農糧字第900020990號令，所公布之《行政院農業委員會科學技術研究發展成果歸屬及運用辦法》，亦是根據《科技法》第六條第二項做為法源基礎，為農業發展委員會管理研發成果之歸屬及運用之必要，所制定的管理規範。經濟部亦於民國八十九年五月十九日經（89）科89279520號令，發布了《經濟部科學技術委託或補助研究發展計畫研發成果歸屬及運用辦法》等皆是如此。

第二章　科學技術基本法

第四節　《科技法》之內容

縱觀《科技法》之內容，所揭櫫者有以下幾點：

一、立法精神：

我國《科技法》的立法，雖參考日本於1995年所通過之《科學技術基本法》，而成為世界第二個制訂該法的國家。但其主要的精神，還是在於仿效美國國會1980年，立法通過的《拜杜法案（TheBayh-DoleAct）》所進行之相關立法。該法案使得接受聯邦政府資助而進行研究的單位，可以取得該研發成果之所有權，進而自行管理與運用，以及獲得相關之收益。

依現行之《國有財產法（NationalPropertyAct）》第二條規定：「**國家依據法律規定，或基於權利行使，或由於預算支出，或由於接受捐贈所取得之財產，為國有財產。凡不屬於私有或地方所有之財產，除法律另有規定外，均應視為國有財產。**」

由此觀之，過去凡是由政府出資或補助的研發成果，皆屬於國有財產，要利用此成果必須受到國有財產法、國庫法與政府機關程序等諸多限制，以致研發單位，很難利用此成果來產生利益，再將此利益投入研發，以造就更大的利益。而政府本身也缺乏管理運用研發成果的機制，充其量也僅能進行非專屬授權而已，這對企業界而言，興趣自然缺缺，使得耗費甚多金錢、人力與時間的成果，束之高閣。這樣的結果，是一個惡性的互動，而非良性的互動，它不僅浪費國家資源，也讓企業界喪失利用新技術，開發新產品，以致促進產業升級的機會，不論對政府、對研發單位、對企業，甚至對國家經濟發展而言，都是輸家，不得不慎。

共產主義下的社會經濟，所呈現的是一片散漫和蕭條；而資本主義下的社會經濟，所呈現的是一片積極和繁榮。兩者之間的差距，就在於前者不管個人或團體再怎麼努力或不努力，獲得的待遇是一樣，所以大家都不努力；而後者則個人或團體越努力，獲得的待遇越高，越不努力，

獲得的待遇越低,所以大家都非常努力,這就是人性。大陸的掘起,便是一個明證。在未改革開放之前,大陸所走的是共產主義下的社會經濟路線,國家貧困而人民散漫;改革開放之後,大陸所走的是資本主義下的社會經濟路線,國家富強而民間蒸蒸向榮。雖然大陸不承認走資本主義路線,仍堅持謂之"**共產主義之改良的社會經濟路線。**"其實他們目前所走的,比資本主義還資本主義。

基此,《科技法》第六條即明定:「**政府補助、委託或出資之科學技術研究發展,應依評選或審查之方式決定對象,評選或審查應附理由。其所獲得之智慧財產權及成果,得將全部或一部歸屬於執行研究發展之單位所有或授權使用,不受國有財產法之限制。**」如此,研發單位便會積極參與,並能有效的管理和運用其研發成果,從中獲取利益,並繼續支持研發工作的進行,進而產生良性的互動關係,以達到最大的邊際效益。

可見,《科技法》之立法精神,乃在於促使接受政府出資或補助所產生的研發成果,讓其不再歸屬國有財產,以讓研發單位取得部分產權或所有權,使技術能夠順利轉移,如此提供足夠的誘因,個人或研發單位便樂與企業合作,學術界與產業界自然就能相互結合,進而才能確保國家的永續經營及發展。

二、立法目的:

《科技法》之立法目的,在第一條即開宗明義說:「**為確立政府推動科學技術發展之基本方針與原則,以提升科學技術水準,持續經濟發展,加強生態保護,增進生活福祉,增強國家競爭力,促進人類社會之永續發展。**」

可見,《科技法》之立法目的,乃在於科技發展與生態保護並重,以確保人類有一個乾淨的居住環境;並藉由科技的發展,以提升國家的競爭力,增進人民的福祉,以確保國家社會的永續經營。

三、立法原則：

《科技法》之立法原則，主要有七：

1. 以促進科技發展為原則：

《科技法》第一條即明定：「**確立政府推動科學技術發展之基本方針與原則，以提升科學技術水準。**」該原則主要在於提升國家的競爭力，增進人民生活的福祉。

2. 以均衡各領域發展為原則：

《科技法》第二條規定：「**政府於推動科學技術時，應注意人文社會科學與其他科學技術之均衡發展。**」該原則主要在於均衡各領域的科技發展，使國家社會得以健全運轉，以防止過去我們對理工方面的偏頗，忽略了人文社會的發展。

3. 以充實研發經費為原則：

《科技法》第三條規定：「**政府應於國家財政能力之範圍內，持續充實科學技術發展計畫所需經費。**」該原則主要在於規定政府應持續性的投入科技研發經費，使其達到生產毛額之適當比例，以確保《科技法》之立法目的，得以實現。

4. 以力求公平與效益為原則：

《科技法》第六條第一項規定：「**政府補助、委託或出資之科學技術研究發展，應依評選或審查之方式決定對象，評選或審查應附理由。其所獲得之智慧財產權及成果，得將全部或一部歸屬於執行研究發展之單位所有或授權使用，不受國有財產法之限制。**」科技研發非常專業，並非任何研究單位皆可勝任，故須慎重評選對象，以避免所託非人。而被選上之單位，即可擁有相當之研發經費，其研發成果又可獲得所有權之運用，如此龐大之利益，自然容易因人為的因素，而造成流弊。

故第六條三項復以規定：「**前二項研究發展成果及其收入之歸屬及**

運用，應依公平及效益原則。」並要求主管機關，參酌資本與勞務之比例及貢獻，科學技術研究發展成果之性質、運用潛力、社會公益、國家安全及對市場之影響，就其要件、期限、範圍、比例、登記、管理、收益分配、資助機關介入授權第三人實施或收歸國有及相關程序等事項之辦法，訂定相關法規命令施行之。可見，該原則主要在於規定政府對評選對象及成果之歸屬與運用，要秉持公平及效益原則，以避免弊端。

5. 以定期集思廣益的計畫為原則：

《科技法》第十條第一項規定：「政府應考量國家發展方向、社會需求情形及區域均衡發展，每四年訂定國家科學技術發展計畫，作為擬訂科學技術政策與推動科學技術研究發展之依據。」復在第十條第二項規定「國家科學技術發展計畫之訂定，應參酌中央研究院、科學技術研究部門、產業部門及相關社會團體之意見，並經全國科學技術會議討論後，由行政院核定。」可見，該原則主要在於要求政府應定期的召開會議並集思廣益後，參考專家及相關部門的意見來制定科技發展計畫。

6. 以保障科技人員為原則：

《科技法》第十四條規定：「為促進科學技術之研究、發展及應用，政府應就下列事項，採取必要措施，以改善科學技術人員之工作條件，並健全科學技術研究之環境。」復於第十五條第一項規定：「**政府對於其所進用且從事稀少性、危險性、重點研究項目或於特殊環境工作之科學技術人員，應優予待遇、提供保險或採取其他必要措施。**」以及第十六條規定：「**為確保科學技術研究之真實性並充分發揮其創造性，除法令另有限制外，政府應保障科學技術人員之研究自由。**」

由此觀之，該原則主要在規定政府對於科技人員，應採取有效的保障措施，以保障其工作條件、研究環境，以及研究的自由，並對研究重點或特殊工作環境，給予優惠的待遇；第十五條第二項又規定，「**對於從事科學技術研究著有功績之科學技術人員，應給予必要獎勵，以表彰其貢獻。**」如此才能吸引並留住科技人才。

至於如何召募科技人才，則從國內與國外兩方面進行，在國內人才

方面:《科技法》第十七條第一項規定:**「為健全科學技術人員之進用管道,得訂定公開、公平之資格審查方式,由政府機關或政府研究機構,依其需要進用,並應制定法律適度放寬公務人員任用之限制。」**如此科技人才的任用,才能不受公務人員任用,必須通過高普考,或特考等的限制,但又為防止人為的弊端,故須以公開、公平之資格審查方式為之;在國外人才方面:第十七條第三項規定:**「為延攬境外優秀科學技術人才,應採取必要措施,於相當期間內保障其生活與工作條件;其子女就學之要件、權益保障及其他相關事項之辦法,由教育部定之。」**對境外的科技人才,有了相當的保障,也顧及其家屬的權益,自然會增強境外科技人才來臺就業的意願。

7. 以實質交流合作為原則:

《科技法》第二十條規定:**「為推動科學技術研究發展,政府應擬訂科學技術資訊流通政策,採取整體性計畫措施,建立國內外科學技術研究發展之相關資訊網路及資訊體系,並應培育資訊相關處理人才,以利科學技術資訊之充實及有效利用。」**第二十一條又規定:**「為提升科學技術水準,政府應致力推動國際科學技術合作,促進人才、技術、設施及資訊之國際交流與利用,並參與國際共同開發與研究。」**

可見,該原則主要有三:一為建置資訊網路的交流合作,利用網路無遠弗屆的功能,進行國內外的技術交流合作,以取得最新訊息;二為擴大國內外人才、技術與設備的交流合作,彼此借鏡取法,相互切磋,有利於資源整合與利用,以提升研究能力;三為參與國際共同研發的交流合作,一方面可提升研發水準,另一方面又可提高國際地位,躍進國際舞臺。

四、立法要點:

縱觀《科技法》二十三條條文的規範,其要點可歸納為如下十三點:

1. 聲明《科技法》之立法目的(第一條)。

2. 均衡各領域科技之發展原則（第二條）。

3. 充實並持續性投入科技之研發經費與基礎研究（第三、四條）。

4. 出資的科技研發成果之歸屬與運用（第五、六條）。

5. 推動科技發展應重視生態環境之保護（第七條）。

6. 注重政府、研發單位及研發人員之科技倫理（八條）。

7. 明定科技發展遠景、策略及現況說明之定期提出（第九條）。

8. 規範國家科技發展計畫及其內容之制定程序（第十、十一條）。

9. 設置國家科技發展基金之來源與運用（第十二、十三條）。

10. 保障科技研究人才工作條件與優遇措施（第十四～十七條）。

11. 獎勵民間參與科技研發之優惠措施（第十八、十九條）。

12. 建立科技資源之交流合作（第二十、二十一條）。

13. 提升國民科學技術之素養（第二十二條）。

綜上，《科技法》的制定，對於我國現在及未來的科技發展，除確立了原則與方向外，更對研發成果之運用與歸屬，提供可遵循的依據，這對政府、對研發單位、對企業，甚至對國家經濟發展而言，都具有重大的意義。

第三章 專利法

第一節　專利法之概念
第二節　專利法之起源
第三節　專利法之立法
第四節　專利法之內容
第五節　專利法之實務
第六節　專利法之案例

本單元係針對《專利法》之概念、起源、立法、內容，以及實務等相關問題，說明如下：

第一節 《專利法》之概念

所謂〝專利(Patent)〞，係指具有排他性的專屬利益；並由法律所創設的一種權利，即謂之〝專利權（Patentprivileges）〞；該專利權，係指發明創作人或其權利受讓人或繼承人，對特定的發明創作在一定期限內，依法享有的專屬權與獨佔權。而經由法律一定的程序，制定一套規範來保護我們的專利權者，即是〝《專利法》（PatentLaw）〞。

也就是說，當我們有一發明創作，為保護其權益，向經濟部智慧財產權局提出專利申請，經審查委員的審查，認為符合《專利法》規定，而授與我們專利權，並給予專利權人在一定期間內，享有排他性之專有製造、販賣之要約、販賣、使用，以及為上述目的而進口之權，這種權利即是專利權；而讓我們享有這種權利的法，就是《專利法》。

第三章 專利法

第二節 《專利法》之起源

"專利（Patent）"一詞，源於拉丁文"Patere"，即是"公開"的意思。公元前500年在希臘某些城邦曾設立類似發明的專利權；1450年威尼斯頒布了保護期為期10年的專利條例。至十六世紀，英國國王為引進歐陸之技術，所發給的"特許狀"，這個特許狀謂之"信件專利（LettersPatent）"。在當時，英國國王可發出三種文件：一為卡特爾（Charter）；二為信件專利（LettersPatent）；三為密封令狀（LettersClose）。卡特爾之功能，係在決定公司之設立與營業團體之許可，由國王簽發，必須經樞密院同意才能生效；而信件專利之功能，係賦予某種權利，代表著獨占經營的權利，由國王直接簽發生效，是一種公開，不須拆封即可知道內容的文件；密封令狀之功能，則多為私人或秘密通信，亦由國王直接發出，是一種不公開，必須拆封才可知道內容的文件。可見，現在的專利（Patent）一詞，源自於當時的信件專利（LettersPatent），一路發展下來的專有名詞。

在中國，1881年清廷授予鄭觀應上海機器織布局的機器工藝十年專利。這是中國首次授予專利。1898年7月12日，清朝頒布第一部專利法規《振興工藝給獎章程》，該章程共12條，第一條至第三條分別規定了為期

英國國王所發出之信件專利
（圖片來源：維基百科/免費授權）

50年、30年、10年的專利。到北洋與民國時期，1912年6月13日北洋政府農工商部制定了《獎勵工藝品暫行章程》。對"發明之製造品"授予5年以內的"營業上的專賣權"，對外國人則不授予專利權。1923年4月5日北洋政府農商部重新頒布了修訂版的《暫行工藝品獎勵章程》，增加對發明的方法保護，並對專利的申請、繼承、轉讓、取消、查禁皆明文規定。1947年11月8日中華民國政府公布《專利法》，自1949年1月1日實施，後經多次修訂並在中華民國實控區的臺灣沿用至今。

第三節 《專利法》之立法

我國《專利法》，制定於民國三十三年五月四日，全文共一百三十三條；民國三十三年五月二十九日由國民政府公布；民國三十八年一月一日則正式實施。後為因應時代的變遷與實務的需要，復於：

民國四十八年一月二十二日總統令修正公布；
民國四十九年五月十二日總統令修正公布；
民國六十八年四月十六日總統令修正公布；
民國七十五年十二月二十四日總統令修正公布；
民國八十三年一月二十一日總統令修正公布；
民國八十六年五月七日總統令修正公布；
民國九十年十月二十四日總統令修正公；
民國九十二年二月六日總統令修正公布；
民國九十九年八月二十五日總統令修正公布；
民國一百年十二月二十一日總統令修正公布；
民國一百零二年六月十一日總統令修正公布；
民國一百零三年一月二十二日總統令修正公布；
民國一百零六年一月十八日總統令修正公布；
民國一百零八年五月一日總統令修正公布；
民國一百一十一年五月四日總統令修正公布。

前後共修了十五次之多，以成為現行之一百五十九條的條文，其中之除罪化是一個重大變革。

關於我國對智慧財產方面的保護，重大的變革在於侵害專利權的除罪化。民國九十二年二月六日修正的《專利法》，即是廢除侵害專利的刑罰規定。廢除的理由則有：一為相關犯罪構成要件不符"明確性原則"；二為刑罰解消《專利法》目的"促進產業發展"。

第四節 《專利法》之內容

有關《專利法》之內容，大致可分為：制度之由來、立法之目的、立法之原則、種類與保護年限、基本之要件、保護之標的，以及法定不予專利之事項等。茲分析如下：

一、制度之由來：

專利制度之由來，應可追溯到中世紀時期，當時歐洲各國雖還處於君王時代，但手工業已經非常發達，有些國家的君王為了發展經濟，或為了皇室的利益，特別給一些商人，或一些巧匠獎賞在一定期間內，享有獨家經營，或生產某種新產品的權利。但這種獨佔性的權利，只是當時君王授予的一種特權，尚未形成受法律保護的專利制度。

世界第一部《專利法》，是威尼斯共和國（VenetianRepublic）於1474年所頒佈的。該法雖具有現代《專利法》的某些特點，但還是相當簡陋粗糙，且帶有濃厚君主特權的色彩，其保障效率也不好。直至1623年，英國頒佈了《專賣條例（StatuteofMonopolies）》，才被世人稱之為現代《專利法》之始祖，是第一部的成文法。該法的基本原則和規範，後來被許多國家制定《專利法》時所參考。十八世紀以後，世界各國便相繼頒佈了《專利法》，以至到現在，全世界一百九十四個國家，幾乎都實行專利制度。

隨著專利制度普遍的實行，國際經濟與科技高度發展，專利制度國際化有其需求。因此，國際間便簽訂了一些有關專利的國際公約或組織，重要者如：1883年於巴黎簽訂的《工業產權保護同盟公約（PairsConvention for the Protection of Industrial Property，簡稱巴黎公約）》；1967年成立了《世界智慧財產權組織（WorldIntellectualPropertyOrganization，簡稱WIPO）》；1970年簽署的《專利合作條約（PatentCooperationTreaty，簡稱PCT）》；1973年簽訂的《歐洲專利公約（EuropeanPatentConvention，簡稱EPC）》，以及1994年簽署之《與貿易（包括假冒

商品貿易在內的）有關的智慧財產權協定（AGREEMENT ON TRADE-RELATED ASPECTS OF INTELLECTUAL PROPERTY RIGHTS, INCLUDING TRADE IN COUNTERFEIT GOODS，簡稱 TRIPS）》等。

可見，經由國際公約或組織，以建立國際統一的保護標準，統一的申請與審查手續，使專利制度邁向國際化，是世界各國的共識。

二、立法之目的：

我國專利之立法目的，在第一條即開宗明義說：「**為鼓勵、保護、利用發明、新型及設計之創作，以促進產業發展，特制定本法。**」可見，專利之立法目的，在於鼓勵我們發明創作，並給予適當保護，進而利用該發明創作，來促進產業的發展。故其目的有三：

1. 鼓勵發明創作：

依照《專利法》第五十八條規定：「**發明專利權人，除本法另有規定外，專有排除他人未經其同意而實施該發明之權。**」該法第一百二十條之新型專利，以及第一百四十二條之設計專利等均適用於第五十八條的規定。同法第一百四十四條又規定：「**主管機關為獎勵發明、新型或設計之創作，得訂定獎助辦法。**」

可見，專利權人可以通過自行實施專利而取得收益，或通過授權他人而取得權益金，也可以轉讓其專利權而獲得權益，甚至可以獲得政府的獎勵。這對於鼓勵我們發明創造，有積極的作用，也將吸引更多的資金與人力投入發明創作的行列。

2. 保護發明創作：

依照《專利法》第二十二條規定：「**可供產業上利用之發明，無下列情事之一，得依本法申請取得發明專利。**」該無下列情事之一者，是為申請前已見於刊物者、申請前已公開實施者，以及申請前已為公眾所知悉者。該法第一百二十條之新型專利，以及第一百四十二條之設計專利等均適用於第二十二條的規定。由此可知，凡依法取得專利權者，政

府即在法定期限與管轄範圍內，保障其享有的獨佔權與專有權。

可見，專利權具有：時間性、地域性、獨佔性，以及專有性之特徵。其中之時間性，係指專利權僅在法律規定的期限內有效，一旦屆滿或因故終止時，專利權人對其發明創作所享有之專有權即自動消滅，該項發明創作即成為社會公共財產，任何人皆可無償利用。而地域性所指是，在那一個國家取得專利權，僅在那個國家所管轄的範圍內有效，受該國的法律保護。獨佔性與專有性則指，專利權人對其發明創作，享有獨佔與專有的權利。

3. 利用發明創作：

依照《專利法》第二十五條規定：「**申請發明專利，由專利申請權人備具申請書、說明書、申請專利範圍、摘要及必要之圖式，向專利專責機關申請之。**」第二十六條復謂：「**說明書應明確且充分揭露，使該發明所屬技術領域中具有通常知識者，能瞭解其內容，並可據以實現。**」第一百二十條也規定：「**新型專利申請案，經形式審查認有下列各款情事之一，應為不予專利之處分。**」之第五項：「**說明書、申請專利範圍或圖式未揭露必要事項，或其揭露明顯不清楚者。**」第一百二十六條亦規定：「**說明書及圖式應明確且充分揭露，使該設計所屬技藝領域中具有通常知識者，能瞭解其內容，並可據以實現。**」

可見，《專利法》明確規定，申請發明或新型或設計之申請人，一定要將其研究成果的技術公開，讓所屬技術領域中具有通常知識者，能瞭解其內容，並可據以實施，才會授予專利權。其主要的目的有二：一為讓我們知道該領域的技術發展到什麼程度，才不會產生重複研發，浪費資源的現象，並可讓有關單位或個人通過這一途徑，查到所需的技術，進而與專利權人合作生產；二為在法定期限屆滿或因故終止時，該項研究成果的技術，即成為社會公共財產，任何人皆可無償利用。如此便能順利推廣發明創造，利用發明創作來促進產業發展。

三、立法之原則：

專利之立法原則，主要有六：

1. 屬地主義（Territoriality）原則：

《專利法》為國內法，非國際法，世界各國皆有其《專利法》，及其一國有一專利權，故為屬地主義。所謂**"屬地主義"**，係指專利僅在獲准的國家或地區內有效，而不及於其他國家或地區。也就是說，在那一個國家取得專利權，僅在那個國家所管轄的範圍內有效，受該國的法律保護，臺灣的專利不能在美國主張專利權的意思。所以，希望獲得許多國家的專利，就必須一一向各國申請。

2. 先申請保護主義（FirstapplyProtectiondoctrine）原則：

《專利法》第三十一條規定：「相同發明有二以上之專利申請案時，僅得就其最先申請者准予發明專利。但後申請者所主張之優先權日早於先申請者之申請日者，不在此限。」復謂：「前項申請日、優先權日為同日者，應通知申請人協議定之，協議不成時，均不予發明專利。」該法第一百二十條之新型專利，適用於第三十一條的規定，而第一百二十八條之設計專利，其規定：「相同或近似之設計有二以上之專利申請案時，僅得就其最先申請者，准予設計專利。但後申請者所主張之優先權日早於先申請者之申請日者，不在此限。」以及「前項申請日、優先權日為同日者，應通知申請人協議定之；協議不成時，均不予設計專利。其申請人為同一人時，應通知申請人限期擇一申請；屆期未擇一申請者，均不予設計專利。」

可見，專利權之授予，係採先申請保護主義。所謂"先申請保護主義"，有兩個概念：一為先申請主義（Firstapplydoctrine）；二為申請保護主義（applyProtectiondoctrine）。"先申請主義"，係指兩人有相同發明時，由先提出申請者取得專利；而"申請保護主義"，則指申請人必須具備申請書、說明書，以及必要圖式等，向經濟部智慧財產局提出申請，經審查、通過公告程序，取得專利證書後，始獲得保護。

美國與菲律賓則採先發明主義（Firstinventeddoctrine）原則，所謂〝先發明主義〞，係指兩人同時申請時，由先發明者取得專利。

3.優先權（Priority）原則：

《專利法》第二十八條規定：「**申請人就相同發明在與中華民國相互承認優先權之國家或世界貿易組織會員第一次依法申請專利，並於第一次申請專利之日後十二個月內，向中華民國申請專利者，得主張優先權。**」復謂：「**主張優先權者，其專利要件之審查，以優先權日為準。**」第一百二十條復規定，新型專利準用上述第二十八條，第一百四十二條也規定，設計專利準用上述第二十八條，但所定之期間，於設計專利案為六個月。

可見，我國專利之申請是可以主張優先權。所謂〝優先權〞，係指申請人就其發明創造，第一次在某個國家提出專利申請後，又在法定期限內，以相同的發明創造，向另一個國家提出專利申請時，可主張以第一次專利申請的日期作為其申請日，該申請日即為優先權日，申請人依法享有的這種權利。其目的在於，排除在其他國家抄襲此技術者，有搶先提出申請，取得專利之可能。

優先權可分為〝國內優先權〞與〝國際優先權〞兩種。國內優先權（或稱本國優先權），是指申請人就相同的發明專利或新型專利，在第一次向國內提出專利申請之日起 12 個月內，又再向國內提出第二次申請時，可以主張享有優先權，設計專利則為六個月。惟前申請案將被視為撤回。國際優先權（或稱外國優先權），則指申請人就相同的發明創作，在第一次向外國提出專利申請之日起 12 個月內，又再向國內提出申請時，可以主張享有優先權；或第一次向國內提出專利申請之日起 12 個月內，又再向外國提出申請時，可以在世界貿易組織會員或與中華民國相互承認優先權之國家，主張享有優先權。

4.早期公開（Earlypublic）原則：

《專利法》第三十七條規定：「**專利專責機關接到發明專利申請文件後，經審查認為無不合規定程式，且無應不予公開之情事者，自申請日**

起十八個月後，應將該申請案公開之。」

可見，發明專利自申請日起十八個月後，必須將其技術公開。其目的，乃基於發明專利申請案的審查期限較長，如果等到實體審查核准才公開其技術，可能造成第三人對於同一技術進行重複研究、投資或申請的浪費，無法充分發揮專利制度應有的功用。因此，發明專利早期公開制度，便可使第三人及早獲得相關技術資訊，從事進一步研究發展，以提升產業之競爭力。新型專利與設計專利，因其審查期限較短，故無此早期公開制度。《專利合作條約（PatentCooperationTreaty，簡稱 PCT）》

5. 互惠主義（Reciprocitarians）原則：

我國於 2002 年 01 月 01 日加入《世界貿易組織（WorldTradeOrganization；簡稱 WTO）》正式成為會員國後，就必須符合《與貿易有關的智慧財產權協定（AGREEMENTONTRADE-RELATEDASPECTSOFINTELLECTUALPROPERTYRIGHTS，INCLUDINGTRADEINCOUNTERFEITGOODS，簡稱 TRIPS）》的規範。該協定所採取之立法原則，有些是延續國際現行之基本原則，遵守巴黎公約、羅馬公約等，以及國民待遇原則、最惠國待遇原則；也有針對特殊對象所定之開發中國家的權利耗盡原則等。其中之國民待遇原則與最惠國待遇原則，即是互惠主義原則。

所謂〝國民待遇（NationalTreatment）原則〞，意即外國人與當地居民享有相同的待遇，也就是說一個國家將特定的權利授予自己的公民，它也必須將這個權利授予處在該國的他國公民，是國際習慣法中，相當重要的原則。所謂〝最惠國待遇（Most-Favoured-NationTreatment）原則〞，意即締約國的一方，給予其他第三者的優惠與豁免，也應同時給予其他締約方，這種最惠國待遇原則是無條件、無限制的，是建立在互惠原則之上。其目的，乃希望透過公平原則相互適用，以求貿易歧視待遇的消除。

為因應該協定之規範，尤其是國民待遇原則與最惠國待遇原則，我國《專利法》分別於民國八十六年、九十年，以及九十二年做了修正，以符合其要求。

第三章　專利法

四、種類與保護年限：

《專利法》第二條規定：「本法所稱專利，分為下列三種：一、發明專利；二、新型專利；三、設計專利。」第五十二條規定：「發明專利權期限，自申請日起算二十年屆滿。」第一百十四條規定：「新型專利權期限，自申請日起算十年屆滿。」第一百三十五條規定：「設計專利權期限，自申請日起算十五年屆滿。」

可見，專利之種類有：

1. 發明專利（Invention Patent）：自申請日起保護二十年。

2. 新型專利（Utility model Patent）：自申請日起保護十年。

3. 設計專利（Design Patent）：自申請日起保護十五年。

以上這三種專利權皆可讓與、繼承、信託、授權或設定質權等情事。

五、基本之要件：

《專利法》第二十二條規定：「可供產業上利用之發明，無下列情事之一者，得依本法申請取得發明專利：一、申請前已見於刊物者；二、申請前已公開實施者；三、申請前已為公眾所知悉者。」同條復規定：「發明雖無第一項所列情事，但為其所屬技術領域中具有通常知識者依申請前之先前技術所能輕易完成時，仍不得取得發明專利。」第一百二十條規定之新型專利，準用第二十二條規定，以及第一百二十二條規定：「可供產業上利用之設計，無下列情事之一，得依本法申請取得設計專利：一、申請前有相同或近似之設計，已見於刊物者；二、申請前有相同或近似之設計，已公開實施者；三、申請前已為公眾所知悉者。」同條復規定：「設計雖無前項各款所列情事，但為其所屬技藝領域中具有通常知識者依申請前之先前技藝易於思及時，仍不得取得設計專利。」

可見，專利必須具備以下三種基本要件：

1. 利用性或稱實用性（Utility）：

所謂"產業上利用性"有兩個概念：一為產業之定義；二為產業利

用性之定義。前者在《專利法》並未明文規定產業之定義為何，但一般共識之產業應包含：工業、農業、林業、漁業、牧業、礦業、水產業、運輸業、通訊業、商業等任何領域中，利用自然法則而有技術性的活動。而後者，專利之發明在產業上能被製造或使用，便能被認定為可供產業上利用。

其中之"能被製造或使用"，係指在今日之科技下，至少有一種能夠實施該發明之技術手段或方法，且專利所揭示的內容，必須使熟悉該項技術者得據以實施，即符合其實用性要件。至於是否必須已然之被製造或使用，《專利法》並無要求，只要存在被製造或被使用之可能性，即符合產業利用性之要件。當然，若該發明顯然不能被製造或使用者，即不具產業利用性，而不能取得專利權。

2. 新穎性（Novelty）：

專利制度，乃鼓勵從事研發新技術之發明創作者，以公開其發明創作，使公眾藉此得知其技術內容，以作為交換條件而取得專利權的制度。因此，專利之申請，須為申請前尚未公開使公眾知悉之發明創作，如申請前已公開使公眾知悉之技術內容，則無授予專利權以增加社會成本之必要，此即稱之為具有新穎性之發明創作。故所謂"新穎性"者，乃指該發明創作在申請之前，從未被公開，不為公眾所知，或使用過之情形而言。

其中，"公眾得知（availabletothepublic）"之資訊，並不限於世界上任何地方、語言或形式等，例如：書面、電子、網路、展示，以及使用等。惟，第二十二條復規定：**「申請人出於本意或非出於本意所致公開之事實發生後十二個月內申請者，該事實非屬第一項各款或前項不得取得發明專利之情事。」**意即如因研究、實驗者；或因陳列於政府主辦或認可之展覽會者；非出於申請人本意而洩漏者，可從事實發生之日起十二個月內申請者，不受限制，但須於主管機關指定期間內檢附證明文件。

3. 進步性（Progressive）：

專利之技術內容，不能被輕易完成者，即具有進步性，能被輕易完成者，即不具進步性。而所謂〝不能被輕易完成〞，僅是一種概念，並無具體，能否輕易完成，須由審查委員依職權決定，非靠發明創作者的感覺可以定論。進步性雖是取得專利權的要件之一，但發明創作是否具進步性，應於其具新穎性之後始予審查，未具新穎性者，便無再審究其進步性的必要。

六、保護之標的：

發明、新型，以及設計等三種專利，其保護標的（客體）各有不同。茲說明如下：

1. 發明專利：

《專利法》第二十一條規定：「**發明，指利用自然法則之技術思想之創作。**」可見，發明專利之意旨，係指利用自然法則所產生之技術思想，表現在物或物的用途或物的方法上者。其保護標的，自然是物品及其方法。

2. 新型專利：

《專利法》第一百零四條規定：「**新型，指利用自然法則之技術思想，對物品之形狀、構造或組合之創作。**」可見，新型專利之意旨，係指利用自然法則所產生之技術思想，表現在物品之形狀、構造或組合上有所創新者，並能產生新作用，或增進其功效。其保護標的，自然是物品之形狀、構造或組合。

3. 設計專利：

《專利法》第一百二十一條規定：「**設計，指對物品之全部或部分之形狀、花紋、色彩或其結合，透過視覺訴求之創作，應用於物品之電腦圖像及圖形化使用者介面。**」可見，設計專利之意旨，係利用物品之形狀、花紋、色彩或其結合，以提昇物品之質感或高價值感或親和性之

視覺效果表達。其保護標的，自然是物品之形狀、花紋或色彩。

專利保護的標的，必須是具體可行的技術內容，並可供該領域人士據以實施者，才可以獲得保護，故概念性的創作，無具體可行，非專利保護的標的。僅是一種發現行為，並無創作行為，亦非利用自然法則之技術思想的創作，也是不受專利保護的。如萬有引力定律或能量不滅定律等自然法則或科學原理，其本身並未被利用而表現於技術內容，它是自然法則本身，而不是被創作發明的物品或方法等，故不屬於專利保護的標的。

七、法定不予專利之事項：

所謂"法定不予專利之事項"，係指有些技術內容，縱然符合專利要件，亦不給予專利，而於《專利法》中明文規定者，即謂之法定不予專利之事項。發明、新型，以及設計等三種專利，其法定不予專利之事項各有不同。茲說明如下：

1. 發明專利：

《專利法》第二十四條規定：「**下列各款，不予發明專利：一、動、植物及生產動、植物之主要生物學方法，但微生物學之生產方法，不在此限；二、人體或動物疾病之診斷、治療或外科手術方法；三、妨害公共秩序或善良風俗者。**」可見，法定不予發明專利的項目有：

A. 動物、植物，以及生產動物、植物之主要生物學方法者。

B. 人體，或動物疾病之診斷、治療，或外科手術方法者。

C. 妨害公共秩序、善良風俗，或衛生者。

2. 新型專利：

《專利法》第一百零五條規定：「**新型有妨害公共秩序或善良風俗者，不予新型專利。**」可見，法定不予新型專利的項目，僅限於妨害公共秩序或善良風俗者。

至於《專利法》第一百十二條規定：「**新型專利申請案，經形式審**

查認有下列各款情事之一，應為不予專利之處分：一、新型非屬物品形狀、構造或組合者；二、違反一百零五條規定者；三、違反第一百二十條準用第二十六條第四項規定之揭露方式者；四、違反第一百二十條準用第三十三條規定者；五、說明書、申請專利範圍或圖式未揭露必要事項，或其揭露明顯不清楚者；六、修正，明顯超出申請時說明書、申請專利範圍或圖式所揭露之範圍者。」此等乃形式審查之要件，非法定不予新型專利的項目，不符合或違反規定，本應不予專利之處分。

3. 設計專利：

《專利法》第一百二十四條規定：「**下列各款，不予設計專利：一、純功能性之物品造形；二、純藝術創作；三、積體電路電路布局及電子電路布局；四、物品妨害公共秩序或善良風俗者。**」可見，法定不予設計專利的項目有：

A. 純功能性設計之物品造形。

B. 純藝術創作或美術工藝品。

C. 積體電路電路布局及電子電路布局。

E. 妨害公共秩序或善良風俗者。

※應特別注意：發明專利、新型專利、設計專利的保護標的不同。發明專利與新型專利都是保護利用自然法則之技術思想的創作，著重於功能、技術、製造及使用方便性等方面之改進。但發明的標的較廣，包括物質（無一定空間型態）、物品（有一定空間型態）、方法、生物材料及其用途；新型的標的則僅及於物品之形狀、構造或組合的創作。而設計專利是保護對物品全部或部分之形狀、花紋、色彩或其結合，透過視覺訴求的創作，著重於物品質感、親和性、高價值感之視覺效果表達，以增進商品競爭力及使用上視覺之舒適性，與技術性無關。發明專利及設計專利都須經過實體審查才能取得專利權，但新型專利則不經過實體審查，而採形式審查，故新型專利權本質上會有不安定性與不確定性。

第五節 《專利法》之實務

《專利法》之實務，應可包含：申請之規定、方式、文件、撰寫、範例、規費、審查、實施，以及侵權等項目說明：

一、申請之規定：

依《專利法》有關專利申請之規定，有如下幾點：

1. 主管機關：

《專利法》第三條規定：「**本法主管機關為經濟部；專利業務，由經濟部指定專責機關辦理。**」這個專責機關就是經濟部智慧財產權局，所以我們要申請專利，必須向這個機關申請才會受理。

2. 專利申請權：

所謂"專利申請權（Rightofpatentapplication）"，依《專利法》第五條規定：「**指得依本法申請專利之權利。**」意即，必須依《專利法》的相關規定，且要符合才能取得專利申請之權利。同條復說：「**除《專利法》另有規定或契約另有約定外，原則上是指發明人、創作人或受讓人或繼承人。**」

可見，擁有專利申請權的人，除《專利法》或契約另有約定外，是指發明創作人，它可以讓與或繼承。所以，受讓人與繼承人也可以成為專利申請權人。但如有同法第四條：「**外國人所屬之國家與中華民國如未共同參加保護專利之國際條約或無相互保護專利之條約、協定或由團體、機構互訂經主管機關核准保護專利之協議，或對中華民國國民申請專利，不予受理者，其專利申請，得不予受理。**」的現象，我主管機關是可以不受理其申請的。同法第六條又規定：「**專利申請權不得成為質權之標的。**」意即專利申請權是不能拿去抵押。

其中，如專利申請權是因契約關係之受讓人，或依法之繼承人，必須依同法第五條之規定：「**專利申請權人，除本法另有規定或契約另有**

約定外,指發明人、新型創作人、設計人或其受讓人或繼承人。」是因僱傭關係之雇用人,則必須依同法第七條規定:「**受雇人於職務上所完成之發明、新型或設計,其專利申請權及專利權屬於雇用人,雇用人應支付受雇人適當之報酬。但契約另有約定者,從其約定。前項所稱職務上之發明、新型或設計,指受雇人於僱傭關係中之工作所完成之發明、新型或設計。**」意即,除非契約另有約定外,職務上的發明創作,其專利申請權屬雇用人。但如是同條所另謂之:「**一方出資聘請他人從事研究開發者,其專利申請權及專利權之歸屬依雙方契約約定;契約未約定者,屬於發明人、新型創作人或設計人。但出資人得實施其發明、新型或設計。**」同條復規定:「**依第一項、前項之規定,專利申請權及專利權歸屬於雇用人或出資人者,發明人、新型創作人或設計人享有姓名表示權。**」

同法第八條也規定:「**受雇人於非職務上所完成之發明、新型或設計,其專利申請權及專利權屬於受雇人。但其發明、新型或設計係利用雇用人資源或經驗者,雇用人得於支付合理報酬後,於該事業實施其發明、新型或設計。**」同法第九條則規定:「**前條雇用人與受雇人間所訂契約,使受雇人不得享受其發明、新型或設計之權益者,無效。**」

3. 專利申請之單一性:

《專利法》第三十三條規定:「**申請發明專利,應就每一發明提出申請;二個以上發明,屬於一個廣義發明概念者,得於一申請案中提出申請。**」同法第一百二十條復謂,新型專利準用第三十三條規定。第一百二十九條也說:「**申請設計專利,應就每一設計提出申請。**」此即專利申請之單一性。除非是二個以上,屬於一個廣義發明創作的概念,才能同案申請。

4. 專利申請之代理:

《專利法》第十一條規定:『申請人申請專利及辦理有關專利事項,"**得**"委任代理人辦理之。』復謂;『在中華民國境內,無住所或營業所

者，申請專利及辦理專利有關事項，〝應〞委任代理人辦理之。」其中，〝得〞字意即可以這樣，也可以不這樣；而〝應〞字之意，則必須這樣。

由此觀之，不管是國人或外國人，凡在我國境內有住所的人，或有營業所的法人機構（公司行號），皆可自己申請，也可委託代理人申請；無住所的人，或法人機構則必須委託代理人申請。而代理人同條又規定：「除法令另有規定外，以專利師為限。」

5. 專利申請日：

《專利法》第三十一條規定：「同一發明有二以上之專利申請案時，僅得就其最先申請者准予發明專利。」可見，專利申請日對於專利能否獲准，是一個很重要之關鍵，不得不慎。專利申請日有如下三種現象：

A. 專利申請日期：

《專利法》第二十五條規定：「申請發明專利，以申請書、說明書、申請專利範圍及必要之圖式齊備之日為申請日。」第一百二十條復謂，新型專利準用第二十五條規定。第一百二十五條也規定：「申請設計專利，以申請書、說明書及圖式齊備之日為申請日。」可見，專利之申請，必須由專利申請權人備齊文件，向經濟部智慧財產權局申請，並以提出之日做為申請日。如果文件不齊全，縱先提出申請，也須等到文件補齊之日才算申請日。至於同條所謂之〝補正日〞，則指說明書及必要圖式以外文本提出者，須於主管機關指定期間內補正中文本，才能以外文本提出之日為申請日；未於指定期間內補正者，申請案不予受理；但在處分前補正者，以補正之日為申請日。

B. 專利申請日之追溯：

《專利法》第三十五條規定：「發明專利權經專利申請權人或專利申請權共有人，於該專利案公告後二年內，依第七十一條第一項第三款規定提起舉發，並於舉發撤銷確定後二個月內就相同發明申請專利者，以該經撤銷確定之發明專利權之申請日為其申請日。」意即，專利申請人非依法取得專利申請權人，縱請准專利，經專利申請權人於該專利案公

告之日起二年內申請舉發,該專利也會被撤銷。專利申請權人並於舉發撤銷確定之日起二個月內提出申請,可以追溯至非專利申請權人之申請日為專利申請權人之申請日。

C. 生物材料寄存之申請日:

《專利法》第二十七條規定:「**申請生物材料或利用生物材料之發明專利,申請人最遲應於申請日將該生物材料寄存於專利專責機關指定之國內寄存機構。但該生物材料為所屬技術領域中具有通常知識者易於獲得時,不須寄存。申請人應於申請日後四個月內檢送寄存證明文件,並載明寄存機構、寄存日期及寄存號碼;屆期未檢送者,視為未寄存。**」可見,申請生物材料,或利用生物材料之發明創作,在提出專利申請時,或之前就必須將生物材料寄存,否則其申請日無效。

6. 專利申請案之改請:

專利申請案之改請,有兩種情況:

A. 分割之申請:

《專利法》第三十四條規定:「**申請專利之發明,實質上為二個以上之發明時,經專利專責機關通知,或據申請人申請,得為分割之申請。**」

B. 申請之改請:

《專利法》第一百零八條規定:「**申請發明或設計專利後改請新型專利者,或申請新型專利後改請發明專利者,以原申請案之申請日為改請案之申請日。**」第一百三十二條亦規定:「**申請發明或新型專利後改請設計專利者,以原申請案之申請日為改請案之申請日。**」但於原申請案准予專利之審定書、處分書送達後,或於原申請案不予專利之審定書、處分書送達之日起二個月後,不得改請。

7. 專利申請之主張優先權:

如上所述,《專利法》第二十八條規定:「**申請人就相同發明在世界貿易組織會員或與中華民國相互承認優先權之外國第一次依法申請專**

利，並於第一次申請專利之日起十二個月內，向中華民國申請專利者，得主張優先權。」第一百二十條條復規定，新型專利準用上述第二十八條，第一百四十二條也規定，設計專利準用上述第二十八條，但所定之期間，於設計專利案為六個月。

二、申請之方式：

專利申請之方式有如下兩種：

1. 紙本方式：

《專利法》第二十五條規定：「**申請發明專利，由專利申請權人備具申請書、說明書及必要圖式，向專利專責機關申請之。**」第一百二十條復謂，新型專利準用第二十五條規定。第一百二十五條也規定：「**申請設計專利，由專利申請權人備具申請書及圖說，向專利專責機關申請之。**」意即，專利申請權人要備齊紙本的申請書、說明書及必要圖式，向主管機關申請，此即紙本方式。

2. 電子方式：

《專利法》第十九條規定：「**有關專利之申請及其他程序，得以電子方式為之。**」意即，專利申請權人要備齊電子檔的申請書、說明書及必要圖式，向主管機關申請，此即電子方式。其專利申請平臺上有詳細說明，網址為：https://tiponet.tipo.gov.tw/patent/。

三、申請之文件：

有關專利申請之應備文件有：

1. 申請書一份：

該文件須以主管機關公告使用之表格。可至經濟部智慧財產局，網址：https://www.tipo.gov.tw/patents-tw/lp-712-101.html。專利申請表格下載。

2. 專利說明書：

該說明書應載明：A. 發明名稱；B. 發明人姓名、國籍、住居所；C. 申請人姓名、國籍、住居所，如為法人，其名稱、事務所及其代表人姓名；D. 主張優先權之各第一次申請專利之國家或地區、案號及申請年、月、日；E. 發明之摘要；F. 發明之說明；G. 圖式簡單說明，以及 H. 申請專利範圍等各一式二份。

如申請人要申請補充、修正說明書或圖式者，應依第一百條規定，於申請日起二個月內為之。所做之補充、修正，不得超出申請時原說明書或圖式所揭露之範圍。

3. 宣誓書一份：

該文件之發明人未簽章者文件不齊備。

4. 申請權證明書一份：

該文件係發明人與申請人非同一人時須檢送，發明人未簽章者文件不齊備。

5. 委任書一份：

該文件如未委任專利代理人代為申請者免附。

6. 國籍證明書或法人證明文件一份：

該文件給外國人申請者填寫，主管機關於必要時得通知限期檢送。

7. 國民身分證或公司執照或法人登記證照影本：

該文件給本國人申請者填寫，主管機關於必要時得通知限期檢送。

8. 原文說明書同式二份：

該說明書原本係外國文字者須檢送。

9. 主張優先權之證明文件正本及首頁影本各一份：

主張優先權者，須檢送該文件，並附首頁中譯文二份。

10. **微生物寄存機構之寄存證明文件或易於獲得之證明文件，正本及影本份：**

　　申請生物材料，或利用生物材料之發明創作者，須檢送該文件。

11. **國防機密之證明文件正本一份：**

　　申請與國防機密有關之發明創作，須檢送證明文件正本一份。

12. **依申請種類，繳交申請規費。**

　　以上各項文件一律用中文，如外文者應附中譯文。書表可逕向經濟部智慧財產權局之合作社洽購，或智慧財產權局之網站上下載。網址：https://www.tipo.gov.tw/patents-tw/cp-707-870831-4d63a-101.html。

四、說明書之撰寫：

　　專利說明書係專利申請案之必備文件，它應包含：名稱、摘要、內容、申請專利範圍，以及圖式等五個部份，加上撰寫注意事項與說明書撰寫範例，計七個單元說明如下：

1. 撰寫注意事項：

　　A. 專利說明書及申請表格等，皆應使用繁體中文字填寫，不得以其他文字表達，且應以墨色打字或印刷。

　　B. 申請表格如有※部分，填表人不必填寫。

　　C. 專利說明書之撰寫，應明確、簡要，有英文者，亦請一併填寫。

　　D. 專利說明書之撰寫，標題應以新細明體 18 號字體，內容為 14 號字體，英文以 TimesNewRoman14 號字體為之，並直式橫書、由左至右，每頁應於四邊各保留 2 公分之空白，並自第 1 頁起依序編碼；如有科學名詞之譯名，係經國立編譯館編譯者，應以該譯名為原則；未經編譯，或主管機關認為有必要時，得通知申請人附註外文原名；說明書採用之用語須前後一致。

E. 說明書段落前，從【技術領域】起，以置於中括號內之連續四位數阿拉伯數字編號，依序排列，摘要則無須段落編號。切記！不可有多於或少於四位數【0001】。尤其是使用自動編號時，要特別留意，智慧財產局所提供之說明書，其格式皆已預設完成，但在四位數【0099】，要進入下一個編號時，會變成五位數【00100】，要記得調整。

F. 摘要之【本案若有化學式時……】，以及說明書之【生物寄存……】等，如與本案無關，必須刪除。

2. 名稱之撰寫：

名稱之命名應視專利申請案的標的而定，務必符合發明或創作的主題，避免使用新穎、新型等抽象形容詞。

※**應特別注意**：發明專利的名稱，應使用「系統」、「製造方法」等名稱，較能符合發明專利所要保護的標的；而新型專利所要保護地標的是物品之形狀、構造或組合的創作，不可用「製造方法」等名稱，否則會違反專利法第 112 條第 1 款的規定；而設計專利的保護標的為物品全部或部分之形狀、花紋、色彩或其結合，透過視覺訴求的創作，著重於物品質感、親和性、高價值感之視覺效果表達，以增進商品競爭力及使用上視覺之舒適性，與技術性無關，切勿使用技術性的名稱。

3. 摘要之撰寫：

摘要應敘明發明或創作所揭露內容之概要，所欲解決之問題、解決問題之技術手段，以及主要用途。字數以不超過 250 字為原則，不得記載商業性宣傳詞句。其摘要如須英文版，請按中文摘要翻譯。

4. 內容之撰寫：

專利內容的說明，應包含：

A. 所屬之技術領域：

發明或創作所屬之技術領域，盡可能指出是該技術領域的那個部份。

B. 先前之技術：

如果發明或創作，係一種基於先前技術的改善，就必須揭露與發明或創作有關的先前技術，並說明其缺點；如果發明或創作，是一種全新的技術，則須指出發明或創作，是基於何種需求而來。

C. 發明創作之目的：

說明發明或創作，是利用何種技術手段方法，來解決問題，或是增進其功效。

D. 發明創作之內容：

寫明發明創作所要解決的技術問題，以及解決其技術問題採用的技術方案，並對照先前技術敘述發明創作所產生的效果，解決了先前技術的缺點。

E. 圖式說明：

如果發明創作有圖式，須依序做簡要的概述，以及各圖式所代表的意義。

※應特別注意：以中文撰寫說明書者，圖式符號等表達皆應以中文為之，如專有名詞，則在中文後面加註外文；以外文撰寫說明書者，圖式符號等表達皆應以外文為之，必要時則可在外文後面加註中文。

F. 元件符號說明：

針對主要的元件符號，說明其名稱與功用。各元件之間的相關位置，以及連結關係等，配合圖式詳加說明，在元件名稱之後，記得加入其標號，必需注意描述時的邏輯問題；如為製程方法，則須先對其步驟做出說明，其後再針對製程方法，如何解決問題，或預達成的功效做說明。

※應特別注意：各元件之間的相關位置，以及連結關係等，皆應有對應的連結與說明。

5. 申請專利範圍：

申請專利範圍，牽涉到專利權限的大小。因此，申請專利範圍撰寫的好壞，與日後專利權的行使，有著密不可分的關係，也可以避免不必

要的駁回或修正。

在申請專利範圍中，可以使用獨立項來界定該專利的範圍，並用附屬項，或多重附屬項做進一步的界定，應特別注意的是標點符號，每一項僅能有一個句號「。」，標示在敘述結束時，中間敘述的分隔則以分號「；」為之。

如申請專利範圍中，僅有一項則稱為單項式，該項即為獨立項，無需標示項次。若超過一項即稱為多項式，其中之第一項必須為獨立項，其餘依序標示項次。原則上，一件申請案的申請專利範圍，只能有一個獨立項，除非是新物品的專利中，又涉及用以製造該物品的方法，或製程專利中，涉及用以實施該製程的組合等，這種在利用上不可分離，可擁有一個以上的獨立項。

附屬項之內容，必須依序指明所依附的項次，依附有兩種，一為依附於獨立項，或其它附屬項的關係，稱之為直接依附；二為附屬項經由另一附屬項，依附於獨立項，或其它附屬項的關係，則稱為間接依附。至於，所謂的多重附屬項，係指附屬項依附於一個以上的項次，稱之為多重附屬項，彼此之間不得直接，或間接依附，必須是選擇式依附。

※**應特別注意**：每一【**請求項**】，只能有一個「句號（。）」，其他該句號時，皆以分號為之。其格式如下：

申請專利範圍

【請求項 1】一種○○○，……。（獨立項）

【請求項 2】如請求項 1 所述之○○○，……。（附屬項）

【請求項 3】如請求項 1 所述之○○○，……。（附屬項）

【請求項 4】如請求項 1、2 或 3 項所述之○○○，……。（多重附屬項之選擇式；但不能用「及」字，非選擇式不可以）

【請求項 5】如請求項 1 所述之○○○，……。（附屬項）

【請求項 6】如請求項 2 或 3 項所述之○○○，……。（多重附屬項之選擇式；但不能直接依附在 4 之多重附屬項）

6. 圖式：

　　圖式應參照工程製圖方法繪製清晰。在撰寫說明書時，可先繪製一張或數張，用以揭露發明創作內容之草圖，並賦予各圖序號，如第一圖、第二圖等；若發明創作為機器、組合或機構，則草圖中繪製其構造及相關部份；如發明創作為製程或方法，則草圖為流程圖；在繪製完草圖後，即要標註各元件名稱，同一元件出現在不同的圖式中，其名稱須一致性；如無法以圖式繪製方法呈現，得以照片取代之，金相圖或細胞組織染色這類的圖，則以彩色照片替代；同時在指定代表圖欄，指定最能代表該技術特徵之圖式為代表圖，並載明該代表圖之元件符號簡單說明，若無代表該技術特徵之圖式為代表者，則載明無。

　　元件名稱標註後，即可草擬最佳實施例的詳細說明部份，在說明時便可賦予各元件符號，並將元件符號加註於草圖上；元件符號須用阿拉伯數字加註，所用之引出線不得交錯，所示圖式之同一部分在數圖中，同時出現時應採用同一符號，除必要註記外，不得記載其他說明文字。

第三章　專利法

五、說明書之範例：

有關說明書撰寫範例,有兩種參考:

1. 智慧財產局提供之範例：

發 明 專 利 申 請 書

（本申請書格式、順序,請勿任意更動,※記號部分請勿填寫）

※ 申請案號：※案　由：10000

※ 申請日：

☑ 本案一併申請實體審查

一、發明名稱：(中文/英文)

　　　運動裝置

　　　EXERCISEAPPARATUS

二、申請人：(共1人)

（多位申請人時,應將本欄位完整複製後依序填寫,姓名或名稱欄視身分種類填寫,不須填寫的部分可自行刪除）

智慧財產權之理論與實務

（第1申請人）

國籍： 中華民國大陸地區（☐大陸、☐香港、☐澳門）

　　　　Ⅴ 外國籍：美國

身分種類： 自然人 Ⅴ 法人、公司、機關、學校

ID： C123456789

姓名：　　　姓：　　　　　　　名：

　　　　　　Family name：　　　 Given name：　　　　　　　　　　　　　　（簽章）

名稱： （中文） 美商 XX 股份有限公司

　　　 （英文） TORSOXX, INC　　　　　　　　　　　　　　　　　（簽章）

代表人： （中文） 保羅 D 弗樂

　　　　 （英文） FULLER, PAUL D　　　　　　　　　　　　　　　（簽章）

地址： （中文）美國麻州諾伍市科技路 25 號

　　　 （英文）25 TECHNOLOGY WAY, NORWOOD, MA

註記此申請人為應受送達人

聯絡電話及分機：

~ 50 ~

第三章　專利法

◎代理人：
（多位代理人時，應將本欄位完整複製後依序填寫）

ID：　　A123456789

姓名：　　陳〇〇　　　　　　　　　　　　　　　　　（簽章）

證書字號：　　臺代字第　1234　號

地址：106 臺北市大安區 XX 路 XXXX

聯絡電話及分機：　　02-12345678

三、發明人：（共 1 人）
（多位發明人時，應將本欄位完整複製後依序填寫）

（第 1 發明人）

ID：　　　　　　　　　　　　　　　國籍：

姓名：　姓：　弗樂　　　　　　　名：　保羅 D

　　　　Family name：FULLER　　　Given name：PAUL D

四、聲明事項：（不須填寫的部分可自行刪除）

　　本案符合優惠期相關規定：
　　（請載明公開事由、事實發生日期、並檢送相關公開證明文件）

　　主張優先權：

　　　【請依序註記：受理國家（地區）、申請日、申請案號】

　　　1.

　　　2.

　　以電子交換方式檢送優先權證明文件：（優先權證明文件以電子交換方式檢送者，僅須勾選及填寫本項資料）

　　日本：【請依序註記：申請日、申請案號、國外申請專利類別、存取碼】

智慧財產權之理論與實務

    1.

    2.

   韓國:【請依序註記：申請日、申請案號】

    1.

    2.

  主張利用生物材料：

   須寄存生物材料者：

    國內寄存資訊【格式請依：寄存機構、日期、號碼　順序註記】

    國外寄存資訊【格式請依：寄存國家、機構、日期、號碼　順序註記】

   無須寄存生物材料者：

    所屬技術領域中具有通常知識者易於獲得時，不須寄存。

  聲明本人就相同創作在申請本發明專利之同日，另申請新型專利。

五、說明書頁數、請求項數及申請規費：

  摘要：(2)頁，說明書：(3)頁，申請專利範圍：(1)頁，圖式：(8)頁，合計共(14)頁；申請專利範圍之請求項共(8)項，圖式共(9)圖。

  規費：共計新臺幣 9,700 元整。

  ☑ 本案未附英文說明書，但所檢附之申請書中發明名稱、申請人姓名或名稱、發明人姓名及摘要已同時附有英文翻譯者，可減收申請規費。

六、外文本種類及頁數：
（不須填寫的部分可自行刪除）

  外文本種類：日文英文德文韓文
      法文俄文葡萄牙文
      西班牙文阿拉伯文

  外文本頁數：外文摘要、說明書及申請專利範圍共()頁，圖式()頁，

合計共()頁。

七、附送書件：(不須填寫的部分可自行刪除)

☑1、摘要1份。

☑2、說明書1份。

☑3、申請專利範圍1份。

☑4、必要圖式1份。

☑5、委任書1份。

6、外文摘要1份。

7、外文說明書1份。

8、外文申請專利範圍1份。

9、外文圖式1份。

10、優先權證明文件正本1份。

11、優先權證明文件電子檔(光碟片)張(本申請書所檢送之PDF電子檔與正本相同)。

12、優惠期證明文件1份。

13、生物材料寄存證明文件：

國外寄存機構出具之寄存證明文件正本1份。

國內寄存機構出具之寄存證明文件正本1份。

所屬技術領域中具有通常知識者易於獲得之證明文件1份。

14、有影響國家安全之虞之申請案，其證明文件正本1份。

15、其他：

八、個人資料保護注意事項：

申請人已詳閱申請須知所定個人資料保護注意事項，並已確認本申請案之附件(除委任書外)，不包含應予保密之個人資料；其載有個人資料者，同意智慧財產局提供任何人以自動化或非自動化之方式閱覽、抄錄、攝影或影印。

發明摘要

【發明名稱】運動組合

EXERCISE APPARATUS

【中文】

　　一種運動組合，係包括一導軌，一以滑動方式安裝在該導軌上之導軌托架及一提供該導軌托架單一方向之不同阻力選擇的阻力系統。當加施於該導軌托架之力係足以克服該阻力系統之阻力時，該導軌托架係可沿該導軌以一第一方向滑動；當施加之力消失時，該導軌托架係可沿該導軌以相反於第一方向之方向滑動。

【英文】

EXERCISE APPARATUS

An exercise device apparatus which comprises a track, a track carriage slidably disposed on the track, and a resistance system for providing unidirectional, selectively variable resistance to the track carriage. The track carriage is capable of sliding along the track in a first direction when a force is applied to the track carriage sufficient to overcome the resistance force of the resistance system, and whereby the track carriage is capable of sliding along the track in a direction opposite to the first direction when the applied force is diminished.

【代表圖】

　　【本案指定代表圖】：圖1。

　　【本代表圖之符號簡單說明】：

　　　　10：運動裝置

　　　　12：導軌

　　　　14：導軌托架

　　　　16：長形導軌構件

　　　　17：穩定支撐構件

　　　　20：支柱

【本案若有化學式時，請揭示最能顯示發明特徵的化學式】：

發明專利說明書

（本說明書格式、順序，請勿任意更動）

【發明名稱】運動裝置

EXERCISE APPARATUS

【技術領域】

【0001】本發明係關於一種運動裝置；特別關於一種運動裝置，該裝置係利用阻力與重力運動使用者之肌肉，特別其上半身與下半身之肌肉。

【先前技術】

【0002】已知技術之運動組合係具有一框架，供使用者由跪姿位置至俯臥位置方式伸展其上半身軀幹，以增強與拉伸上半身軀幹各部位之肌肉。例如：19XX 年 X 月 XX 日公告之美國專利公報第 XXXXXXX 號中披露之一典型組合係包括一雙人工滑動構件，該滑動構件係可藉使用者由跪姿位置至俯臥位置或由俯臥位置至跪姿位置伸展其軀幹方式沿一滑動表面推動。

【發明內容】

【0003】已知之運動組合僅限於數項功能。例如：一組合必須加施阻力方能止住一雙人工滑動構件之運動，該阻力不能依使用者之體力立即變化。而且，已知技術之組合不能藉以提高雙人工滑動構件在其上運動之導軌方式調整阻力。此外，該已知技術之組合不適於提供一運動方法，即特別與個別指向手臂，胸部，或腿部肌肉之方法。最後，該已知技術之組合相當笨重及難在小儲存區儲存。

【0004】因此，需要發展一成本低，能提供連續阻力運動方法，可攜帶之運動組合，其不僅能使腹部肌肉收縮，也可使使用者之肩部，手臂，胸部，背部，腿部及臀部肌肉在任何體能狀況下收縮。

【0005】本發明之運動組合包括一導軌，一以滑動方式安裝在該導軌上之導軌托架，及一提供該導軌托架單一方向之不同阻力選擇的阻力系

統。當加施於該導軌托架之力足以克服該阻力系統之阻力時，該導軌托架可沿該導軌以一第一方向滑動；當加施之力消失時，該導軌托架可沿該導軌以相反於第一方向之方向滑動。

【0006】本發明之效果能提供連續阻力運動方法，及一可攜帶之運動組合，其不僅能使腹部肌肉收縮，也可使使用者之肩部、手臂、胸部、背部、腿部及臀部肌肉在任何體能狀況下收縮。

【圖式簡單說明】

【0007】

〔圖1〕係根據本發明之一運動裝置透視圖。

〔圖2〕係本發明之剖視圖。

〔圖3〕係本發明之局部立體分解圖。

〔圖4〕係本發明之側視圖。

〔圖5〕係本運動裝置底部之剖視圖。

〔圖6〕係本發明使用狀態之示意圖。

〔圖7〕係本發明局部輔助狀態示意圖。

〔圖8〕係本發明另一使用狀態之示意圖。

〔圖9〕係本發明另一之輔助使用狀態立體圖。

【實施方式】

【0008】根據本發明,該最佳運動組合包括一導軌及一導軌托架以滑動方式安裝於其上。該導軌包括一長形導軌托架,一支柱及一穩定支撐構件。請參考圖1與圖2,運動組合10包括一導軌12及一導軌托架14。導軌12包括一長形導軌構件16,其一端連接至一支柱20。穩定支撐構件17最好安裝至導軌12,以限制運動組合10之橫向移動。

【符號說明】

【0009】

10:運動裝置

12:導軌

14:導軌托架

16:導軌構件

17:支撐構件

20:支柱

32:阻力裝置

34:滑輪組件

36:導軌組件

38:環圈

40:框架組件

41:樞紐

42:滑輪

44:把手

48:輔助裝置

52:腳踏墊

118:直立杆

124:旋紐

126:凸端部

申請專利範圍

【請求項1】一種運動組合,包括:

一基座,其至少設有一大體上平坦且形成某一角度之表面,用以放置一使用者雙腳之至少一部份;一把手,其係定位遠離該基座;與用以提供一阻力之機構,以抵抗該把手與基座間距離之增加。

【請求項2】如請求項1所述之運動組合,其進一步包括一對定位在該基座和把手間之臂狀物,該二臂狀物係可旋轉地連接至該基座。

【請求項3】如請求項2所述之運動組合,其中用以在該把手和基座之間提供一阻力之機構是一條彈性繩帶,該繩帶係可鬆開地連接至該把手,且延伸穿過該等臂狀物和該基座。

【請求項4】如請求項3所述之運動組合,其中該基座包括用以調整該彈性繩帶阻力之機構。

【請求項5】如請求項4所述之運動組合,其中用以調整該彈性繩帶阻力之機構包括至少一個張力支柱,該張力支柱係由基座之一較低表面伸出。

【請求項6】如請求項4所述之運動組合,其中用以調整該彈性繩帶阻力之機構包括至少一個張力掛鉤,該張力掛鉤係坐落在該基座之一較低表面上。

【請求項7】如請求項1所述之運動組合,其中該把手包括多數把手砝碼隔。

【請求項8】如請求項1所述之運動組合,其中有三個大體上平坦且形成某一角度之表面,每一表面定義一個不同之平面,用以運動不同之肌肉組合。

第三章 專利法

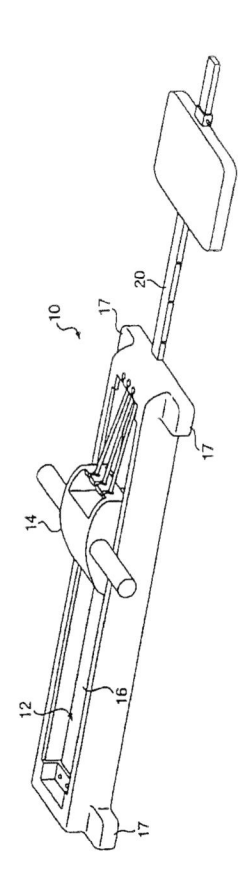

圖式

【圖1】

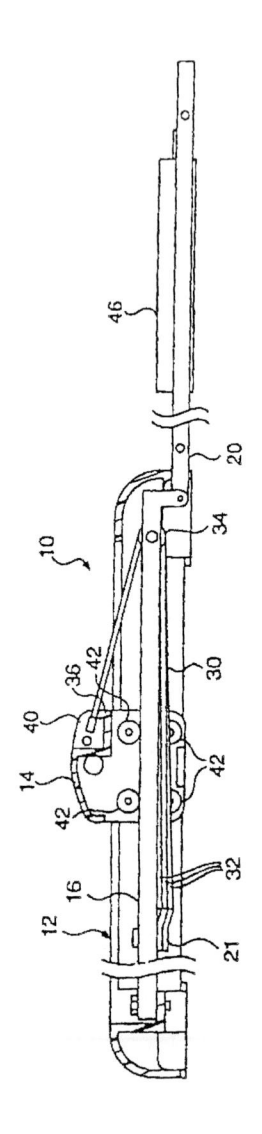

【圖 2】

第三章 專利法

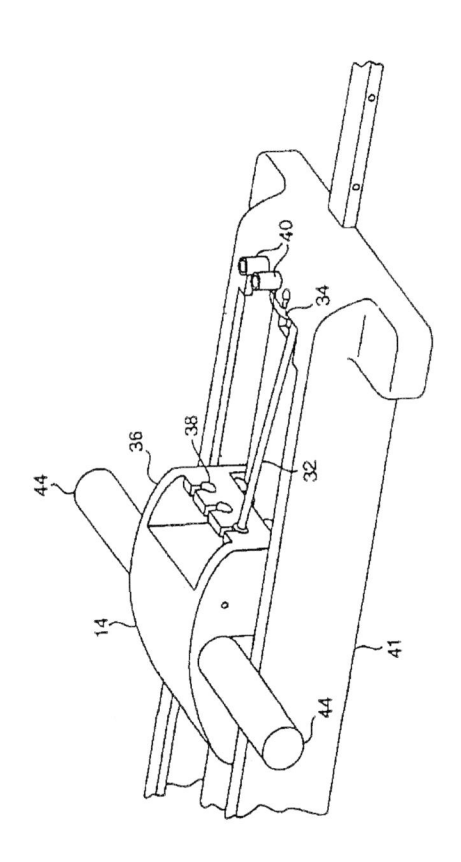

【圖3】

智慧財產權之理論與實務

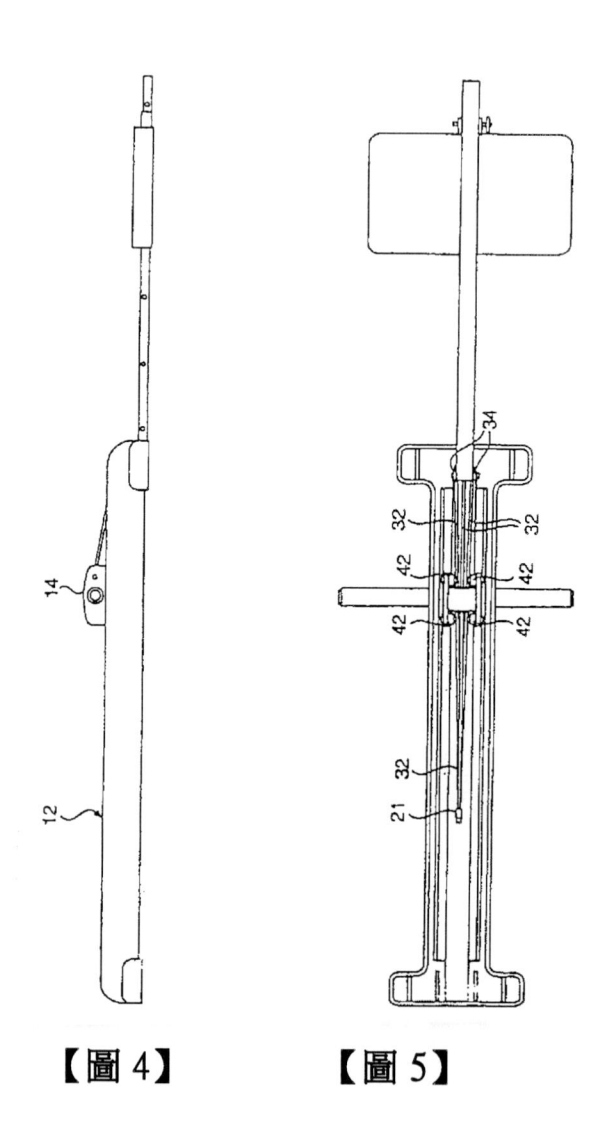

【圖4】　【圖5】

第三章 專利法

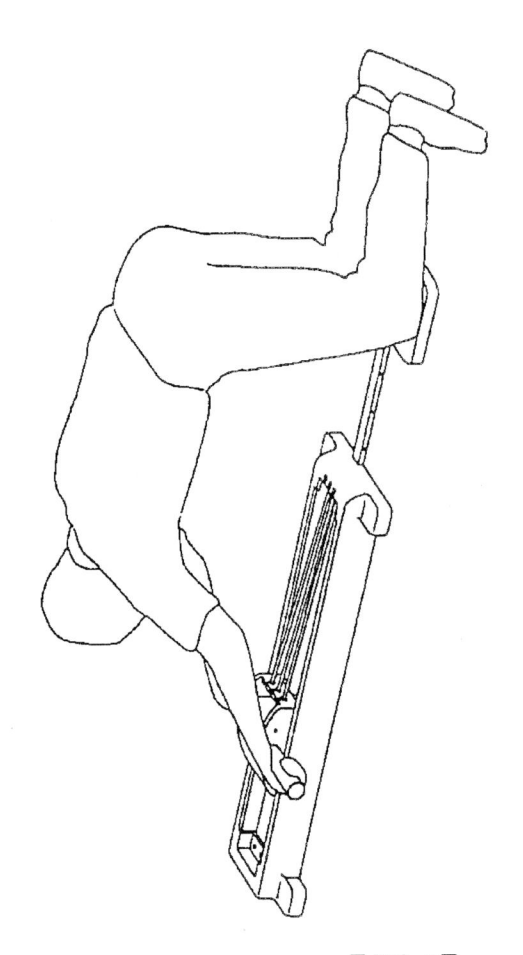

【圖6】

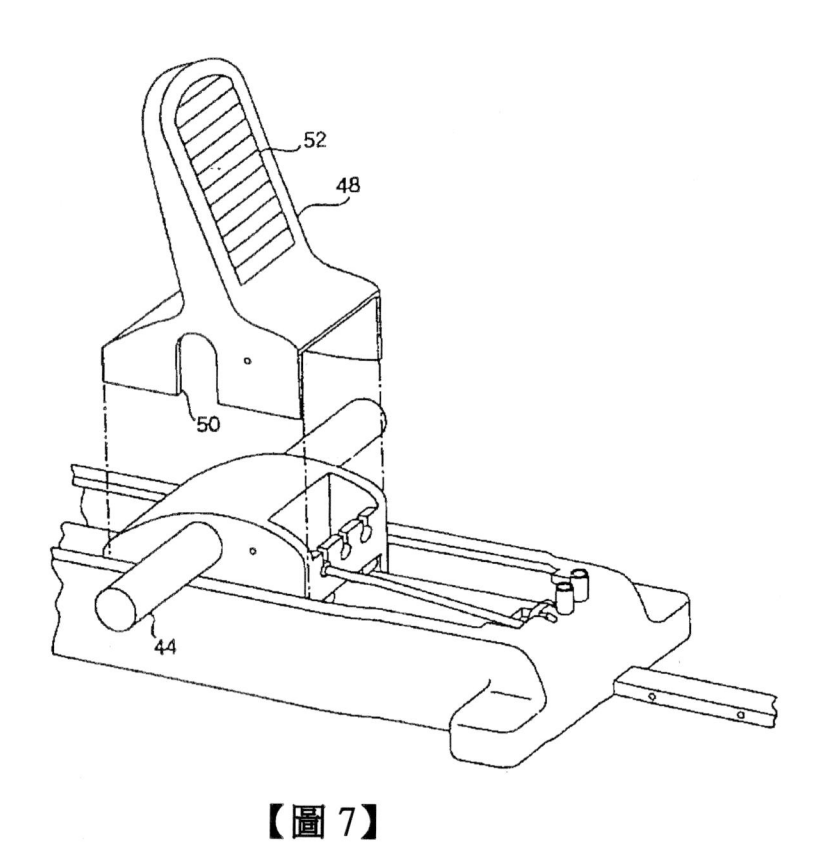

【圖 7】

第三章　專利法

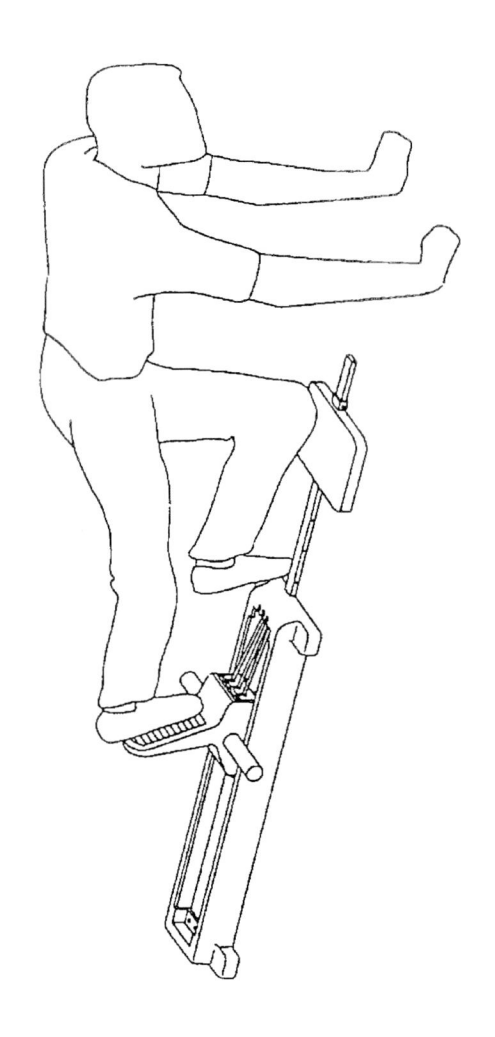

【圖 8】

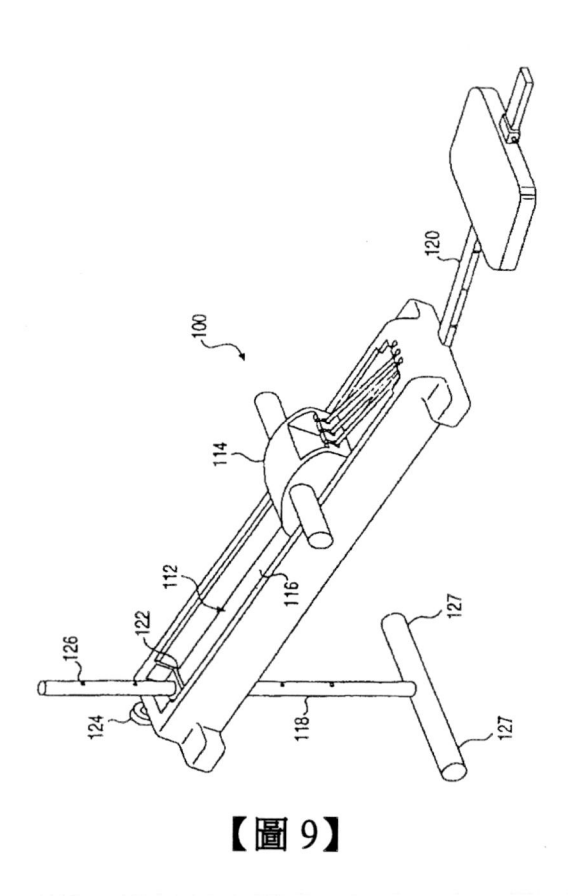

【圖9】

2. 筆者核准案提供之範例：

發明專利申請書

（本申請書格式、順序，請勿任意更動，※記號部分請勿填寫）

※ 申請案號：※案　由：10000

※ 申請日：

☑本案一併申請實體審查

一、發明名稱：(中文/英文)

　　　電子書自動化系統及其製作方法

　　　TheAutomationSystemforElectronicBooksAndItsImplementationMethod

二、申請人：(共1人)

（多位申請人時，應將本欄位完整複製後依序填寫，姓名或名稱欄視身分種類填寫，不須填寫的部分可自行刪除）

智慧財產權之理論與實務

（第1申請人）

國籍： ☑中華民國大陸地區（□大陸、□香港、□澳門）

外國籍：

身分種類： ☑自然人法人、公司、機關、學校

ID： XXXXXXXX

姓名： 姓： 蔡　　名： 輝振

Family name： Tsai　　Given name： Huei-Cheng　　（簽章）

名稱： （中文）

（英文）　　（簽章）

代表人： （中文）

（英文）　　（簽章）

地址： （中文）640 雲林縣斗六市大學路三段 123 號

（英文）123, UniversityRoadSection3, Touliu, Yunlin, Taiwan640, R.O.C.

☑註記此申請人為應受送達人

聯絡電話及分機： 0921273903

◎代理人：
（多位代理人時，應將本欄位完整複製後依序填寫）

ID：

姓名：　　　　　　　　　　　　　　　　　　　　　　（簽章）

證書字號：　　臺代字第　　號

地址：

聯絡電話及分機：

三、發明人：（共1人）
（多位發明人時，應將本欄位完整複製後依序填寫）

（第1發明人）

ID：	XXXXXXXXX	國籍：	中華民國
姓名：	姓：蔡	名：	輝振
	Family name：Tsai	Given name：	Huei-Cheng

四、聲明事項：（不須填寫的部分可自行刪除）

　　本案符合優惠期相關規定：

　　　　（請載明公開事由、事實發生日期、並檢送相關公開證明文件）

　　主張優先權：

　　　　【請依序註記：受理國家（地區）、申請日、申請案號】

　　　　1.

　　　　2.

　　以電子交換方式檢送優先權證明文件：（優先權證明文件以電子交換方式檢送者，僅須勾選及填寫本項資料）

　　日本：【請依序註記：申請日、申請案號、國外申請專利類別、存取碼】

1.

2.

韓國：【請依序註記：申請日、申請案號】

1.

2.

主張利用生物材料：

須寄存生物材料者：

國內寄存資訊【格式請依：寄存機構、日期、號碼　順序註記】

國外寄存資訊【格式請依：寄存國家、機構、日期、號碼　順序註記】

無須寄存生物材料者：

所屬技術領域中具有通常知識者易於獲得時，不須寄存。

聲明本人就相同創作在申請本發明專利之同日，另申請新型專利。

五、說明書頁數、請求項數及申請規費：

摘要：(1)頁，說明書：(30)頁，申請專利範圍：(5)頁，圖式：(4)頁，合計共(40)頁；申請專利範圍之請求項共(11)項，圖式共(4)圖。

規費：共計新臺幣 9,700 元整。

☑本案未附英文說明書，但所檢附之申請書中發明名稱、申請人姓名或名稱、發明人姓名及摘要已同時附有英文翻譯者，可減收申請規費。

六、外文本種類及頁數：
（不須填寫的部分可自行刪除）

外文本種類：日文英文德文韓文
　　　　　　法文俄文葡萄牙文
　　　　　　西班牙文阿拉伯文

外文本頁數：外文摘要、說明書及申請專利範圍共()頁，圖式()頁，

合計共( )頁。

七、附送書件：(不須填寫的部分可自行刪除)

　　☑1、摘要1份。

　　☑2、說明書1份。

　　☑3、申請專利範圍1份。

　　☑4、必要圖式1份。

　　　5、委任書1份。

　　☑6、外文摘要1份。

　　　7、外文說明書1份。

　　　8、外文申請專利範圍1份。

　　　9、外文圖式1份。

　　　10、優先權證明文件正本1份。

　　　11、優先權證明文件電子檔(光碟片)　張(本申請書所檢送之PDF電子檔與正本相同)。

　　　12、優惠期證明文件1份。

　　　13、生物材料寄存證明文件：

　　　　國外寄存機構出具之寄存證明文件正本1份。

　　　　國內寄存機構出具之寄存證明文件正本1份。

　　　　所屬技術領域中具有通常知識者易於獲得之證明文件1份。

　　　14、有影響國家安全之虞之申請案，其證明文件正本1份。

　　　15、其他：

八、個人資料保護注意事項：

　　申請人已詳閱申請須知所定個人資料保護注意事項，並已確認本申請案之附件(除委任書外)，不包含應予保密之個人資料；其載有個人資料者，同意智慧財產局提供任何人以自動化或非自動化之方式閱覽、抄錄、攝影或影印。

智慧財產權之理論與實務

發明摘要

【發明名稱】電子書自動化系統及其製作方法

The Automation System for Electronic Books And Its Implementation Method

【中文】

　　本發明「電子書自動化系統及其製作方法」，至少包含有：一自動輸送平臺、一分頁處理裝置、一文字識別器、一系統程式、一列印機、一紙本書籍製作裝置等所構成，配合其 "製作方法"，即可使電子書的製作完全自動化，並可隨時回溯原本面貌，無限量的供應原紙本書籍，除解決電子書製作費時、費工、成本高的缺點外，又可解決圖文檔不能全文檢索與古體字無法呈現的問題，同時也解決出版商龐大資金積壓在大量印刷書籍上，以及書籍存放空間、保存等問題。

【英文】

**The Automation System for Electronic Books
And Its Implementation Method**

　　This invention, "The automation system for electronic books and its implementation method", at least includes as follows: one automatic transmission platform, one paging processor, one Optical Character Recognition, one concerned system, one printer, one paper books-making machine, as well as its creation. By virtue of these components, not merely does this invention enable e-books to be entirely automatic, but it also traces back to original online texts for the benefit of offering their initial paper books limitlessly. In this way, besides overcoming the shortcomings of time-consuming, work-consuming and high cost which are caused in the process of designing e-books, it can figuring out the problem of full texts retrieval and the presentation of ancient Chinese characters; in the meantime, it also completely solve such problem as publishers accumulate a large amount of fund over printing quite a few copies, or make room to store and preserve books.

【代表圖】

　　【本案指定代表圖】：圖2。

　　【本代表圖之符號簡單說明】：

　　　　1為自動輸送平臺。

　　　　2為分頁處理裝置。

　　　　3為文字識別器。

　　　　4為系統程式。

　　　　5為列印機。

　　　　6為紙本書籍製作裝置。

　　　　7為使用端。

　　　　A為原處理前之紙本書籍。

　　　　A1為處理完成後之紙本書籍。

　　　　B為電子檔文件資料。

　　　　C為電子書。

　　　　C1為複製之電子書。

【本案若有化學式時，請揭示最能顯示發明特徵的化學式】：

發明專利說明書

（本說明書格式、順序，請勿任意更動）

【發明名稱】電子書自動化系統及其製作方法

The Automation Systemfor Electronic Books And Its Implementation Method

【技術領域】

【0001】本發明係關於一種「文獻數位化典藏之電子書的製作」，尤指一種「系統裝置藉由程式控制配合其製作方法」，即可使電子書的製作完全自動化，並可隨時回溯原本面貌，無限量的供應原紙本書籍，除解決電子書製作費時、費工、成本高的缺點外，又可解決目前文獻數位化典藏的兩大困境，即圖文檔不能全文檢索與古體字無法呈現的問題，同時也解決絕版書無法再購得及出版商龐大資金積壓在大量印刷書籍上、書籍存放空間、保存等問題之「**電子書自動化系統及其製作方法**」。

【先前技術】

【0002】文獻數位典藏(DocumentaryDigitalPreservation)，具有："**永久性的典藏與延續**"、"**無遠弗屆的傳送世界各地**" 以及 "**資源共建共享**" 等優點，並可帶動其他產業的發展，提高國際競爭力，又可增進我們生活的品質與便捷，造福人類，是一舉數得的事業。因此，世界各國皆不遺餘力的將此列為國家發展的重點，投入龐大的人力、物力，朝這個方向發展。

【0003】我國自中央研究院於一九八四年七月，率先推動 "**史籍自動化計劃**"，建構 "**漢籍全文資料庫**" 以來，迄今已整整二十年光景。參與單位也從原先中央研究院，到今天的：國科會、文建會、國家圖書館、故宮博物院、歷史博物館，以及各縣市政府、大學校院、民間團體等等，都先後積極的加入這個行列。我政府更將其列為國家發展重點之一，編列上百億經費，由國家科學委員會、中央研究院等單位，分別執行 "**數位博物館先導計畫**" 及 "**數位典藏國家型科技計畫**"，為臺灣打造一個 "e

第三章　專利法

世王國"而努力，進而實現"無紙化世紀"夢想。

【0004】我們可以預見，當文獻數位典藏的技術，臻至完善時，我們將可以置身在一個人性化、智慧化、便捷化，以及講究視聽覺享受的操作環境。儘管我們置身於世界不同的角落，但資訊卻垂手可得，彼此之間也無距離，此乃二十一世紀我們所追求的理想。

【0005】雖是如此，但目前我們所推動文獻數位化典藏的工作並不順利，因它面臨如下的困境：

一、文獻數位典藏的製作非常耗時，尤其是電子書的部份，從前端網頁的設計、到後端資料庫的建構，以及中間媒取程式等的撰寫，不僅需要專業人才，也要耗上相當時日才能完成一本書籍，以中國文獻資料之浩瀚，要待何時才能實現理想，故實在非常的不經濟。

二、閱讀傳統紙本書籍的方式，是我們長期以來所養成的習慣，現在文獻數位典藏在網際網路(InternetExplorer)上的瀏覽閱讀，係完全改變這種閱讀習慣，一時之間我們恐怕難於接受，年輕一輩還好，但年長者難免會有抗拒心理，這對追求無紙化的世紀，始終是一個障礙；雖然可用圖文檔來製成手翻頁的電子書，來模擬我們閱讀傳統紙本書籍的方式，但以圖文檔所製成的電子書並不能全文檢索，這對在龐大的文獻中尋找資料是非常不方便的。

三、由於受到現行電腦系統的字型限制，導致古體字的部份，無法在電腦螢幕上呈現，伺服器(Services)後端雖可以造字來解決，但使用前端的電腦系統如沒其字型，還是無法呈現瀏覽；目前最普遍的使用方法，是轉成 PDF(PortableDocumentFormat)檔案格式，利用其在使用端，具有呈現與原始文件畫面的功能，來解決古體字的問題，惟 PDF 檔案格式所需的 AcrobatReader 套裝軟體，在臺灣市場的使用率並沒有歐美那麼普遍，沒有這套軟體，還是無法讀取。另 PDF 的畫面雖柔美，卻不利於多媒體的網頁設計，故採用 PDF 來解決古體字的問題，並不理想；目前最先進解決古體字問題的方式，為中央研究院之「漢籍電子文獻」資料庫，該資料庫首先先建置一個"古體字資料庫"，待使用端要瀏覽閱讀

時，再將古體字下載至其電腦字型系統內，以解決上述問題；只可惜該資料庫的下載程序複雜，連電腦內行人都感到不易操作，更遑論外行人。

【0006】以上這三大問題，是目前文獻數位典藏亟待解決的重要課題。另外，出版商長期以來也有如下的困擾：

一、出版商出版每一本紙本書籍時，都必須依成本來考慮其出版的一定數量，而這個數量就會有相當的資金積壓，而每一家出版商動輒都有幾百種書，甚至幾千或幾萬種書在市場流通，其資金積壓之龐大可想而知。

二、出版商出版成千上萬之紙本書籍時，就必須要有相當的空間來存放，增加許多成本，而且紙本書籍的保存也不易，容易受潮濕，或蟲害而毀損。

以上這兩大問題，也是目前出版商長期以來的困擾，有待解決。

【0007】縱觀在目前已知的技術中，雖有：

一、申請案號 092129233 之「**電子書產生方法**」：

該發明係用來協助使用者精確搜集網路相關內容，並且按照指定目錄與格式自動整理成一本電子書。

二、申請案號 091132872 之「**電子書狀線上產生系統與方法**」：

該發明係指系統伺服器接收一使用端於瀏覽書狀範例分類標題後，所選擇之書狀範例，以及使用端所輸入之資料，並於結合書狀範例與輸入資料，以產生一正式書狀後，將正式書狀下載至該使用端。

三、申請案號 091125293 之「**電腦可執行之電子書閱讀介面的自動排版方法**」：

該發明主要係在判定圖形、表格，以及文字是否可排於目前頁面的未排版處，再判定要將圖形、表格，以及文字排版至目前頁面或下一個頁面，以提供相當快速且便利的自動排版功能。

四、申請案號 090132889 之「**製作互動式電子書的方法**」：

第三章　專利法

該發明係藉由電腦平臺上的製作介面，將電腦上的影片、動畫、圖片、電子書等檔案，透過巨集組合程式的編寫模式，進行一互動式電子書的製作，再透過一串列埠，將電腦與電子行動式裝置相連結，由電腦下載至電子行動式裝置上，以達到使用者可以自行製作互動式電子書的目的。

五、申請案號 086115328 之**「互動式網路電子書系統」**：

該發明係一種可以自我延展、自我持續，駐存於網際網路、網內網路這類資料的資訊重配網路機器人，使用者可以利用互動式電子書做為檢視器或提供器來登記；檢視器可以檢視互動式電子書材料，像是本文或多媒體內容；提供器可以對互動式電子書提供原始材料，或是製造現有互動式電子書材料的導出；辨識導出中材料來源的屬性資訊係自動產生，與每件工作導出有關的資訊及其特徵，可以導航使用者經歷互動式電子書材料；互動式電子書系統保留了使用者每次存取互動式電子書中工作的聲道頻率，並根據使用者所檢視的提供材料範圍，會自動獎賞提供器，亦即金錢分配。

以上所列舉五種最新的電子書技術，雖與本發明同屬領域，但其技術卻與本發明無關，也未能解決上述的問題。

【發明內容】

【0008】綜上所分析，我們可知截至目前為止，並無適當的技術可以處理文獻數位典藏亟待解決的課題，以及解決出版商長期以來的困擾。

【0009】本發明即是基於上述之缺點而開發，它的自動化系統至少包含有：**一自動輸送平臺、一分頁處理裝置、一文字識別器**(OpticalCharacterRecognition 簡稱 OCR)、**一系統程式、一列印機、一紙本書籍製作裝置**等所構成，配合其"**製作方法**"，即可使電子書的製作完全自動化，並可隨時回溯原本面貌，無限量的供應原紙本書籍，除解決電子書製作費時、費工、成本高的缺點外，又可解決目前文獻數位化典藏的兩大困境，即圖文檔不能全文檢索與古體字無法呈現的問題，同時也解決出版商龐大資金積壓在大量印刷書籍上，以及書籍存放空間、保存等問題。

【0010】其中,該製作方法首先將待處理文件之「**紙本書籍**」放入「**自動輸送平臺**」上,該平臺會自動導入「**分頁處理裝置**」內,使其變成散開式的一頁一頁,再將其自動送入「**文字識別器**」上一頁一頁的識別,將紙本書籍資料轉換成「**文字檔資料**」,並建立「**文字檔資料夾**」;如已有「**電子檔文件資料**」,則不須經過上述程序,直接載進「**文字檔資料夾**」即可。再自動輸入「**系統程式**」之「**文字檔分檔系統**」,該系統會將整個文字檔分成一頁一個檔,透過「**系統程式**」之「**資料庫建構系統**」將一頁一個檔當作一筆資料,載入「**資料庫**」內;另「**文字檔分檔系統**」也同時將其分成一頁一個檔自動建立一個「**文字分檔資料夾**」;而「**文字檔資料**」除自動輸入「**文字檔分檔系統**」外,同時亦會自動輸入「**系統程式**」之「**圖文檔轉換系統**」,該系統會自動將文字檔的資料轉換成一頁一個圖文檔的資料並建立一個「**圖文分檔資料夾**」。當「**使用端**」啟動「**系統程式**」之「**電子書**」時,「**電子書顯示系統**」首先會自動至「**圖文分檔資料夾**」內取出〝**背景圖文檔**〞及〝**封面圖文檔**〞載入「**電子書顯示系統**」內,以顯示出〝**書本**〞模樣之「**電子書**」;當「**使用端**」移動滑鼠使游標移動至書籤左右任何一方時,游標即自動變成手指形狀,再左或右移動手指形狀,即可翻到下一頁或上一頁,並發出翻頁的聲音,如同傳統閱讀習慣之用手去翻頁一樣;當翻下一頁或上一頁時,「**電子書顯示系統**」會立即下達取出指令至「**圖文分檔資料夾**」依序取出對應的圖文檔頁數資料,一次取奇偶兩頁,分別在「**電子書顯示系統**」上,左右兩邊顯示,如同紙本書籍左、右兩頁的呈現方式;當「**使用端**」為查尋資料而啟動「**系統程式**」之「**全文檢索系統**」時,只要輸入〝**關鍵字**〞,再按確定後,「**全文檢索系統**」立即下達搜索指令至「**資料庫**」,依序搜索每一筆資料,並將搜索的結果頁碼陳列於搜索「**結果顯示區**」,同時在「**資料庫**」所搜索到的文字資料,直接對應於「**文字分檔資料夾**」內的頁碼檔取出,並將關鍵的文字資料變成紅色顯示後,立即自動載入「**圖文檔轉換系統**」將文字檔轉換成圖文檔,再送入「**圖文分檔資料夾**」內,此時具有標示紅色關鍵文字資料的圖文檔,因與原存在的圖文檔頁碼檔名相同,故會覆蓋取代原圖文檔。當「**使用端**」從搜索「**結果顯示區**」內

之搜索結果的頁碼上點選,「**電子書顯示系統**」即下達取出指令至「**圖文分檔資料夾**」去取得標示紅色文字之資料,顯示於「**電子書顯示系統**」上,如此便可突破長久以來圖文檔不能全文檢索的缺點,以及解決古體字在使用端的電腦無法呈現的問題,因本發明在前端伺服器上,已將造好的古體字存放在字型系統中,故在伺服器上的文件,皆能對應顯示出其古體字,再將文字檔的文件轉換成圖文檔,送到使用端來瀏覽,自然就不存在古體字無法呈現的問題。而為適應網際網路上,在同一時間有多個「**使用端**」在使用而不相互干擾,「**系統程式**」之「**複製系統**」會隨時偵測「**使用端**」的使用狀況,當「**使用端**」連線時,「**複製系統**」即會自動從「**系統程式**」之「**電子書**」完整的複製另一本「**電子書**」,供第一個「**使用端**」單獨使用;當第一個「**使用端**」斷線時,「**複製系統**」即會自動刪除「**電子書**」副本;第二個「**使用端**」以至無數個「**使用端**」的使用方式皆以此類推。當「**使用端**」要取得「**紙本書籍**」時,則要透過「**系統程式**」之「**網路訂購系統**」訂購,該系統啟動時會先跳出簡易資料表格,讓訂購者填寫簡略的個人資料,以及「**紙本書籍**」送往的地址,並繳交適當的費用,完成後按「**確定**」,「**網路訂購系統**」會立刻啟動「**書籍製作**」,通知「**下載系統**」下達取出這本電子書的所有資料指令,包含封面圖文檔及封底圖文檔,透過「**列印機**」依序列印出來,再由「**自動輸送平臺**」自動導入「**紙本書籍製作裝置**」內處理,經由適度裁剪、裝線、封膠等作業處理,即可完成另一本「**紙本書籍**」。當「**紙本書籍**」再製作完成後,即可依其地址送至訂購者手上,如此依訂購者所需的數量,隨時製作並無限量的供應,便可解決出版商的成本積壓,以及存放空間、保存所需的成本,尤其是設立店面、銷售人員的薪水等成本全部可免除。

【0011】由此可見,本發明是解決上述問題之最佳技術,完全符合《專利法》第二十一條及第二十二條規定之發明專利。

【圖式簡單說明】

【0012】

〔圖1〕為本發明之自動化系統示意圖。

〔圖2〕為本發明之製作方法流程圖。

〔圖3〕為本發明之系統程式具體實施例示意圖。

〔圖4〕為本發明之系統程式具體實施例流程圖。

【符號說明】

【0013】

1. 為**自動輸送平臺**，該平臺能將待處理文件自動導入其它裝置內。

2. 為**分頁處理裝置**，該裝置可將紙本書籍分成一頁一頁的散開。

3. 為**文字識別器**，該識別器能將圖文檔的文件轉成文字檔的文件。

4. 為**系統程式**，該程式能依電子書的製作方法自動製作電子書，以及控制其他裝置的功能。

5. 為**列印機**，該列印機負責印出所傳來的資料。

6. 為**紙本書籍製作裝置**，該裝置具有裁剪、裝線、封裝等製作紙本書籍的功能。

7. 為**使用端**，該端為網際網路前端之使用者。

A. 為**紙本書籍**，該書籍為原處理前之書籍。

A1. 為**紙本書籍**，該書籍為處理完成後之另一本紙本書籍。

B. 為**電子檔文件資料**。

C. 為**電子書**，該書為經「**系統程式4**」所製作完成的電子書。

C1. 為**電子書**，該書為「**電子書C**」的副本。

【實施方式】

【0014】為讓審查委員能充分了解本發明的技術內容及其實施方式，特配合圖式，詳細說明如下：

【0015】圖一為本發明之自動化系統示意圖，該系統至少包含有：一「**自動輸送平臺1**」、一「**分頁處理裝置2**」、一「**文字識別器3**」、一「**系**

第三章　專利法

統程式 4」、一「列印機 5」、一「紙本書籍製作裝置 6」等所構成。當待處理文件之「紙本書籍 A」放進「自動輸送平臺 1」之「入口夾 1-1」而啟動系統時，該「自動輸送平臺 1」即會將「紙本書籍 A」自動導入「分頁處理裝置 2」內，該裝置即自動處理其封裝端，使變成散開式的一頁一頁，「自動輸送平臺 1」再將其自動送入「文字識別器 3」之「分頁夾 3-1」上一頁一頁的輸入來識別，將紙本書籍資料轉換成文字檔資料，再自動輸入電腦(伺服器)之「系統程式 4」內，並建立文字檔資料夾；如已有「電子檔文件資料 B」，則不須經過上述程序，直接載進「系統程式 4」之文字檔資料夾即可。該系統程式即自動依電子書的製作方法製成「電子書 C」，呈現於電腦銀幕上。當「使用端 7」要取得「紙本書籍 A1」時，則要透過「系統程式 4」一定的控制機制，才能下載「電子書 C」的所有資料，包含封面圖文檔及封底圖文檔，透過「列印機 5」依序列印出來，再由「自動輸送平臺 1」自動導入「紙本書籍製作裝置 6」內處理，經由適度裁剪、裝線、封膠等作業處理，即可完成另一本「紙本書籍 A1」，再輸出至「自動輸送平臺 1」之「出口夾 1-2」儲存，而後送至「使用端 7」手上。

【0016】圖二為本發明之製作方法流程圖，該〝製作方法〞之流程為：首先將待處理文件之「紙本書籍 A」放入「自動輸送平臺 1」上，該平臺會自動導入「分頁處理裝置 2」內，該裝置可為「雷射切割 2-1」、「利刃切割 2-2」、或「藥水處理 2-3」之任一方法來處理其封裝端，使其變成散開式的一頁一頁，再將其自動送入「文字識別器 3」之「平臺式文字識別器 3-1」，或將「紙本書籍 A」不經「分頁處理裝置 2」，直接用「文字識別器 3」之「直立式文字識別器 3-2」一頁一頁的識別，將紙本書籍資料轉換成文字檔資料，透過電腦銀幕上的直接校對，確定資料無誤後(如文字識別器的正確率為 100%時，即可省略校對的步驟)，再輸入「系統程式 4」，該系統程式會自動建立「文字檔資料夾 4-1」；如已有「電子檔文件資料 B」之文字資料，則不須經過上述程序，直接透過「版本選擇 4-13」載進「文字檔資料夾 4-1」即可。接著再將「文字檔資料夾 4-1」的資料，自動輸入「系統程式 4」之「文字檔分檔系統 4-2」，該系統會

智慧財產權之理論與實務

將整個文字檔分成一頁一個檔,透過「**系統程式 4**」之「**資料庫建構系統 4-3**」將一頁一個檔當作一筆資料,載入「**資料庫 4-4**」內,該資料庫可以為 SQLServer(StructuredQueryLanguage)也可以為 MySQL 等任一資料庫,但以 Access 資料庫的可攜式、系統小為最佳,但該資料庫有不能存圖檔的缺點,故可將文件資料先轉換成「HTML(HyperTextMarkupLanguage)」或「XML(eXtensibleMarkupLanguage)」原始碼,再存入資料庫內,取出後再恢復原狀,即可解決該資料庫的缺點;另「**文字檔分檔系統 4-2**」也同時將其分成一頁一個檔自動建立一個「**文字分檔資料夾 4-5**」;而「**文字檔資料夾 4-1**」的資料除自動輸入「**文字檔分檔系統 4-2**」外,同時亦會自動輸入「**系統程式 4**」之「**圖文檔轉換系統 4-6**」,該系統會自動將文字檔的資料轉換成一頁一個圖文檔的資料,並建立一個「**圖文分檔資料夾 4-7**」,該圖文檔的格式可以為 GIF 等任一格式,但以 jpg 格式最佳;如「**電子檔文件資料 B**」為圖文資料,亦可直接透過「**版本選擇 4-13**」載進「**圖文分檔資料夾 4-7**」內;其中,該「**版本選擇 4-13**」係可選擇全文檢索與非全文檢索兩種版本,如「**電子檔文件資料 B**」為文字檔資料時,則可選擇全文檢索版;如「**電子檔文件資料 B**」為圖文檔資料時,則只可選擇非全文檢索版。當「**使用端 7**」啟動「**系統程式 4**」之「**電子書 C**」時,「**系統程式 4**」之「**電子書顯示系統 4-8**」首先會自動至「**圖文分檔資料夾 4-7**」內,取出〝背景圖文檔〞及〝封面圖文檔〞載入「**電子書顯示系統 4-8**」內,以顯示出〝書本〞模樣之「**電子書 C**」;當「**使用端 7**」移動滑鼠使游標移動至書簷左右任何一方時,游標即自動變成手指形狀,再左或右移動手指形狀,即可翻到下一頁或上一頁,並發出翻頁的聲音,如同傳統閱讀習慣之用手去翻頁一樣;當翻下一頁或上一頁時,「**電子書顯示系統 4-8**」會立即下達取出指令至「**圖文分檔資料夾 4-7**」依序取出對應的圖文檔頁數資料,一次取奇偶兩頁,分別在「**電子書顯示系統 4-8**」上,左右兩邊顯示,如同紙本書籍左、右兩頁的呈現方式。其中,該「**電子書顯示系統 4-8**」所下達取出指令至「**圖文分檔資料夾 4-7**」依序取出對應的圖文檔頁數資料的方式,也可以改為直接下達取出指令至「**文字分檔資料夾 4-5**」依序取出對應的文字檔頁數資料,再經「**圖**

第三章　專利法

文檔轉換系統 4-6」轉換成圖文檔的資料，直接於「電子書顯示系統 4-8」上顯示的方式；而該「電子書 C」可以設定在個人電腦上為單機版，亦可設定在伺服器上為網路版；同時也可以依文字橫向編排或文字直向編排而設定其左邊翻頁或右邊翻頁；而該「電子書顯示系統 4-8」可以為內建 AcrobatReader 之 PDF 格式等方式顯示，但以內建 MacromediaFlashMx 之 jpg 格式所做成之電子書顯示系統為佳；而每次翻頁的同時，「電子書顯示系統 4-8」才立即至「圖文分檔資料夾 4-7」取出所需資料，此乃為資料保護的關係，如使用端有人要竊取資料，最多只能下載顯示出來的那兩頁。當然該「電子書顯示系統 4-7」也可以一次性將「圖文分檔資料夾 4-7」的資料全部依序載入該系統內，然後再依翻頁的頁碼次序顯示出來，但此種方式對資料的保護並不周全，因使用端如有人要竊取資料，即可將整個資料夾的資料全部下載下來；而「電子書顯示系統 4-8」同時也內建「放大鏡 4-8-1」、「自動翻頁 4-8-2」、「縮放顯示 4-8-3」，以及「頁碼選單 4-8-4」等功能。「放大鏡 4-8-1」功能，係採倍率放大方式，凡放大鏡照到的圖文，皆會依其倍率放大，以適應眼力較差人瀏覽閱讀；「自動翻頁 4-8-2」功能，係可依設定時間自動翻頁，預設值為五秒鐘自動翻一次，亦可自由設定其翻頁時間；「縮放顯示 4-8-3」功能，係將整本電子書的頁面依其倍率放大或縮小；而「頁碼選單 4-8-4」功能，則提供頁碼選擇，讓使用者能立即獲得所需的頁面資料。當「使用端 7」為查尋資料而啟動「系統程式 4」之「全文檢索系統 4-9」時，只要輸入〝關鍵字〞，再按確定後，「全文檢索系統 4-9」立即下達搜索指令至「資料庫 4-4」，依序搜索每一筆資料，並將搜索的結果頁碼陳列於「搜索結果顯示區 4-9-1」，同時在「資料庫 4-4」所搜索到的文字資料，直接對應於「文字分檔資料夾 4-5」內的頁碼檔取出，並將關鍵的文字資料變成紅色顯示後，立即自動載入「圖文檔轉換系統 4-6」將文字檔轉換成圖文檔，再送入「圖文分檔資料夾 4-7」內，此時具有標示紅色關鍵文字資料的圖文檔，因與原存在的圖文檔頁碼檔名相同，故會覆蓋取代原圖文檔。當「使用端 7」從搜索「結果顯示區 4-9-1」內之搜索結果的頁碼上點選，或依搜索結果的頁碼，從「頁碼選單 4-8-4」上去點選，「電子書顯示系統 4-8」，

智慧財產權之理論與實務

即下達取出指令至「圖文分檔資料夾 4-7」去取得標示紅色文字之資料，顯示於「電子書顯示系統 4-8」上，如此便可突破長久以來圖文檔不能全文檢索的缺點，以及解決古體字在使用端的電腦無法呈現的問題，因本發明在前端伺服器上，已將造好的古體字存放在字型系統中，故在伺服器上的文件，皆能對應顯示出其古體字，再將文字檔的文件轉換成圖文檔，送到使用端來瀏覽，自然就不存在古體字無法呈現的問題。而為適應網際網路上，在同一時間有多個「使用端 7」在使用而不相互干擾，「系統程式 4」之「複製系統 4-10」會隨時偵測「使用端 7」的使用狀況，當「使用端 7」連線時，「複製系統 4-10」即會自動從「系統程式 4」之「電子書 C」完整的複製另一本「電子書 C1」，供第一個「使用端 7」單獨使用；當第一個「使用端 7」斷線時，「複製系統 4-10」即會自動刪除「電子書 C1」副本；第二個「使用端 7」以至無數個「使用端 7」的使用方式皆以此類推。當「使用端 7」需要下載資料時，只要啟動「系統程式 4」之「下載系統 4-11」即可下載，該系統可以透過密碼來管制；按「另存新檔 4-11-1」即可獲得「電子檔資料 4-11-2」；按「列印 4-11-3」即透過「列印機 5」而獲得「紙本資料 4-11-4」；但要取得另一本「紙本書籍 A1」，則要透過「系統程式 4」之「網路訂購系統 4-12」訂購，該系統啟動時會先跳出簡易資料表格，讓訂購者填寫簡略的個人資料，以及書籍送往的地址，並繳交適當的費用，該費用可以網路信用卡簽帳方式或郵政劃撥或銀行提款機(ATM)轉帳之任一種管理機制皆可，完成後按確定，「網路訂購系統 4-12」立刻啟動「書籍製作 4-12-1」，該書籍製作亦可由伺服器後端控制；傳達指令至「下載系統 4-11」，該系統即會取出所有「電子書 C」的資料，包含封面圖文檔及封底圖文檔，透過「列印機 5」依序列印出來，再自動送入「紙本書籍製作裝置 6」內處理，該裝置包含有：「裁剪機 6-1」、「裝線機 6-2」、以及「封膠機 6-3」，可做適度裁剪、裝線、封膠等作業處理，即可完成另一本「紙本書籍 A1」。而後依其地址送至訂購者手上。如此依訂購者所需的數量，隨時製作並無限量的供應，自可解決出版商的成本積壓，以及存放空間、保存等所需的成本，尤其是設立店面、銷售人員的薪水等成本全部可免除。

【0017】圖三為本發明之系統程式具體實施例示意圖，該「**系統程式 4**」之具體實施步驟有三：步驟一為指定來源，首先點「**瀏覽按鈕 4-14**」，選擇資料來源，該資料可以是一個 Word 檔案，也可以是一個資料夾，勾選「**包括整個資料夾 4-14-1**」此項目時，將會同資料夾內所有 Word 檔案合為一處理，其檔名、格式將依「**進階輸出設定 4-14-2**」之設定值，依序排列產生；而「**版本選擇 4-13**」之資料來源種類有 Word 檔文件及 Jpeg 圖檔文件兩種，勾選 "**完整轉換**"（Word 文件），即是全文檢索版；勾選 "**部份轉換**"（Jpeg 圖檔），即是非全文檢索版。步驟二為設定相關屬性，輸入「**書名 4-15**」名稱，該名稱將會作為電子書資料夾名稱；選擇「**圖書種類 4-16**」之書籍或雜誌；設定「**翻頁形式 4-8-5**」之左翻或右翻；選擇「**翻頁參數 4-17**」之預設值或進階由手動設定；再指定「**書籍封面、書籍封底、書頁背景、網頁背景等 4-18**」之來源，該來源程式會自動偵測導入。步驟三為輸出指定，「**輸出指定 4-19**」係指定電子書製作完成後要存放的位置。最後按「設定完成，開始轉換 4-20」，系統程式便開始運作，約十分鐘即可完成一本電子書，非常的快速方便，若是人工製作，一個專業人員，大概也要五十個工時。其中該「**系統程式 4**」之系統邏輯程序如下：

1. 系統主程序：

  A. 啟動，驗證身份，驗證成功後進入系統。

  B. 設定上述各項資訊，如資料來源、屬性、輸出指定……等。

  C. 檢查設定值，進行相關程序，如勾選包括整個資料夾的話，就進行資料夾處理的副程式，否則就進行單一檔案的處理；另外還有輸出格式的判別，以決定要進行分頁副程式或是轉圖副程式）。

  D. 開始轉換(ButtonConfirmClick 事件)。

2. 處理資料夾程序：

  A. 載入前提：有勾選 "包括整個資料夾" 項目。

  B. 針對來源資料夾分析，找出裡面所有符合格式(Word)的檔案。

C. 進行 Foreach 迴圈，將所有相關檔案逐一置入相關副程式（分頁或轉圖）進行程序。

D. 若有勾選〝包括子資料夾內的檔案〞則遞迴檢查子目錄內容與進行自身程序。

3. 分頁程序：

　　A. 設定與啟動 WordApplication 元件。

　　B. 載入指定的文件。

　　C. 依目前文件建立臨時範本(SubCreateTemplate)。

　　D. 依目前處理的頁數(變數 TotalPaper)進行分頁動作。

　　E. 設定起始點為本頁的起始字元。

　　F. 設定結束點為本頁最後一段的結尾，可能跨頁，若是最後一頁的話，則直接跳到整份文件的結尾當做結束點。

　　G. 將起始至結束點這個範圍選取起來。

　　H. 取得本次輸出檔案的名稱(FunctionGetNewFileName)。

　　I. 開啟新文件並貼上相關內容與儲存(SubSaveAs)；其中 SubSaveAs 依照範本檔案製作新文件，再貼上相關內容，進行文件內容調整(SubAdjustFormat)，最後儲存檔案。

　　J. 存入相關資訊至 Log 檔案(FunctionSaveNumberInfo)。

　　K. 關閉 Word 元件與釋放相關資源。

　　※進行文件分頁程序時，同文件分頁與轉檔系統分頁程序邏輯，僅在 SaveAs 程序中多存了一份純文字檔案，以便後續建立索引資料庫時使用。

4. 轉圖程序：

　　A. 設定與啟動 WordApplication 元件。

B. 載入指定的文件。

　　C. 取得本次輸出檔案的名稱(FunctionGetNewFileName)。

　　D. 使用 PDFCreator 列印(SubPrint)。

　　E. 處理 PDFCreator 輸出的影像檔案(SubProcessImg)。

　　F. 關閉 Word 元件與釋放相關資源。

5. 後續處理程序：

　　A. 處理封面、封底、背景與書底等影像(SubProcessImg)。

　　B. 複製相關檔案至輸出目的(SubDeployFiles)。

　　C. 調整與寫入相關設定檔案(FunctionPageSettingCreator、SubAppSettingModifier)。

　　D. 建立索引資料庫(SubSaveToDB)。

6. 全文檢索關鍵字標示服務程序：

　　A. 背景式運作，常駐於系統列上，可在圖示上按右鍵進行關閉。

　　B. 初次啟動時與定時進行程序(SubCheckList)。

　　a. 檢查資料庫中是否有待處理的檔案。

　　b. 一次讀取一組檔案(預設值是 4 個)進行處理。

　　c. 進行關鍵字標示(SubprocessRequest)。

　　d. 儲存與關閉檔案。

7. 電子書啟動程序：

　　A. 設定各項資訊(虛擬目錄名稱、載入書籍資料夾)。

　　B. 複製副本至 C:\Library\DigitalLibraryDuplix\。

　　C. 至 InternetInformationServices(IIS)設定虛擬目錄至副本資料夾。

D. 啟動關鍵字標示服務。

E. 啟動 InternetExplorer(IE)，設定網址至虛擬目錄資料夾。

8. 電子書瀏覽程序：

　　A. 載入 Flash 手翻頁主程式。

　　B. 由使用者觸發之送出關鍵字查詢動作。

　　C. 列表回傳使用者所查詢的結果。

　　圖四為本發明之系統程式具體實施例流程圖，該「**系統程式 4**」之程式，係以.NET 所撰寫完成，當然也可以其他程式語言來撰寫，其具體實施流程為：

※ClassFormAuth4-21 為登入畫面：驗證使用者表單：

PrivateSubLoginCheck(ByValUserIDAsString,ByValUserPWDAsString):

⇨使用者登入的驗證程式，UserID:使用者帳號，UserPWD:使用者密碼。

※ClassMainForm4-22 為主畫面：

PrivateSubButtonConfirmClickHandlesButtonConfirm.Click:

⇨使用者觸發的「開始轉換」按鈕程序。

PrivateSubProcessDB():

⇨後續存入資訊（包括 XML 與索引資料庫）副程式。

PrivateSubDeployFiles(ByValSourcePathAsString,ByValTarLocalAsString,ByValBookTPAsString):

⇨從來源資料夾複製檔案至目的資料夾，並進行必要的額外複製，SourcePath:來源資料夾，TarLocal:目的資料夾，BookTP:左翻或右翻形式。

第三章 專利法

PrivateSubSaveToDB(ByValDBpathAsString, ByValfilePathAsString):

⇨將文字檔案存入資料庫中，DBPath:資料庫完整路徑檔名，filePath:要儲存的文字檔案路徑。

PrivateSubSingleFolderProcess(ByValPathNameAsString, ByValTarLocalAsString, ByRefTotalPaperAsInteger, ByValwayAsString):

⇨處理單一資料夾中的相關檔案，當選取介面上「包括整個資料夾」時才進行此程序，PathName:路徑名稱，TarLocal:輸出目的，TotalPaper:共有多少文件。

FriendSubOpenAndSaveAs(ByValFileNameAsString, ByValTarDicAsString, ByRefTotalPaperAsInteger):

⇨分頁主程式，FileName:來源檔案完整路徑名稱，TarDic:目的路徑，TotalPaper:共有文件數量參照。

PrivateSubCreateTemplate(ByRefwAppAsWord.Application, ByValFileNameAsString):

⇨建立範本副程式，wApp:WordApplication參照，FileName:來源檔案。

PrivateSubSaveAs(ByRefwAppAsWord.Application, ByValFileNameAsString, ByValiAsInteger):

⇨分頁核心程式，wApp:WordApplication 參照，FileName:來源檔案，i:調整時使用的參數。

PrivateSubAdjustFormat(ByRefwAppAsWord.Application, ByRefnDocAsWord.Document, ByValiAsInteger):

⇨調整格式副程式，wApp:WordApplication參照，nDoc:要調整的文件參照，i:調整註腳使用的參數。

FriendSubOpenAndPrint(ByValFileNameAsString, ByValTarDicAsS

智慧財產權之理論與實務

tring,ByRefTotalPaperAsInteger):

⇨轉圖主程式，FileName:檔案名稱，TarDic:目的資料夾，TotalPaper:共有文件數量參照。

PrivateSubPrint(ByRefwDocAsWord.Document):

⇨轉圖核心，wDoc:要列印的文件參照。

FunctionCheckStatus()AsBoolean:

⇨檢查介面上各欄位是否都已填齊，回傳是否填齊的布林值。

FunctionGetNewWidth()AsInteger:

⇨轉換介面上的「圖書種類」項目為圖的寬度，『書籍』回傳850，『雜誌』回傳1134。

FunctionResetGlobal()AsInteger:

⇨重設廣域變數的數值。

※ModuleFName4-23 為檔案相關模組：

FunctionGetOnlyFileName(ByValOfileNameAsString)AsString:

⇨取得完整路徑與檔案名稱中的檔案名稱，OfileName:完整路徑檔案，回傳檔案名稱；Ex:OfileName="C:\ABCD\DEFG.DOC"，GetOnlyFileName="DEFG.DOC"。

FunctionRemoveSubFName(ByValFileNameAsString)AsString:

⇨去除副檔名，FileName:檔案名稱，回傳去除副檔名後的檔案名稱；Ex:FileName="DEFG.DOC"，RemoveSubFName="DEFG".

FunctionRemoveFoUL(ByValFileNameAsString)AsString:

⇨用來移除檔名中_前的字串，FileName:檔案名稱，回傳剩餘字串；Ex:FileName="00_0000.DOC"，RemoveFoUL="0000.DOC"。

FunctionGetFNumber(ByValFileNameAsString)AsInteger:

⇨用來取得檔名編號序數，FileName:檔案名稱，回傳序數；Ex:FileName="00_0012.DOC"，GetFNumber=12。

FunctionNewFolder(ByValTargetAsString,ByValNewFNameAsString)AsString:

⇨用來在指定的位置檢查子資料夾是否存在，不存在的話就建立一個；Target:指定位址，NewFName:子資料夾名稱，回傳包括子資料夾的完整路徑。

FunctionSureFolder(ByValTargetAsString)AsString:

⇨用來確認所指定的資料夾是存在的，不存在的話就幫忙建立。

FunctionGetFolder(ByValPathNameAsString)AsString:

⇨用來取得上層路徑，PathName:原始路徑名稱，回傳上層路徑。

FunctionRemoveEndSlash(ByValstrAsString)AsString:

⇨用來去除字串結尾的/或\符號，str:原字串，回傳去除後的結果。

FunctionGetNewFName(ByValTotalPageAsInteger,ByValiAsInteger,ByValTarDicAsString,ByValFileNameAsString,ByValTotalPAsInteger,ByValSubFNAsString,ByValUseAdvSettingAsBoolean)AsString:

⇨用來取得新檔案名稱，TotalPage:此文件總共有幾頁,i:目前處理到所有文件的第幾頁(加總值),TarDic:目的資料夾,FileName:來源檔案名稱,TotalP:目前處理到第幾份文件,SubFN:副檔名,UseAdvSetting:使用進階設定與否，回傳新的檔案名稱。

FunctionCheckNewFName(ByValNFNameFAsString,ByValOutFFAsString,ByValNFNameFAutoAsBoolean)AsBoolean:

⇨檢查目前設定的檔案格式是否可用，NFNameF:前項檔名設定，OutFF:後項檔名設定，NFNameFAuto:前項檔名是否依序增加。

※ModuleFS4-24 為檔案類的模組：

FriendSubDuplixDirectory(ByValsrcDirAsString, ByValdestDirAsString):

⇨複製資料夾，srcDir:來源資料夾，destDir:目的資料夾。

FunctionCountThumbFiles(ByValpathAsString)AsInteger:

⇨計算資料夾中有多少圖檔，path:指定資料夾，回傳圖檔數量。

※ModuleImg4-25 為影像處理相關模組：

FriendSubProcessImg(ByValSrcFNameAsString, ByValnFNameAsString, ByValnewWidthAsDouble, OptionalByValnewHeightAsDouble=(0):

⇨根據數據處理影像，SrcFName:來源檔案名稱，nFName:輸出檔名，newWidth:新寬度，newHeight:新高度。

FunctionResizeImg(ByRefimageAsImage, ByValwidthAsInteger, ByValheightAsInteger)AsBitmap:

⇨縮放影像核心程式，image:影像來源，width:新的寬度，height:新的高度，回傳點陣圖。

FunctionGetImgWH(ByValSrcFNameAsString)AsString():

⇨回傳指定圖檔的長寬值陣列，SrcFName:指定圖檔，回傳 GetImgWH(0):影像寬度，GetImgWH(1):影像高度。

※ModuleInfo4-26 為相關資訊模組：

FunctionSaveNumberInfo(ByValNumAsInteger, ByValTarDicAsString, ByValFileNameAsString):

⇨在 Log 檔案中紀錄相關資訊，Num:編號，TarDic:目的資料夾，FileName:檔案名稱。

SubBeginNewLog(ByValTarDicAsString):

⇨啟動新的檔案記錄功能,如果檔案已存在的話、更改他的附檔名為.bak 備份檔案，TarDic:紀錄檔所在。

※ModulePrinter4-27 為印表機相關模組：

FunctionCheckPrinter(ByValPrinterNameAsString)AsBoolean:

⇨檢查指定的印表機是否存在，回傳是否存在的布林值。

※ModuleSF4-28 為設定檔模組：

FunctionSetFNameInfo(ByValNFNameFAsString,ByValOutFFAsString,ByValNFNameFAutoAsBoolean):

⇨儲存自訂的輸出格式至設定檔案中，NFNameF:前項檔名設定，OutFF:後向檔名設定，NFNameFAuto:自動序號。

FunctionGetFNameInfo(ByValFNameAsString)AsString():

⇨取得 XML 檔案中的設定值，以陣列方式回傳，FName:設定檔名稱。

FunctionPageSettingCreator(ByValCoverFNAsString,ByValBackFNAsString,ByValBookBGFNAsString,ByValpathAsString)AsString:

⇨產生 Flash 手翻頁程式所需的頁面設定檔，CoverFN:封面檔名，BackFN:封底檔名，BookBGFN:書底檔名，path:設定檔路徑。

FriendSubAppSettingModifier(ByValNumOfPagesAsInteger,ByValpageWidthAsInteger,ByValpageHeightAsInteger,ByValpathAsString):

⇨用來調整 Flash 手翻頁程式所需的應用程式組態檔案，NumOfPages:文件共有幾頁，pageWidth:圖檔寬度，pageHeight:圖檔高度。

※電子書瀏覽 4-29：

此為使用者瀏覽電子書，並可啟動全文檢索系統，送出關鍵字查詢動作，查到後列表回傳所查詢的結果。

【0018】綜上所論，一種「**電子書自動化系統及其製作方法**」，可使電子書的製作完全自動化，並可隨時回溯原本面貌，無限量的供應原紙本書籍，除解決電子書製作費時、費工、成本高的缺點外，又可解決目

智慧財產權之理論與實務

前文獻數位化典藏的兩大困境，即圖文檔不能全文檢索與古體字無法呈現的問題，同時也解決絕版書無法再購得，以及出版商龐大資金積壓在大量印刷書籍上、書籍存放空間、保存等問題，誠屬一具有**「新穎性」**、**「進步性」**、**「實用性」**之發明，且本發明從未被揭開過，完全符合《專利法》第二十一條及第二十二條之規定，申請人爰提出發明專利申請。惟以上所述之圖式說明，僅為本發明之較佳實施例，並非用於限制本發明者，大凡精習於此類技藝之專業人士，依據下列申請專利範圍所述之系統、程式、方法、構造、特徵，以及精神範圍內，所做修飾、變化等之實施，均應包括於本發明之專利範圍內。

申請專利範圍

【請求項 1】一種「電子書自動化系統」，至少包含：

一自動輸送平臺，該自動輸送平臺用以輸送待處理文件之紙本書籍；

一分頁處理裝置，該分頁處理裝置用以處理書籍之封裝端，使其變成散開式的一頁一頁；

一文字識別器，該文字識別器用以識別書籍上的文字，並轉換成文字檔資料；

一系統程式，該系統程式內建電子書之製作方法，用以自動依電子書之製作方法將文字檔資料製成電子書，儲存於指定之記憶體，並呈現於電腦銀幕上；

一列印裝置，該列印裝置用以列印電子書的資料；

一紙本書籍製作裝置，該紙本書籍製作裝置用以依裁剪、裝線、封膠等作業程序，將所列印的電子書資料製成紙本書籍；

其中，當待處理文件之紙本書籍放進自動輸送平臺時，即自動導入分頁處理裝置內，該分頁處理裝置便自動處理其封裝端，使其變成散開式的一頁一頁，自動輸送平臺再將其自動送入文字識別器上一頁一頁的識別，以將書籍上的文字轉換成文字檔資料，再自動輸入系統程式內，並建立文字檔資料夾，該系統程式即自動依電子書之製作方法製成電子書，儲存於指定之記憶體，並呈現於電腦銀幕上，當使用端要取得紙本書籍時，則將儲存於指定記憶體內之電子書資料下載，透過列印裝置依序列印出來，再由自動輸送平臺自動導入紙本書籍製作裝置內處理，經由適度裁剪、裝線、封膠等作業程序，即可完成紙本書籍之製作。

【請求項 2】如請求項 1 之電子書自動化系統，其中該文字識別器可為直立式，以使待處理文件之紙本書籍不必經過分頁處理，即可直接識別文字者。

【請求項 3】如請求項 1 之電子書自動化系統，其中該系統程式係由文字

檔資料夾、文字檔分檔系統、資料庫建構系統、資料庫、文字分檔資料夾、圖文檔轉換系統、圖文分檔資料夾、版本選擇、電子書顯示系統、全文檢索系統、複製系統、下載系統,以及網路訂購系統等所構成,用以當文字檔資料,輸入系統程式時,該系統程式即會依電子書之製作方法,自動製作出電子書者。

【請求項4】如請求項1之電子書自動化系統,其中該紙本書籍製作裝置係由裁剪機、裝線機,以及封膠機等所構成,用以依裁剪、裝線、封膠等作業程序,將所列印的電子書資料製成紙本書籍者。

【請求項5】一種「電子書之製作方法」,該方法為:

當文字檔資料,輸入系統程式時,該系統程式即自動建立文字檔資料夾並將資料儲存在內,後再將資料自動輸入文字檔分檔系統,該文字檔分檔系統會將整個文字檔資料分成一頁一個檔,透過資料庫建構系統將一頁一個檔當作一筆資料,載入資料庫內;另文字檔分檔系統也同時將其分成一頁一個檔自動建立一個文字分檔資料夾;而文字檔資料除自動輸入文字檔分檔系統外,也同時自動輸入圖文檔轉換系統,該圖文檔轉換系統會自動將文字檔的資料轉換成一頁一個圖文檔的資料並建立一個圖文分檔資料夾;當使用端啟動電子書時,電子書顯示系統首先呼叫圖文分檔資料夾,取出背景圖文檔及封面圖文檔載入該電子書顯示系統內,以顯示出書本模樣之電子書;當使用端移動滑鼠使游標移動至書簽時,游標即自動變成手指形狀,再左或右移動手指形狀,即可翻到下一頁或上一頁,並發出翻頁的聲音;當翻下一頁或上一頁時,電子書顯示系統會立即下達取出指令至圖文分檔資料夾依序取出對應的圖文檔頁數資料,一次取奇偶兩頁,分別在該電子書顯示系統上,左右兩邊顯示;當使用端為查尋資料而啟動全文檢索系統時,只要輸入"關鍵字",再按確定後,該全文檢索系統立即下達搜索指令至資料庫,依序搜索每一筆資料,並將搜索的結果頁碼陳列於搜索結果顯示區,同時在資料庫所搜索到的文字資料,直接對應於文字分檔資料夾內的頁碼檔取出,並將關鍵的文字資料變成紅色顯示後,立即自動載入圖文檔轉

換系統將文字檔轉換成圖文檔，再送入圖文分檔資料夾內，此時具有標示紅色關鍵文字資料的圖文檔，因與原存在的圖文檔頁碼檔名相同，故會覆蓋取代原圖文檔；當使用端從搜索結果顯示區內之搜索結果的頁碼上點選，電子書顯示系統即下達取出指令至圖文分檔資料夾去取得標示紅色文字之資料，顯示於電子書顯示系統上；當網路有人在使用端使用時，複製系統會隨時偵測使用端的使用狀況；當使用端連線時，該複製系統即會自動從電子書完整的複製另一本電子書，供第一個使用端單獨使用；當第一個使用端斷線時，該複製系統即會自動刪除電子書副本；第二個使用端以至無數個使用端的使用方式皆以此類推；當使用端要取得紙本書籍時，則透過網路訂購系統訂購，完成一定的手續後，該網路訂購系統會立刻啟動紙本書籍製作，通知下載系統下達取出這本電子書的所有資料指令，透過列印裝置依序列印出來，再送入紙本書籍製作裝置內處理，經由適度裁剪、裝線、封膠等作業程序，即可完成紙本書籍的再製作。

【請求項 6】如請求項 5 之電子書之製作方法，其中該資料庫建構系統可先將資料轉換成原始碼後，再載入資料庫內者。

【請求項 7】如請求項 5 之電子書之製作方法，其中該電子書顯示系統可以一次性將圖文分檔資料夾內的資料，全部依序載入該電子書顯示系統內，然後再依翻頁的頁碼次序顯示出來。

【請求項 8】如請求項 5 之電子書之製作方法，其中該電子書顯示系統可以直接下達取出指令至文字分檔資料夾，依序取出對應的文字檔頁數資料，再經圖文檔轉換系統轉換成圖文檔的資料，直接於該電子書顯示系統上顯示。

【請求項 9】如請求項 5 之電子書之製作方法，其中該電子書顯示系統可內建 AcrobatReader 之 PDF 格式者。

【請求項 10】如請求項 5 之電子書之製作方法，其中該電子書顯示系統可內建 Macromedia 之 Flash 格式者。

【請求項 11】如請求項 5 之電子書之製作方法，其中該網路訂購系統可內建管理機制者。

智慧財產權之理論與實務

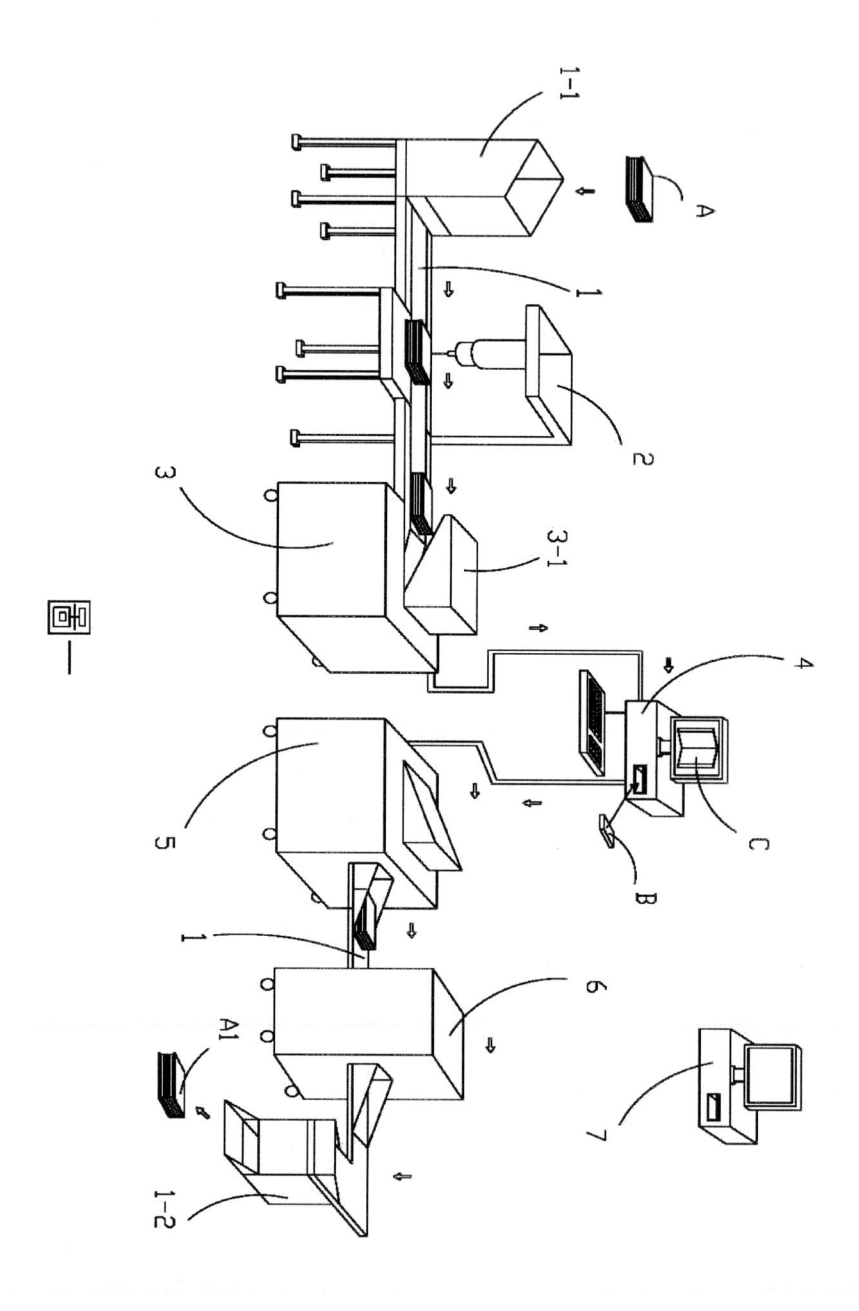

圖式

圖一

第三章 專利法

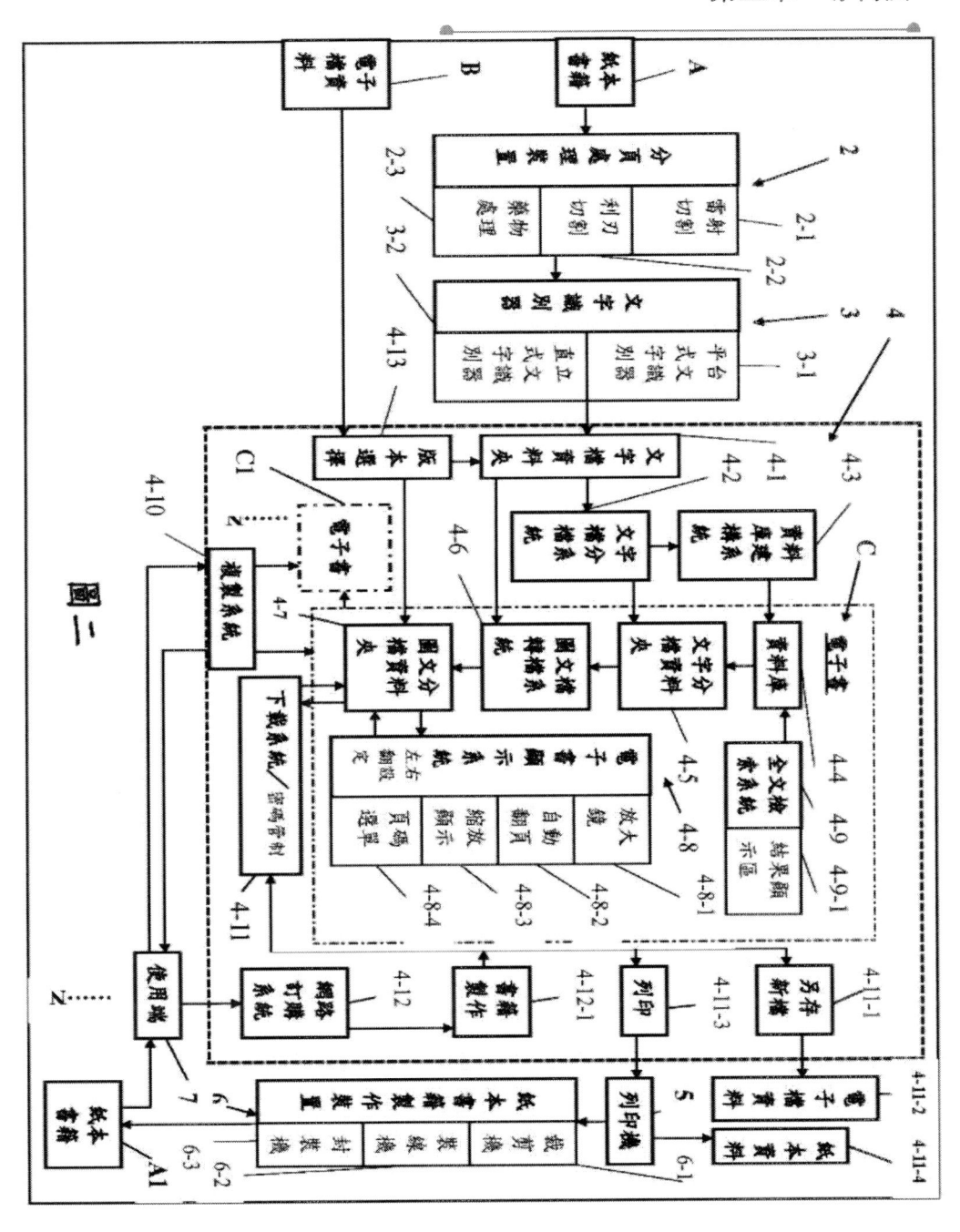

圖二

智慧財產權之理論與實務

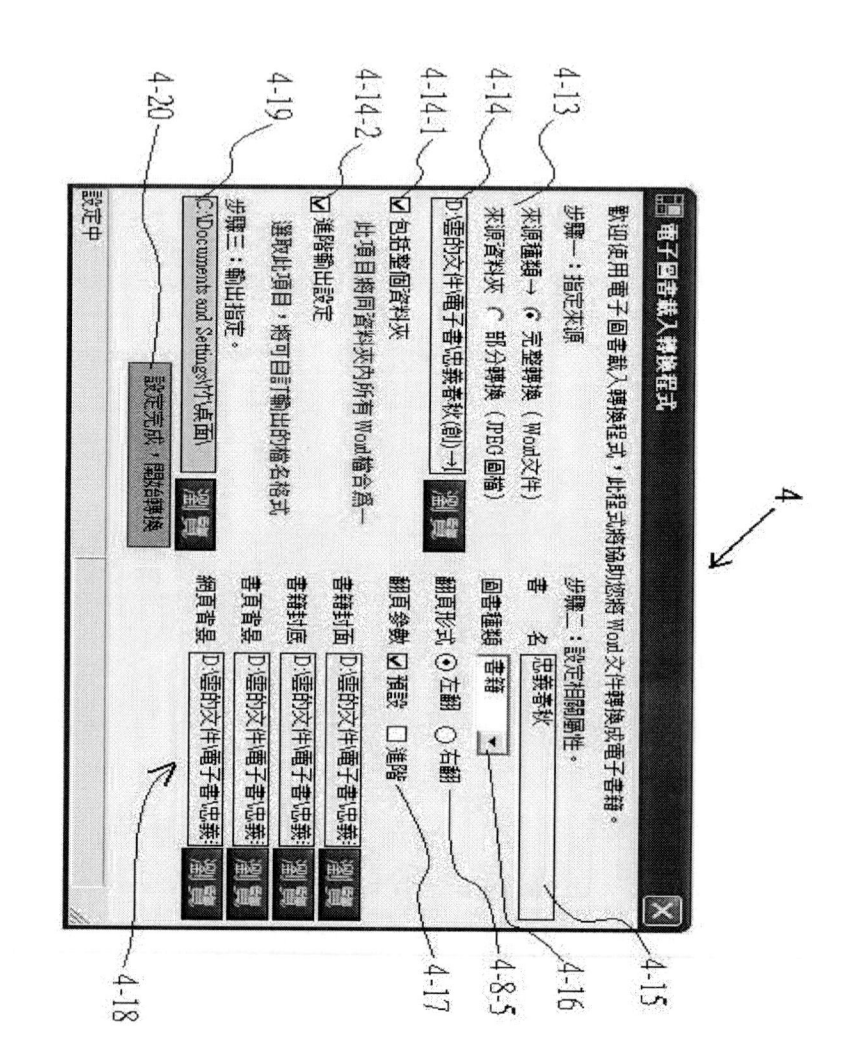

電子圖書載入轉換程式

歡迎使用電子圖書載入轉換程式，此程式將協助您將 Word 文件轉換成電子書籍。

步驟一：指定來源

來源種類 → ⊙ 完整轉換（Word文件）
來源資料夾 ○ 部分轉換（JPEG圖檔）
D:\這邊的文件電子書必萃春秋(創)→ 瀏覽

☑ 包括個資資料夾

此項目將同資料夾內所有 Word 檔合為一

☐ 進階輸出設定

選取此項目，將可自訂輸出的檔名格式

步驟三：輸出指定：
C:\Documents and Settings\竹桌面

設定完成，開始轉換 → 瀏覽

步驟二：設定相關屬性

書　　名　必萃春秋
圖書種類　書籍 ▼
翻頁形式　⊙ 左翻 ○ 右翻
翻頁參數　☐ 預設 ☐ 進階
書籍封面　D:\這邊的文件電子書必萃 → 瀏覽
書籍封底　D:\這邊的文件電子書必萃 → 瀏覽
書頁書目　D:\這邊的文件電子書必萃 → 瀏覽
網頁書景　D:\這邊的文件電子書必萃 → 瀏覽

設定中

標示：
- 4-13 步驟一：指定來源
- 4-14 來源種類
- 4-14-1 包括個資資料夾
- 4-14-2 進階輸出設定
- 4-19 選取此項目
- 4-20 設定完成
- 4-15 步驟二：設定相關屬性
- 4-16 圖書種類
- 4-8-5 翻頁形式
- 4-17 翻頁參數
- 4-18 網頁書景
- 4

圖三

~ 100 ~

第三章 專利法

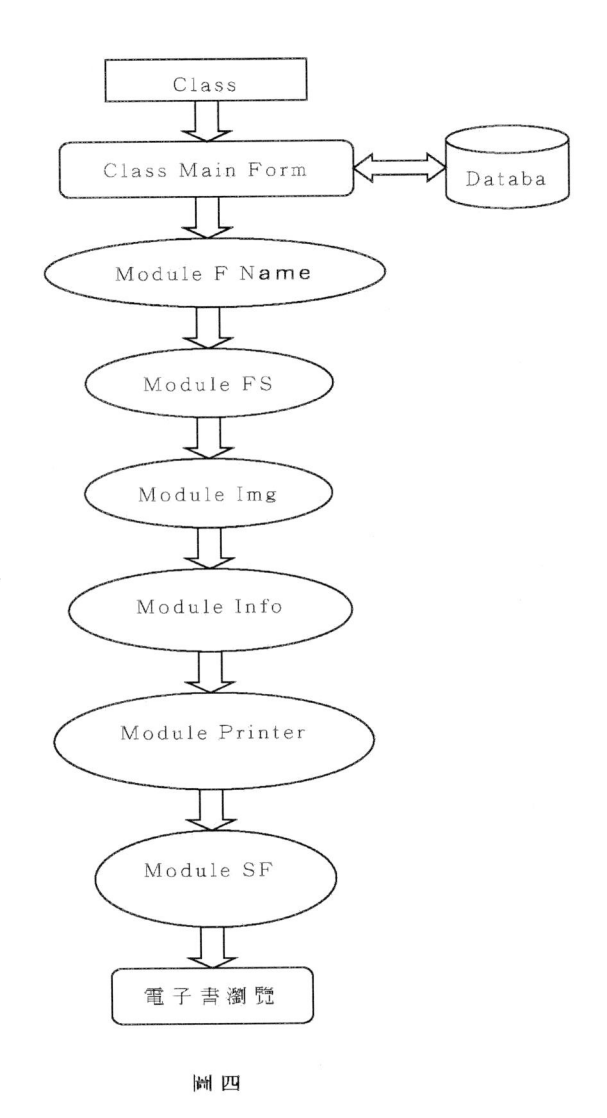

```
                    ┌─────────────┐
                    │    Class    │
                    └──────┬──────┘
                           ⇓
                    ┌─────────────────┐       ┌─────────┐
                    │ Class Main Form │ ⇔     │ Databa  │
                    └────────┬────────┘       └─────────┘
                             ⇓
                      ( Module F Name )
                             ⇓
                      (  Module FS   )
                             ⇓
                      (  Module Img  )
                             ⇓
                      ( Module Info  )
                             ⇓
                      (Module Printer)
                             ⇓
                      (  Module SF   )
                             ⇓
                      ┌─────────────┐
                      │  電子書瀏覽  │
                      └─────────────┘
```

圖四

專利證書

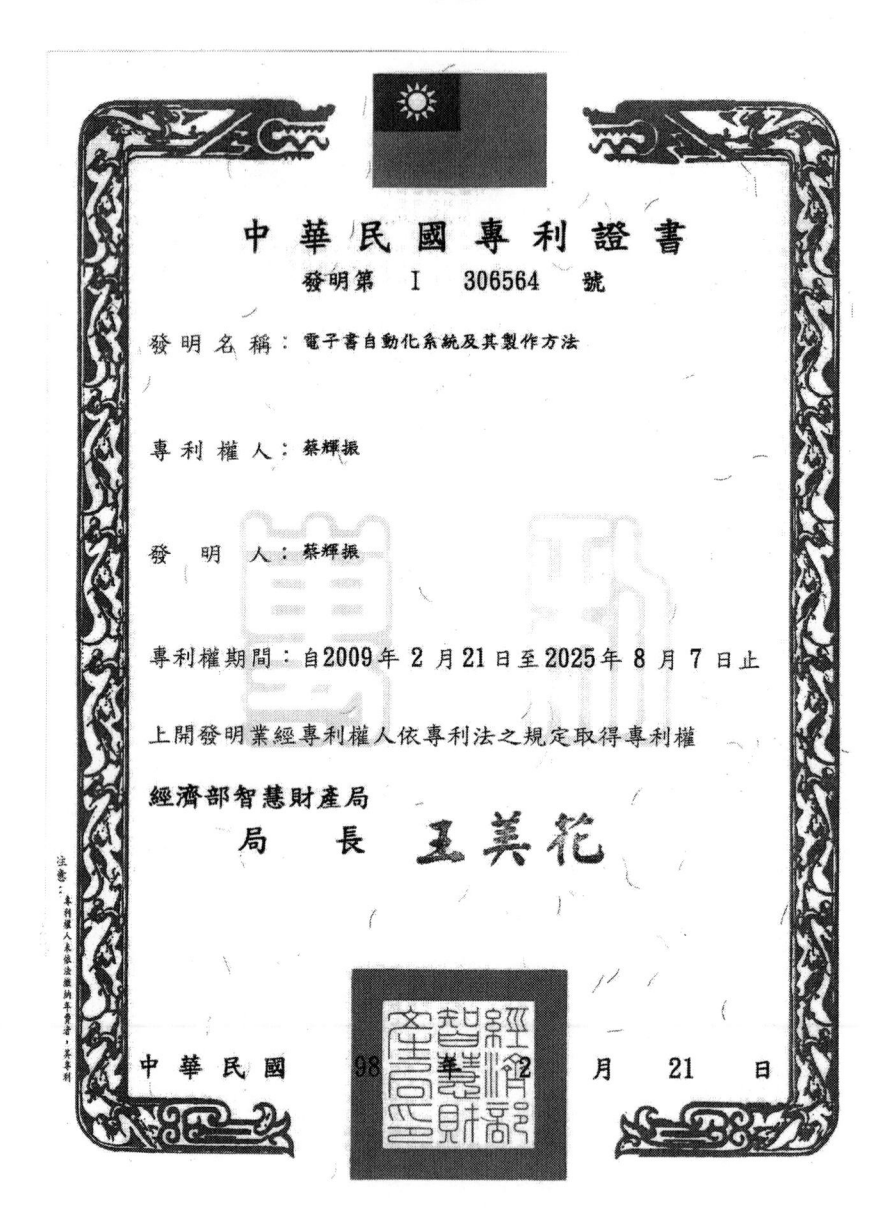

中 華 民 國 專 利 證 書

發明第 I 306564 號

發 明 名 稱：電子書自動化系統及其製作方法

專 利 權 人：蔡輝振

發 明 人：蔡輝振

專利權期間：自2009年2月21日至2025年8月7日止

上開發明業經專利權人依專利法之規定取得專利權

經濟部智慧財產局
局　長　王美花

中華民國　98　年　2　月　21　日

第三章　專利法

新型摘要

【新型名稱】（中文/英文）

　　排氣管之防止進水裝置

　　Prevent Water ingress device for exhaust pipe

【中文】

　　一種「排氣管之防止進水裝置」，包括有：一固定主體、一閥門主體，以及一裝飾主體所構成，該固定主體係由：一本體、一密封圈、一彈性套、一固定螺帽所組成，可固定於排氣管上而不滲水；該閥門主體係由：一本體、一彈力調整螺、一彈簧、一防水閥所組成，固定於固定主體上，可藉由彈簧之彈力將防水閥堵住於排氣管，以防止排氣管進水；該裝飾主體，固定於固定主體上，可為任一形狀大小顏色，以做為裝飾用途，由此構成一排氣管之防止進水裝置。

　　其中，該裝置可固定於汽車、機車等之排氣管上，當排氣管之氣體流動壓力，大於彈簧之彈力時，該氣體即可推開防水閥排洩出去，在推開防水閥的同時，因壓力關係讓水無法流進排氣管內。當氣體排出後，其流動壓力小於彈簧之彈力時，該防水閥便再藉由彈簧之彈力堵住於排氣管上，讓水無法進入排氣管內。

　　如此反覆動作，可免於汽機車等行駛於水中，讓水藉由排氣管流入引擎而導致熄火拋錨，進而損壞引擎。

【代表圖】

【本案指定代表圖】：圖（二）。

【本代表圖之符號簡單說明】：

1 固定主體

1-1 本體

1-1-1 前螺牙

1-1-2 後螺牙

1-1-3 中螺牙

1-2 密封圈

1-3 彈性套

1-4 固定螺帽

1-4-1 螺牙

2 閥門主體

2-1 本體

2-1-1 螺牙

2-1-2 排氣孔

2-2 彈力調整螺

2-3 彈簧

2-4 防水閥

3 裝飾主體

3-1 螺牙

4 排氣管

4-1 氣體

新型專利說明書

（本說明書格式、順序，請勿任意更動）

【新型名稱】（中文/英文）

排氣管之防止進水裝置

PreventWateringressdeviceforexhaustpipe

【技術領域】

【0001】本創作係有關於一種排氣管，尤指一種可免於汽機車等行駛於水中，讓水藉由排氣管流入引擎而導致熄火拋錨，進而損壞引擎之「排氣管之防止進水裝置」。

【先前技術】

【0002】臺灣是一個下大雨就淹水的地區，常讓我們來不及應對，車子即因排氣管進水，而導致引擎熄火拋錨在水中，危及我們身家財產，實有待解決。只可惜！至今尚未有解決這個問題的產品問世。

【0003】在已知的技術中，雖有兩種產品與本案相關，然其技術皆與本案無關，茲列舉如下：

一、090216687「可防止汽車泡水的汽車保護筏」申請案：

該創作係在提供一種可防止汽車泡水的汽車保護筏，其主要係於汽車底盤下，裝置一可自動充氣之保護筏，藉由水深感知器而啟動充氣，讓汽車浮於水面，達到防止汽車泡水的功能。

二、091104218「防止汽車泡水之系統」申請案：

該創作係在提供一種防止汽車泡水之系統，其主要係於汽車前、後、左、右四邊主樑上，各裝置一可自動充氣之氣囊及轉向板，藉由水深感知器而啟動充氣，讓汽車浮於水面，並行進轉向，以達到防止汽車泡水的功能。

由上說明可知，該兩申請案之解決問題的技術與本案截然不同，且

智慧財產權之理論與實務

該等的裝置複雜，成本高昂，不是一般民眾可以負擔，故並不理想。

【新型內容】

【0004】一種「排氣管之防止進水裝置」，包括有：一固定主體、一閥門主體，以及一裝飾主體所構成，該固定主體係由：一本體、一密封圈、一彈性套、一固定螺帽所組成，可固定於排氣管上而不滲水；該閥門主體係由：一本體、一彈力調整螺、一彈簧、一防水閥所組成，固定於固定主體上，可藉由彈簧之彈力將防水閥堵住於排氣管，以防止排氣管進水；該裝飾主體，固定於固定主體上，可為任一形狀大小顏色，以做為裝飾用途，由此構成一排氣管之防止進水裝置。

【0005】其中，該裝置可固定於汽車、機車等之排氣管上，當排氣管之氣體流動壓力，大於彈簧之彈力時，該氣體即可推開防水閥排洩出去，在推開防水閥的同時，因壓力關係讓水無法流進排氣管內。當氣體排出後，其流動壓力小於彈簧之彈力時，該防水閥便再藉由彈簧之彈力堵住於排氣管上，讓水無法進入排氣管內。

【0006】如此反覆動作，可免於汽機車等行駛於水中，讓水藉由排氣管流入引擎而導致熄火拋錨，進而損壞引擎。

【圖式簡單說明】

【0007】

〔圖1〕本創作之立體圖。

〔圖2〕本創作之組合圖。

〔圖3〕本創作之剖面動作示意圖。

【實施方式】

【0008】請參閱圖二所示，本創作係一種「排氣管之防止進水裝置」，包括有：一固定主體1、一閥門主體2，以及一裝飾主體3所構成；該固定主體1係由：一本體1-1、一密封圈1-2、一彈性套1-3、一固定螺帽1-4所組成，可固定於排氣管4上而不滲水；其中，該固定螺帽1-4之前端內側設有螺牙1-4-1，本體1-1之上端設有前螺牙1-1-1、後螺

牙 1-1-2、中螺牙 1-1-3，依螺帽 1-4、彈性套 1-3、密封圈 1-2、本體 1-1 順序分別套入排氣管 4 上，由固定螺帽 1-4 之螺牙 1-4-1 與本體 1-1 之前螺牙 1-1-1 的旋轉鎖合，帶動彈性套 1-3 咬住於排氣管 4 上，並藉由密封圈 1-2 封住空隙而不滲水。其中之固定螺帽 1-4 之固定於排氣管 4 上的方式，亦可改為在固定螺帽 1-4 上鑽孔，以螺絲固定，以及在排氣管 4 與固定螺帽 1-4 上設螺牙，以鎖合固定等方式；而該密封圈 1-2 與排氣管 4 之間的密合，亦可為任一方式。

【0009】該閥門主體 2 則由：一本體 2-1、一彈力調整螺 2-2、一彈簧 2-3、一防水閥 2-4 所組成，固定於固定主體 1 上，可防止排氣管 4 進水。其中，該本體 2-1 之內側設有螺牙 2-1-1、外側前簷則設有排氣孔 2-1-2，其順序為彈力調整螺 2-2 旋轉鎖入本體 2-1 之螺牙 2-1-1 後端，而彈簧 2-3 及防水閥 2-4 則從本體 2-1 之前端分別置入，並由本體 2-1 之螺牙 2-1-1 鎖住於固定主體 1 之本體 1-1 之後螺牙 1-1-2 上，防水閥 2-4 便可藉由彈簧 2-3 之彈力堵住於排氣管 4 之出口，以防止排氣管 4 進水；而彈力調整螺 2-2 則可調整彈力與引擎排氣壓力匹配，讓引擎處於待速時，也不會熄火。其中之彈力調整螺 2-2 調整彈簧之彈力，可為任一方式，而彈簧 2-3 則可為具彈性之任一材質。

【0010】該裝飾主體 3 前端內側設有螺牙 3-1，係鎖住於固定主體 1 之本體 1-1 之中螺牙 1-1-3 上，可為任一形狀大小顏色，以做為裝飾用途，由此構成一排氣管之防止進水裝置如圖一。

【0011】請參閱圖三所示，本創作可固定於汽車、機車等之排氣管 4 上，當排氣管 4 之氣體 4-1 之流動壓力，大於彈簧 2-3 之彈力時，該氣體 4-1 即可推開防水閥 2-4，由排氣孔 2-1-2 排洩出去，在推開防水閥 2-4 的同時，因壓力關係讓水無法流進排氣管 4 內。當氣體 4-1 排出後，其流動壓力小於彈簧 2-3 之彈力時，該防水閥 2-4 便再藉由彈簧 2-3 之彈力堵住於排氣管 4 上，讓水無法進入排氣管 4 內。

【0012】如此反覆動作，便可免於汽機車等行駛於水中，讓水藉由排氣管 4 流入引擎而導致熄火拋錨，進而損壞引擎。

智慧財產權之理論與實務

【0013】惟以上所述之圖式說明,僅為本創作之較佳實施例,並非用於限制本創作者,大凡精習於此類技藝之專業人士,依據下列申請專利範圍所述之裝置、構造、特徵,以及精神範圍內,所做修飾、變化等之實施,均應包括於本創作之專利範圍內。

【符號說明】

【0014】

1 固定主體
1-1 本體
1-1-1 前螺牙
1-1-2 後螺牙
1-1-3 中螺牙
1-2 密封圈
1-3 彈性套
1-4 固定螺帽
1-4-1 螺牙
2 閥門主體
2-1 本體
2-1-1 螺牙
2-1-2 排氣孔
2-2 彈力調整螺
2-3 彈簧
2-4 防水閥
3 裝飾主體
3-1 螺牙
4 排氣管
4-1 氣體

第三章　專利法

申請專利範圍

【請求項1】一種排氣管之防止進水裝置，包括：

一固定主體，該主體可不滲水；

一閥門主體，該主體可防止排氣管進水；以及

一裝飾主體，該主體可作為裝飾用途；

其中，固定主體固定於排氣管上、閥門主體固定於固定主體上，以及裝飾主體固定於固定主體上，由此構成一種排氣管之防止進水裝置。

【請求項2】如請求項1所述之排氣管之防止進水裝置，其中該固定主體，包括：一本體、一密封圈、一彈性套、一固定螺帽所組成，可固定於排氣管上而不滲水。

【請求項3】如請求項1所述之排氣管之防止進水裝置，其中該閥門主體，包括：一本體、一彈力調整螺、一彈簧、一防水閥所組成，固定於固定主體上，可藉由彈簧之彈力將防水閥堵住於排氣管上，以防止排氣管進水。

【請求項4】如請求項1所述之排氣管之防止進水裝置，其中該裝飾主體，固定於固定主體上，可作為隔熱用途。

【請求項5】如請求項2所述之排氣管之防止進水裝置，其中該固定螺帽，固定於排氣管上，可為鑽孔以螺絲固定方式。

【請求項6】如請求項2所述之排氣管之防止進水裝置，其中該固定螺帽，固定於排氣管上，可在排氣管及固定螺帽上設螺牙，以鎖合固定方式。

【請求項7】如請求項2所述之排氣管之防止進水裝置，其中該密封圈與排氣管之間的密合，可為抵住方式。

【請求項8】如請求項3所述之排氣管之防止進水裝置，其中該彈簧可為具彈性之材質。

【請求項 9】如請求項 3 所述之排氣管之防止進水裝置，其中該防水閥與排氣管之間的密合，可為抵住方式。

【請求項 10】如請求項 3 所述之排氣管之防止進水裝置，其中該彈力調整螺可調整彈簧之彈力。

【請求項 11】如請求項 3 所述之排氣管之防止進水裝置，其中該彈力調整螺調整彈簧之彈力，可為自動方式。

第三章　專利法

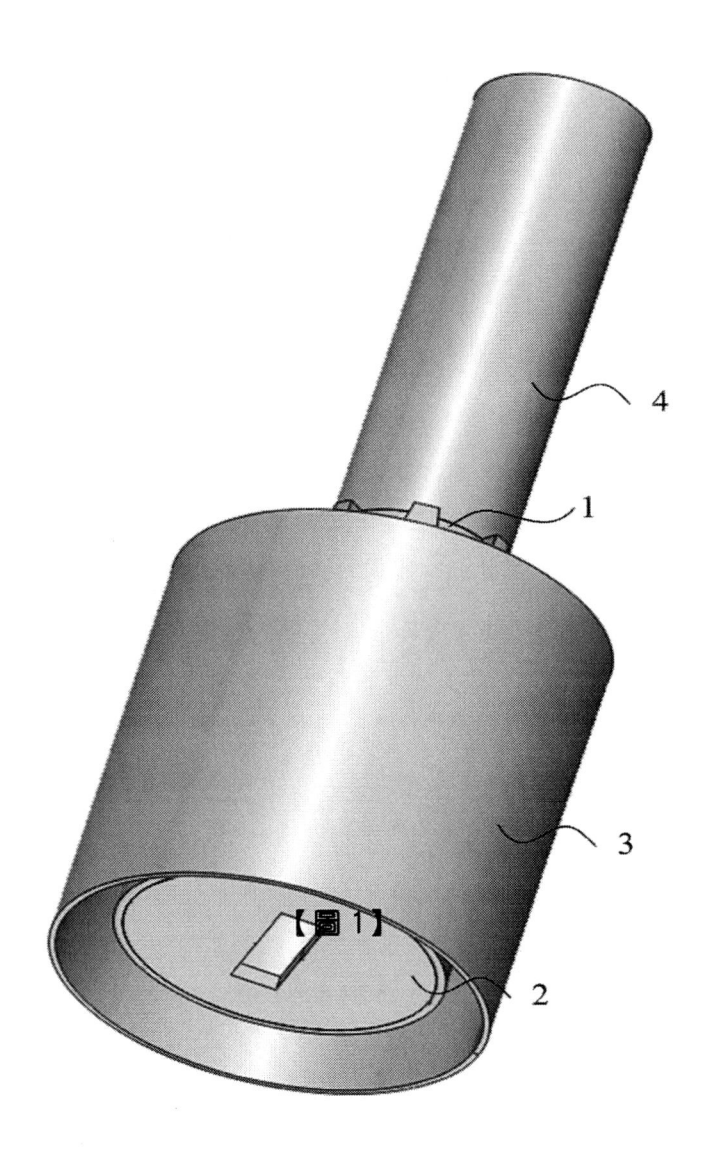

圖式

【圖1】

智慧財產權之理論與實務

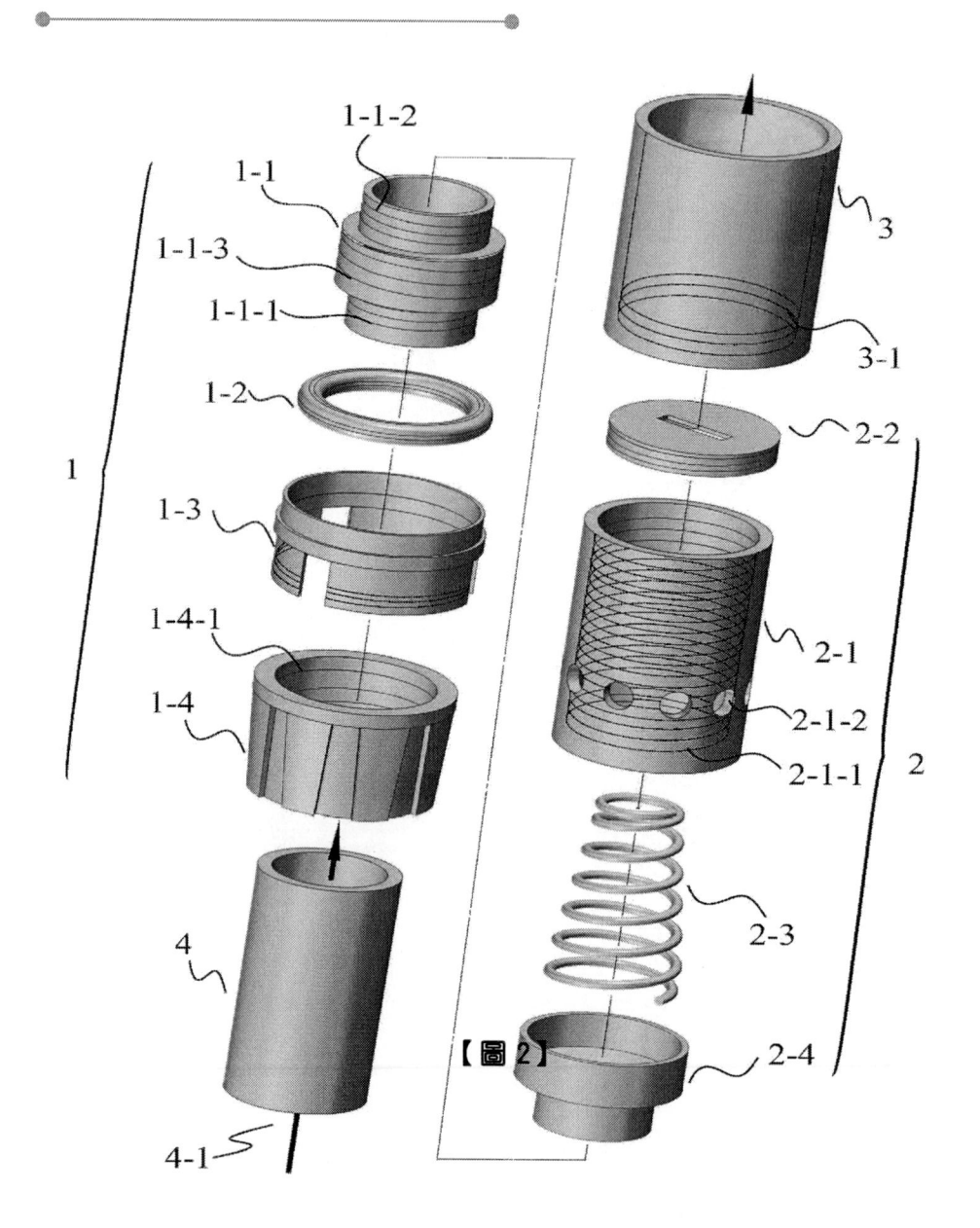

【圖2】

第三章　專利法

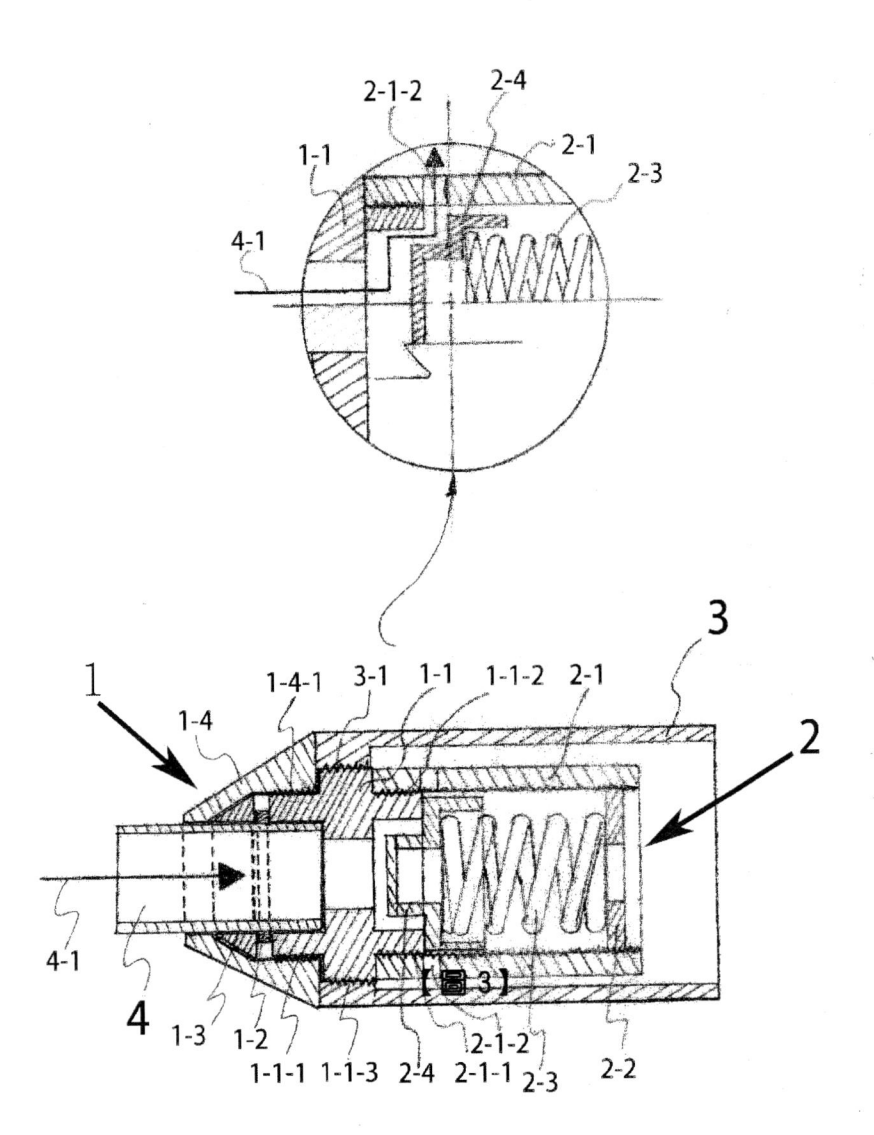

【圖3】

智慧財產權之理論與實務

專利證書

中華民國專利證書

新型第　M632919　號

新 型 名 稱：排氣管之防止進水裝置

專 利 權 人：蔡輝振

新型創作人：蔡輝振

專利權期間： 自 2022 年 10 月 11 日至 2031 年 6 月 30 日止

上開新型業依專利法規定通過形式審查取得專利權
行使專利權如未提示新型專利技術報告不得進行警告

經濟部智慧財產局 局長　　　　洪淑敏

中華民國　111　年　10　月　11　日

注意：專利權人未依法繳納年費者，其專利權自原繳費期限屆滿後消滅。

第三章　專利法

修正申請　函

聯絡人：蔡輝振
電　話：0921273903
傳　真：04-22623863
e-mail：tsaihc@yuntech.edu.tw
地　址：台中市南區忠明南路787號30F

受文者：智慧財產局

發文日期：中華民國111年01月04日
發文字號：普(專)字第111010401號
速　別：普
密　等：普
附　件：如文

主旨：檢送第110207696號專利申請案之修正，請查照。

說明：

一、依貴局110年12月08日,(110)智專一(四)22515字第11041834630號來函辦理。

二、隨文檢送專利修正申請書、修正部分畫線之申請專利範圍修正頁、圖式修正頁，以及修正部分無畫線之申請專利範圍替換頁、圖式替換頁各一分。

正本：智慧財產局
副本：

申請人　蔡輝振

智慧財產權之理論與實務

申復函

聯 絡 人：蔡輝振
聯絡電話：0921273903
電子郵件：tsaihc@yuntech.edu.tw
地　　址：640 雲林縣斗六市大學路三段 123 號

受文者：智慧財產局

發文日期：中華民國 105 年 10 月 15 日
發文字號：普(專)字第 110082401 號
速　　別：普
密　　等：普
附　　件：如文

主旨：檢送 100102417 專利再審查申復案，請　查照。

說明：

一、依　貴局 105 年 06 月 01 日（105）智專三(二)04227 字第 10520684760 號函及面詢紀錄表辦理。

二、隨文檢送再審查申復說明書與專利修正申請書乙式二份、發明專利說明書、申請專利範圍、圖式各乙式二份(無劃線)，以及發明專利說明書、申請專利範圍各乙式一份(有劃線)。

申請人：蔡輝振

身份證統一編號：N103548581

專利再審查申復說明書

一、依據：

貴局 105 年 06 月 01 日（105）智專三(二)04227 字第 10520684760 號函及面詢紀錄表辦理，提出申復說明及修正內容。

二、申復說明：

按 貴局再審查意見為：

（二） 本案請求項 1 及 5 請求【一種「電子書跨語境系統及其製作方法，……」】，無法明確得知請求項之範疇……違反《專利法》第 26 條第 2 項之規定。

（三） 103 年 9 月 17 日之說明書、申請專利範圍與圖示修正，內容超出申請時的範圍，反《專利法》第 43 條第 2 項之規定。

綜合本案再審查意見及面詢意見，再提出專利說明書、申請專利範圍與圖示之修正本，以符合《專利法》之相關規定。懇請 貴局惠予依修正本審查，早日准予發明專利為禱，實感德便。

謹呈

經濟部智慧財產局公鑒

智慧財產權之理論與實務

專利再審查申請書

(☑發明　　設計)

(本申請書格式、順序,請勿任意更動,※記號部分請勿填寫)

申請案號:100102417※案由:13000

一併申請修正一併申請誤譯訂正

同時辦理事項:變更原申請人之地址代理人
　　　　　　　代表人姓名或名稱

簽章國籍其他:

一、發明(新型或設計)名稱:

　　電子書跨語境系統及其製作方法

　　Thee-bookSystemacrosstoMulti-LanguageAndItsImplementation Method.

二、申請人:(共 1 人)(多位申請人時,應將本欄位完整複製後依序填寫,姓名或名稱欄視身分種類填寫,不填寫的部分可自行刪除)(須與原卷存資料一致;若有變更,請申請變更)

第三章　專利法

（第1申請人）

國籍：　　　　☑中華民國大陸地區（□大陸、□香港、□澳門）

　　　　　　　外國籍：

身分種類：　　☑自然人法人、公司、機關、學校

ID：　N103548581

姓名：　　姓：蔡　　　　　　名：輝振

　　　　　Familyname：Tsai　　　Given name：Huei-Cheng　　　　　（簽章）

名稱：　　（中文）

　　　　　（英文）　　　　　　　　　　　　　　　　　　　　　　（簽章）

代表人：　（中文）

　　　　　（英文）　　　　　　　　　　　　　　　　　　　　　　（簽章）

地址：　　（中文）640 雲林縣斗六市大學路三段 123 號

　　　　　（英文）123, UniversityRoadSection3, Touliu, Yunlin, Taiwan640, R.O.C.

聯絡電話及分機：　05-5342601 轉 3410 手機：0921273903

傳真：　　05-5312182

E-MAIL：　tsaihc@yuntech.edu.tw

~ 119 ~

智慧財產權之理論與實務

◎代理人：（多位代理人時，應將本欄位完整複製後依序填寫）

ID：

姓名：　　　　　　　　　　　　　　　　　　　　　　　　（簽章）

證書字號：

地址：

聯絡電話及分機：

三、申請規費：共計新臺幣 7,000 元整。

　　（1.發明專利申請再審查時，其摘要、說明書、申請專利範圍及圖式合計在 50 頁以下，且請求項合計在 10 項以內者，每件新臺幣 7000 元；請求項超過 10 項者，每項加收新臺幣 800 元；摘要、說明書、申請專利範圍及圖式超過 50 頁者，每 50 頁加收新臺幣 500 元；其不足 50 頁者，以 50 頁計。

　　2.設計每件新臺幣 3500 元。

　　3.誤譯訂正每件新臺幣 2000 元。

　　4.同時辦理變更申請人姓名或名稱、申請人簽章、發明人(新型創作人、設計人)或其姓名、代理人者，應另檢附變更規費新臺幣 300 元及相關證明文件。）

四、初審審定書字號及送達日期：

　　　　審定書字號：103 年　9 月　29 日（103）智專二(二)04191 字第10321356280 號。

　　　　送達日期：103 年 10 月 06 日

五、附送書件：

　　☑1、專利再審查申請書一式 1 份。

　　☑2、再審查理由書一式 1 份。

　　　3、專利誤譯訂正申請書一式 2 份。（專利誤譯訂正申請書之一、二項基本資料,可註明「同專利再審查申請書」而不須重複填寫。）

　　　4、專利修正申請書一式 2 份。（專利修正申請書之一、二項基本資料

,可註明「同專利再審查申請書」而不須重複填寫。）

5、委任書1份。

6、其他：

七、個人資料保護注意事項：

申請人已詳閱申請須知所定個人資料保護注意事項，並已確認本申請案之附件（除委任書外），不包含應予保密之個人資料；其載有個人資料者，同意智慧財產局提供任何人以自動化或非自動化之方式閱覽、抄錄、攝影或影印。

專利再審查理由書

一、依據：

貴局 103 年 9 月 29 日（103）智專二（二）04191 字第 10321356280 號專利核駁審定書，提出再審查理由及修正內容。。

二、申請再審查理由：

按 貴局初審核駁審定理由為：

（一）本案「電子書跨語境系統及其製作方法」，本局前於 102 年 8 月 29 日以（102）智專二（二）04192 字第 10221170090 號審查意見通知函通知申復、修正，申請人於 103 年 1 月 3 日提出要求面詢，未為任何申復、修正；再經本局安排於 103 年 3 月 3 日辦理面詢，面詢後同意其申請日後補送之修正版本超出，應於 103 年 5 月 3 日前重送修正資料，惟仍逾限未為任何申復、修正。因此本案 100 年 7 月 5 日、100 年 10 月 5 日所提修正不受理。本局依原申請時所送資料內容審查，復於 103 年 7 月 14 日以（103）智專二（二）04191 字第 10320954780 號審查意見通知函通知申復、修正，申請人於 103 年 9 月 17 日修正至局，惟本修正同前述修正亦超出原申請時所提內容。綜上，本案仍依原申請時所提內容審查。

（二）依本局 102 年 8 月 29 日通知函及 103 年 3 月 3 日面詢結果，本案 100 年 7 月 5 日、100 年 10 月 5 日所提修正超出故不受理；然申請人於 103 年 9 月 17 日修正至局之說明書、申請專利範圍、圖式之實質技術特徵仍同於前述修正超出不受理之內容，其差異僅為些許文字之記載形式調整，故 103 年 9 月 17 日修正仍超出，其不予受理之理由同於本局 102 年 8 月 29 日、103 年 7 月 14 日審查意見通知函併同 103 年 3 月 3 日面詢結論所述，先予敘明。

（三）依申請人申請時所提資料內容，本案說明書，不符《專利法》第 26 條第 1 項之規定；本案申請專利範圍第 1 項，不符《專利法》第 26 條第 4 項暨其施行細則第 18 條第 6 項之規定。

1、本案說明書發明內容空白，未載有任何解決問題之技術手段，

未明確且充分揭露，無法使該發明所屬技術領域中具有通常知識者，能瞭解其內容，並可據以實現，不符《專利法》第 26 條第 1 項之規定。

2、本案申請專利範圍第 1 項，未以單句為之，不符《專利法》第 26 條第 4 項暨其施行細則第 18 條第 6 項之規定。

據上論結，本案因違反《專利法》第 26 條第 1 項、第 26 條第 4 項之規定，爰依《專利法》第 46 條，審定如主文。

綜合本案被核駁理由，關鍵在於審查委員認為本案申請人於 103 年 9 月 17 日所提之修正本，超出原申請時所提內容，故不以該修正本為審查標的所致，這實令申請人不服，其理由如下：

（一）、資訊時代，技術日新月異，專利稍晚申請，即有可能被人捷足先登。故本案申請之時，為優先取得專利申請權，於是先送簡略說明書，並把本案最核心技術之結構圖（附件一），以及所要保護的模組技術，載於申請專利範圍（附件二）。

（二）、本案申請人於 103 年 9 月 17 日所提之修正本（附件三），完全依申請之時所附之原結構圖（附件一），按順序去做詳細的補充說明；其申請專利範圍，亦依申請時原所列：資料庫、轉換模組、多國語言產生模組、以及呈現模組等主要模組技術（附件二），補充說明其因果關係。

（三）、本案僅修正二個部份，一為文字修正，如：申請時之原結構圖（附件一）之<u>文字檔資料夾 4-1</u> 修正為修正本（附件三）圖一之<u>圖文檔資料夾 4-1</u>；<u>文字檔分檔系統 4-2</u> 修正為<u>圖文分檔系統 4-2</u>；資料<u>庫建構系統 4-3</u> 修正為資料<u>轉換模組 4-3</u>；<u>圖文檔轉檔系統 4-6</u> 修正為<u>圖文轉檔系統 4-6</u>；電子書<u>顯示系統 4-8</u> 修正為電子書<u>呈現模組 4-8</u>，以及使用端 7 修正為使用端<u>介面 7</u>。二為元件修正，如：<u>文字分檔資料夾 4-5</u> 修正為<u>多國語文產生模組 4-5</u>；<u>版本選擇 4-13</u> 與<u>圖文分檔資料夾 4-7</u> 合併為<u>編輯選擇模組 4-7</u>；<u>放大鏡 4-8-1</u>、<u>自動翻頁 4-8-2</u>、<u>縮放顯示 4-8-3</u>，以及<u>頁碼選單 4-8-4</u> 修正為<u>我的書籤 4-8-1</u>、<u>我的筆記</u>

4-8-2、我的檢索 4-8-3、我的工具 4-8-4，以及增加我的導覽 4-8-5。

綜合以上說明，可見本案於 103 年 9 月 17 日所提之修正本(附件三)，僅是對申請時之原說明書做詳細的補充說明，或文字、元件修正而已，詳細補充說明的幅度雖大，然仍不離原說明書之內容範圍，實難謂超出原申請時所提的內容。所以，本案「電子書跨語境系統及其製作方法」實符合《專利法》之相關規定。懇請 貴局惠予依申請人於 103 年 9 月 17 日所提之修正本(附件三)審查，早日准予發明專利為禱，實感德便。

　　謹呈

經濟部智慧財產局公鑒

六、申請之規費：

專利分為：發明專利、新型專利，以及設計專利，其規費可能會隨著時間而調整，現行規費分別如下：

1. 發明專利：

依專利規費收費辦法第二條規定，其發明專利各項申請規費如下：

A. 申請發明專利，每件新臺幣三千五百元。

B. 申請提早公開發明專利申請案，每件新臺幣一千元。

C. 申請實體審查，專利說明書及圖式合計在五十頁以下，且申請專利範圍之請求項合計在十項以內者，每件新臺幣七千元；請求項超過十項者，每項加收新臺幣八百元；說明書及圖式超過五十頁者，每五十頁加收新臺幣五百元；其不足五十頁者，以五十頁計。

D. 申請改請為發明專利，每件新臺幣三千五百元。

E. 申請再審查，專利說明書及圖式合計在五十頁以下者，每件新臺幣七千元；超過五十頁者，每五十頁加收新臺幣五百元；其不足五十頁者，以五十頁計；其請求項超過 10 項者，每項加收 800 元。

F. 申請舉發，每件新臺幣五仟元，並依其舉發聲明所載之請求項數按項加繳，每一請求項加收新臺幣八百元。但依本法第五十七條、第七十一條第一項第一款中第三十二條第一項及第三項、第七十一條第一項第二款及第三款規定之情事申請舉發者，每件新臺幣一萬元。

G. 申請分割，每件新臺幣三千五百元。

H. 申請延長專利權，每件新臺幣九千元。

I. 申請更正說明書或圖式，每件新臺幣二千元。

J. 申請特許實施專利權，每件新臺幣十萬元。

K. 申請廢止特許實施專利權，每件新臺幣十萬元。

L. 申請舉發案補充、修正理由、證據，每件新臺幣二千元。

M. 申請發明專利，以電子方式提出者，其申請費，每件減收新臺幣六百元。同時為第一項第五款及第十一款之申請者，每件新臺幣二千元。

其中之實體審查申請費，於補充、修正申請專利範圍時，其計算方式依下列規定：

　　A. 於申請案發給第一次審查意見通知前，以修正後之請求項數計算之。

　　B. 於申請案已發給第一次審查意見通知後，其新增之請求項數與審查意見通知前已提出之請求項數合計超過十項者，每項加收新臺幣八百元。

　　發明專利申請案所檢附之說明書首頁及摘要同時附有英文翻譯者，第一項第一款或第四款之申請費減收新臺幣八百元。但依本法第二十五條第四項規定先提出之外文本為英文本者，不適用之。

　　同法第三條又規定：發明申請案於發給第一次審查意見通知前撤回申請案者，得申請退還前條第一項第三款之實體審查申請費或第七款之再審查申請費。

2. 新型專利：

依專利規費收費辦法第五條規定，其新型專利各項申請規費如下：

　　A. 申請新型專利，每件新臺幣三千元。

　　B. 申請改請為新型專利，每件新臺幣三千元。

　　C. 申請舉發，每件新臺幣五千元，並依其舉發聲明所載之請求項數按項加繳，每一請求項加收新臺幣八百元。但依本法第一百十九條第一項第二款及第三款規定之情事申請舉發者，每件新臺幣九千元。

　　D. 申請分割，每件新臺幣三千元。

　　E. 申請新型專利技術報告，其請求項合計在十項以內者，每件新臺幣五千元；請求項超過十項者，每項加收新臺幣六百元。

　　F. 申請更正說明書或圖式，每件新臺幣二千元。

　　G. 申請舉發案補充、修正理由、證據，每件新臺幣二千元。

　　H. 申請新型專利，以電子方式提出者，其申請費，每件減收新臺幣六百元。同時為第一項第三款及第八款之申請者，每件新臺幣二千元。

3. 設計專利：

依專利規費收費辦法第六條規定，其設計專利各項申請規費如下：

A. 申請設計專利或衍生設計專利，每件新臺幣三千元。

B. 申請回復優先權主張，每件新臺幣二千元。

C. 申請改請為設計專利，每件新臺幣三千元。

D. 申請再審查，每件新臺幣三千五百元。

E. 申請舉發，每件新臺幣八千元。

F. 申請分割，每件新臺幣三千元。

G. 申請更正說明書或圖說，每件新臺幣二千元。

H. 申請舉發案補充、修正理由、證據，每件新臺幣二千元。

I. 申請設計專利，以電子方式提出者，其申請費，每件減收新臺幣六百元。同時為第一項第三款及第八款之申請者，每件新臺幣二千元。

4. 其他各項申請：

依專利規費收費辦法第七條規定，各項登記申請規費如下：

A. 申請專利申請權讓與或繼承登記，每件新臺幣二千元。

B. 申請專利權讓與或繼承登記，每件新臺幣二千元。

C. 申請專利權授權或再授權登記，每件新臺幣二千元。

D. 申請專利權授權塗銷登記，每件新臺幣二千元。

E. 申請專利權質權設定登記，每件新臺幣二千元。

F. 申請專利權質權消滅登記，每件新臺幣二千元。

G. 申請專利權信託登記，每件新臺幣二千元。

H. 申請專利權信託塗銷登記，每件新臺幣二千元。

I. 申請專利權信託歸屬登記，每件新臺幣二千元。

依專利規費收費辦法第八條規定，其他各項申請規費如下：

A. 申請發給證明書件，每件新臺幣一千元。

B. 申請面詢，每件每次新臺幣一千元。

C. 申請勘驗，每件每次新臺幣五千元。

D. 申請變更申請人之姓名或名稱、印章或簽名，每件新臺幣三百元。

E. 申請變更發明人、新型創作人或設計人，或變更其姓名，每件新

臺幣三百元。

F. 申請變更代理人，每件新臺幣三百元。

G. 申請專利權授權、質權或信託登記之其他變更事項，每件新臺幣三百元。前項第四款至第七款之申請，其同時為二項以上之變更申請者，每件新臺幣三百元。

依專利規費收費辦法第九條規定，其他各項申請規費如下：

A. 申請發給證明書件，每件新臺幣一千元。

B. 前項證書之補發或換發，每件新臺幣六百元。

依專利規費收費辦法第十條規定，經核准之發明專利，每件每年專利年費如下：

A. 第一年至第三年，每年新臺幣二千五百元。

B. 第四年至第六年，每年新臺幣五千元。

C. 第七年至第九年，每年新臺幣八千元。

D. 第十年以上，每年新臺幣一萬六千元。

經核准之新型專利，每件每年專利年費如下：

A. 第一年至第三年，每年新臺幣二千五百元。

B. 第四年至第六年，每年新臺幣四千元。

C. 第七年以上，每年新臺幣八千元。

經核准之設計專利，每件每年專利年費如下：

A. 第一年至第三年，每年新臺幣八百元。

B. 第四年至第六年，每年新臺幣二千元。

C. 第七年以上，每年新臺幣三千元。

核准延長之發明專利權，於延長期間仍應依前項規定繳納年費；核准延展之專利權，每件每年應繳年費新臺幣五千元。

專利權有拋棄或被撤銷之情事者，已預繳之專利年費，得申請退還。

第一項年費金額，於繳納時如有調整，應依調整後所定之數額繳納。

依本法規定計算專利權期間不滿一年，其應繳年費仍以一年計算。

第三章　專利法

七、專利之審查：

專利之審查應可包含：審查人員、審查基準、審查程序、行政救濟、核准階段、公告階段、舉發階段、撤銷階段、維護階段，以及法定時限等項說明：

1. 審查人員：

《專利法》第十五條規定：「**專利審查人員之資格，以法律定之。**」同法第三十六條規定：「**專利專責機關對於發明專利申請案之實體審查，應指定專利審查人員審查之。**」同法第一百二十條復謂，新型專利準用第三十六條規定。第一百四十二條也規定，設計專利準用第三十六條規定。

可見，主管機關對於專利申請案之實體審查，係指定專利審查人員審查。而有關審查人員之資格，另以法律制定。我國審查人員，係採內審與外審雙軌制。前者由主管機關正式編制審查人員，來擔任審查工作；後者由主管機關聘請外面之專家學者，來擔任審查工作。

2. 審查基準：

我國專利審查基準，係採"先程序後實體"之原則，所有專利申請案，皆須合於程序要件，才能進入形式審查、早期公開，以及實體審查等。茲說明如下：

A. 程序審查：

程序審查即檢視各種申請文件，是否合於法定之規範。

B. 形式審查：

形式審查係針對申請文件，以及專利說明書的格式等進行審查，審查其是否合於法定之規範。

C. 早期公開：

早期公開僅適用於發明專利，發明專利申請案通過形式審查後，即會在專利公報上公開。

D. 實體審查：

實體審查係審查專利申請案，是否符合專利基本要件，是否有法定不予專利之事項，以及違反法定之規範。

3. 審查程序：

專利審查程序大致可分為下列幾個階段：

A. 程序審查階段：

該階段即檢視各種申請文件，是否合於《專利法》及其《施行細則》之規定。其內容大致包含：審查各種書表，是否採用主管機關訂定的格式；各種申請書的撰寫、表格的填寫，以及圖式的製法是否符合規定；應檢送的證明文件是否齊備，是否具法律效力；申請日之認定；發明創作人，以及申請人的資格是否符合規定；代理人是否具備代理之資格與權限；有無依法繳納規費等。

基於實務作業，主管機關無法立即審查文件是否齊備，故不論申請人親自送件，電子方式申請，或是郵寄送件，主管機關皆先行收件，經資料建檔後，再交辦審查。程序審查時，如發現申請文件欠缺，或不符法定程式而得補正者，再通知申請人限期補正。申請人屆期補正，或未補正，或補正仍不齊備時，則視其應補正之申請文件種類，可能為行政處分以補正之日為申請日，或處分申請案不受理，或依現有資料逕行後續程序，或處分喪失優先權，或處分視為未寄存等。其補正期間，以不超過六個月為原則，即通知申請人限期四個月內補正，申請人無法依限補正而須展期者，應於屆期前聲明理由，申請展期，主管機關原則上准予展期 2 個月。意即所有補正期間自申請人提出申請之日起，以不超過六個月為原則，逾期未補正，則處分不受理。但於該不受理處分合法送達前補正者，主管機關仍應受理。[2]

B. 形式審查階段：

---

[2] 參見經濟部智慧財產權局：《現行專利審查基準介紹・第一篇程序審查及專利權管理》，2025.01.07 上網。https://www.tipo.gov.tw/patents-tw/cp-682-870070-5036b-101.html。

該階段適用於新型專利。形式審查係將技術層次較低,生命週期較短之新型專利,僅審查說明書的內容是否符合格式要件,以及程序要件,而不進行須耗費大量時間進行專利檢索,也未進行實體審查,審查其是否符合產業上利用性、新穎性,以及進步性之專利要件,以期能夠使新型專利,於申請後六個月內就可獲得專利權。

故該階段係針對說明書的撰寫與圖式的繪製等,進行文件格式的審查程序,若經形式審查認為文件格式不符規定,或欠缺文件者,主管機關將通知申請人補正。其形式審查只審查下列事項:

a. 新型專利必須是物品之形狀、構造或組合的創作,不能是方法、用途、動植物、微生物或生物材料以及不具形狀之物質等。

b. 新型專利之實施,不會妨害公共秩序、善良風俗等。

c. 新型專利之說明書中,是否已載明名稱、摘要、說明內容,以及申請專利範圍與圖式,且各獨立項已記載必要之構件及其連結關係,是否有明顯矛盾之處等。

新型專利仍須符合單一性要求,意即一件新型專利申請案,包含二個或二個以上完全不相關聯的創作,即不符合單一性,申請人便會被要求修正、申復,或申請分割,申請人如未依通知內容修正,則會不予專利之處分。

d. 新型專利經形式審查後,認沒有不予專利之情事者主管機關即准予專利,待申請人依法繳納證書費及年費後便會登記公告。

C. 新型登錄階段:

該階段適用於新型專利。主管機關於民國九十三年七月一日起,將新型專利導入〝登錄制〞與〝新型專利技術報告〞等相關措施。該制度係將新型專利申請案,通過形式審查後,將其申請專利範圍及圖式,刊登於專利公報上,自公告日起即授予新型專利權,並頒發證書。

基於,申請人取得新型專利權時,其技術內容並未通過實體審查,故是否具備〝產業上利用性〞、〝新穎性〞、〝進步性〞等專利要件,實不可知。故為確認其專利權的合法性,我們皆可依法在其公告後,向

主管機關要求進行實體審查（此即公眾審查），並製作一份"新型專利技術報告"。

D. 早期公開階段：

該階段適用於發明專利。主管機關於民國九十一年十月二十六日起，將發明專利導入"早期公開制"、"請求審查制度"，以及"暫時性權利保護"等相關措施。該制度係將發明專利申請案，通過程序審查後，從申請日起十八個月後，將其技術內容公開於專利公報上，並自申請日起三年內，經由申請人，或任何人請求實體審查，並繳交請求費後，始進入實體審查階段。

早期公開制度是基於公益之目的而設，發明專利申請案只要從申請日之次日算起十八個月後，不管其審查結果如何？即強制解除保密狀態，申請人不得請求延緩公開，而使社會大眾得知其技術內容。為排除他人依其技術內容而加以實施，故《專利法》第四十一條亦規定：**「發明專利申請人對於申請案公開後，曾經以書面通知發明專利申請內容，而於通知後公告前就該發明仍繼續為商業上實施之人，得於發明專利申請案公告後，請求適當之補償金。」** 此即"暫時性權利保護措施"。

E. 調查階段：

該階段適用於發明專利與設計專利。前案調查係針對專利說明書，以及申請專利範圍中，所主張保護的技術內容，進行相關先前技藝資料的檢索調查，以確定該技術內容是否符合《專利法》的規定。

F. 實體審查階段：

該階段係針對專利說明書，以及申請專利範圍中，所主張保護的技術內容，與檢索到的先前技藝資料，進行"產業上利用性"、"新穎性"、"進步性"等專利要件的審查比對與判斷。其實體審查依下列原則進行：

a. 發明專利：

審查人員依申請專利範圍的記載，參酌說明書與圖式，判斷該申請案，是否利用《專利法》第二十一條所規定的自然法則技術思想創作，並可供"產業上利用性"，且無《專利法》第二十二條、第二十三條所

規定之情事存在，符合〝新穎性〞、〝進步性〞等專利要件，而依同法第四十七條規定，准予專利。也得依第四十二條之申請或依職權，通知申請人限期至主管機關面詢；或為必要之實驗、補送模型或樣品；必要時，得至現場或指定地點實施勘驗。或依第四十三條規定，得依申請或職權通知申請人限期補充、修正說明書或圖式。惟，補充、修正之說明書或圖式，不得超出申請時原說明書或圖式所揭露之範圍。

b. 新型專利：

新型專利係在公告後，有人依法向主管機關要求進行實體審查，審查人員才根據申請專利範圍的記載，參酌說明書與圖式，判斷該申請案，是否利用《專利法》第一百零四條所規定的自然法則技術思想，對物品之形狀、構造或組合之創作，並可供〝產業上利用性〞，且無同法第一百十二條規定之情事，符合〝新穎性〞、〝進步性〞等專利要件，而依第一百十三條規定，准予專利。其申請人要申請補充、修正說明書或圖式者，應依第一百零九條規定，於申請日起二個月內為之。所為之補充、修正，不得超出申請時原說明書或圖式所揭露之範圍。

c. 設計專利：

專利審查人員將依圖式，透過視覺訴求的審查，判斷該申請案是否屬於《專利法》第一百二十一條所謂的物品之形狀、花紋、色彩，或其結合之創作，且無同法第一百二十二條、第一百二十四條所規定之情事存在，符合〝產業上利用性〞、〝新穎性〞，以及〝進步性〞等專利要件。並可依第一百四十二條規定，准用第四十三條之得依申請或依職權，通知申請人限期至主管機關面詢；或補送模型樣品；或補充、修正圖說，惟補充、修正之說明書或圖式，不得超出申請時原說明書或圖式所揭露之範圍；必要時，得至現場或指定地點實施勘驗。申請人亦可依《專利法》第一百三十九條規定，設計專利權人對於專利之圖說，僅得就誤記或不明瞭之事項，向專利專責機關申請更正。主管機關於核准更正後，應將其事由刊載專利公報。

智慧財產權之理論與實務

G. 審查與行政救濟流程圖：

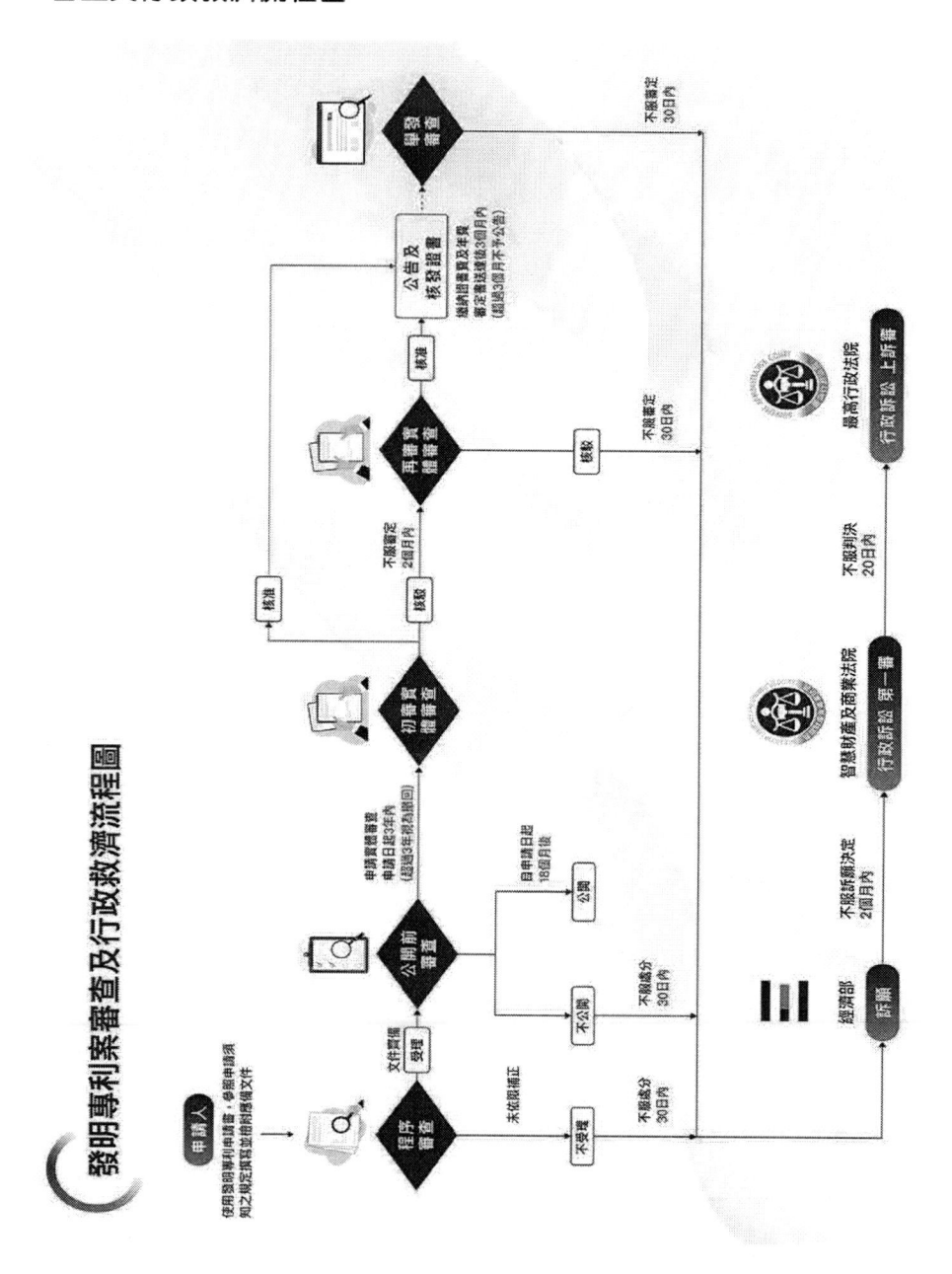

第三章　專利法

新型專利案審查及行政救濟流程圖

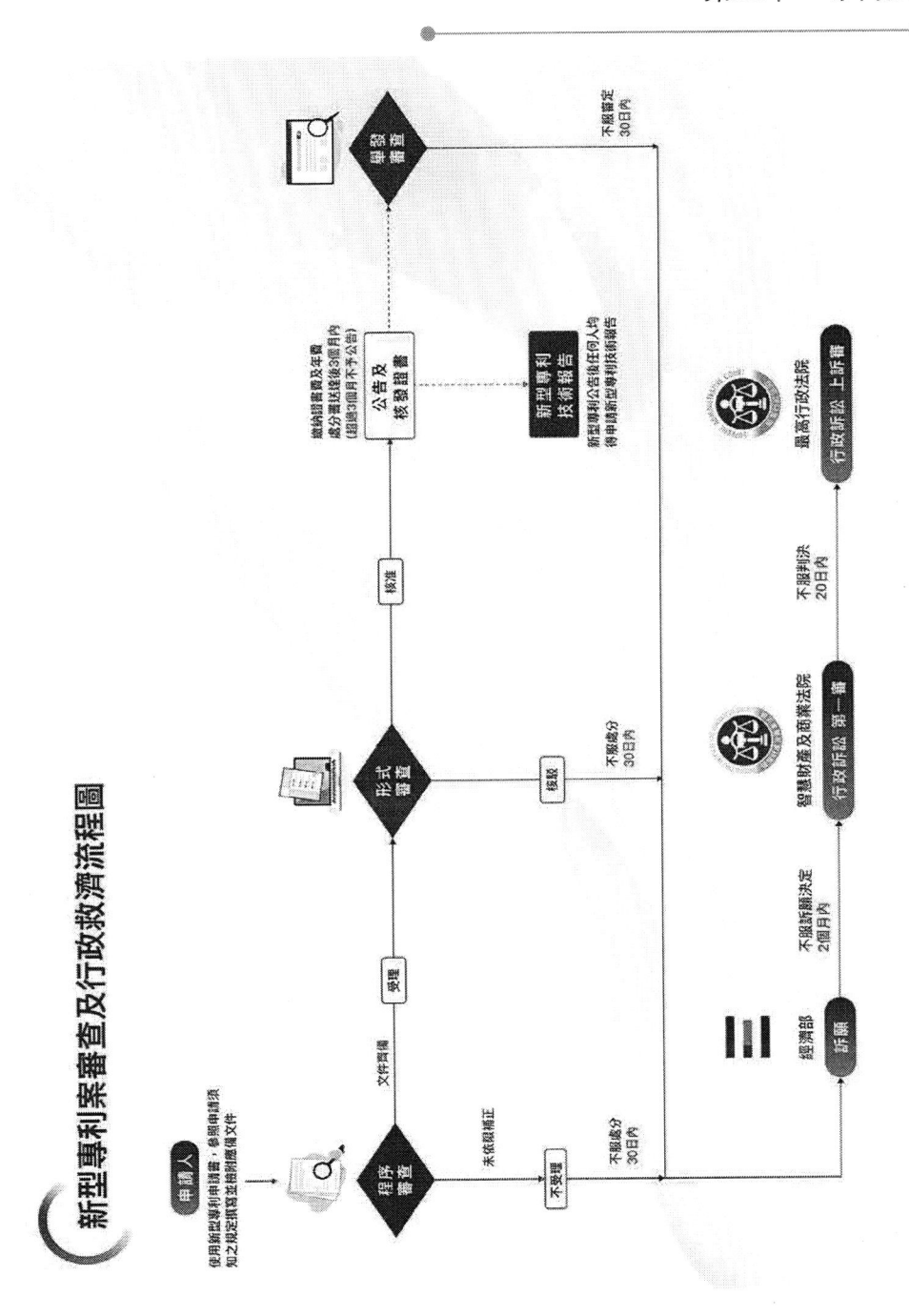

申請人
使用新型專利申請書，參照申請須知之規定填寫並檢附應備文件

↓ 文件齊備

程序審查 （◇）
- 未依限補正 → **不受理** → 不服處分 30日內
- 受理 ↓

形式審查 （◇）
- 核駁 → **不服處分 30日內**
- 核准 ↓

公告及核發證書
繳納證書費及年費，處分書送達後3個月內（逾期3個月不公告）

新型專利技術報告
新型專利公告後任何人均得申請新型專利技術報告

舉發審查 （◇）
不服審定 30日內

經濟部 訴願
不服訴願決定 2個月內

智慧財產及商業法院 行政訴訟 第一審
不服判決 20日內

最高行政法院 行政訴訟 上訴審

~ 135 ~

智慧財產權之理論與實務

設計專利案審查及行政救濟流程圖

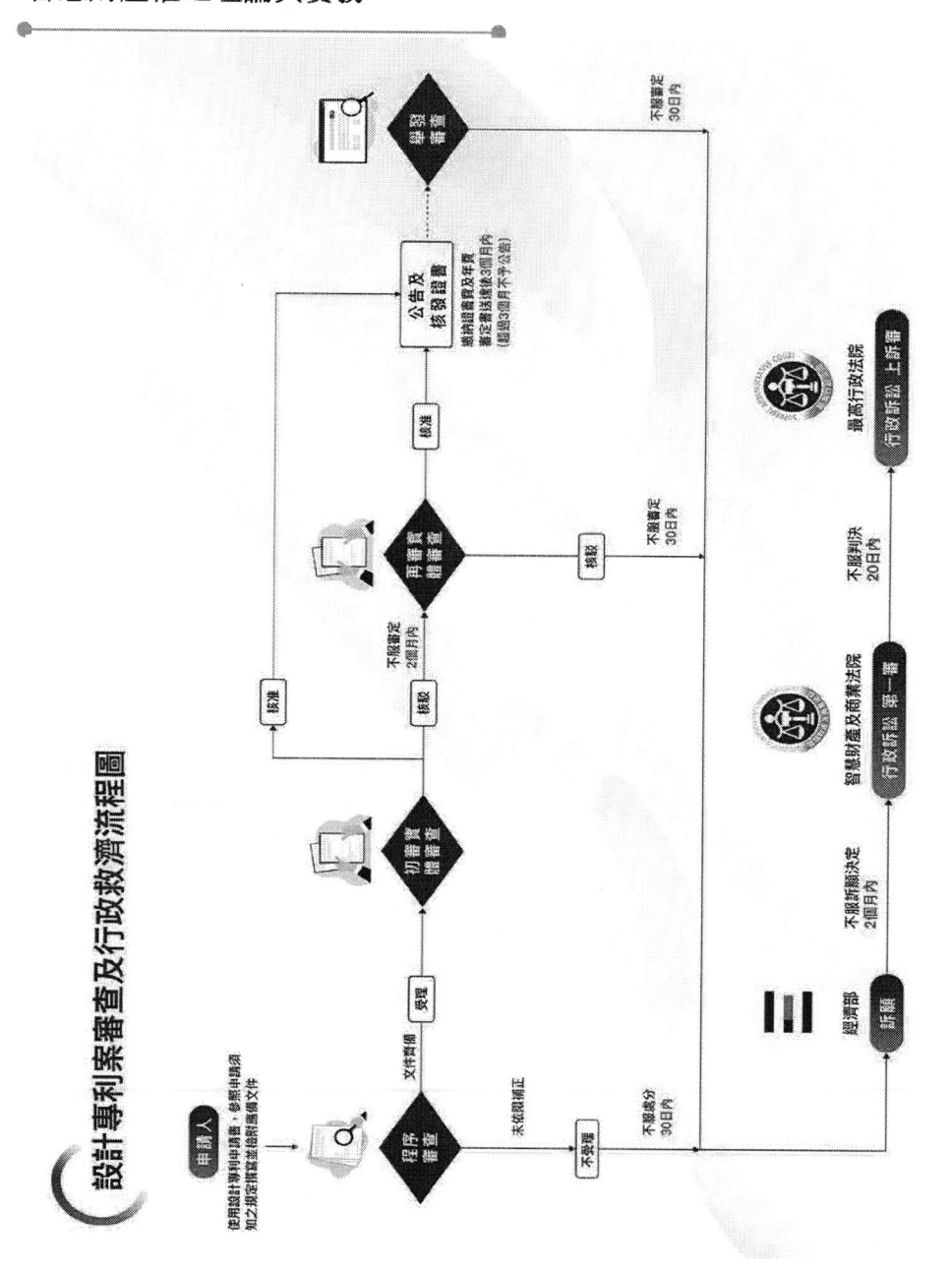

第三章　專利法

4. 行政救濟階段：

該階段係申請人，針對主管機關作成的處分不服者，所採取的法定措施。茲說明如下：

A. 再審：

《專利法》第四十八條規定：「**發明專利申請人對於不予專利之審定有不服者，得於審定書送達之日起二個月內備具理由書，申請再審查。**」同法第一百四十二條也說，設計專利準用第四十八條規定。意即，申請人對於發明專利或設計專利不予專利之審定不服者，得於審定書送達之次日起二個月內備具理由書，申請再審查。申請再審查時，主管機關應依第五十條規定，指定未曾審查原案之專利審查人員審查，並作成審定書送達申請人。

惟新型專利，並無再審階段，如申請人對不予專利之審定不服者，得於審定書送達之次日起 30 日內備具訴願書正、副本（均含附件），並檢附處分書影本，經由原處分機關向經濟部提起訴願。新型專利之所以沒有再審階段，其原因在於新型專利只做形式審查，而不進行實質審查，該形式審查係法定的規範，審查委員只要依規範審查就沒有爭議，故不須經過再審查階段；而進行實質審查，則因專利法只做原則上：新穎性、進步性、實用性的要件規範，符不符合該等要件，係經由審查委員的主觀判斷，自然會產生見解不同的爭議，故須給申請人答辯的機會，因此有了再審階段。發明專利與設計專利申請後，即會經過法定實質審查階段；惟新型專利申請後，只做形式審查，而不進行實質審查；待有人提起異議時，才進行實質審查。

B. 申復：

《專利法》第四十六條規定：「……**經再審查認為有不予專利之情事時，在審定前應先通知申請人，限期申復。**」同法第一百四十二條則謂，設計專利準用第四十六條規定。可見，專利審查人員在審定不予專利之前，會先寄發〝核駁理由先行通知書〞，給申請人再一次申復的機會。申請人須在法定時間內（國內二個月，國外三個月，兩者皆得申請延長一次），以書面申復理由書，向主管機關提出申復，該申復內容一般以

補充說明或修正，以消弭審查人員的疑慮為主。

不過，依經驗而言，申請人若接到主管機關來文修正，代表審查委員認同該專利申請案，只要依審查委員的意見提出修正，其獲准專利的機會甚高；但如接到主管機關來文通知申請人，限期申復，則通常是該委員並不認同該申請案，基於法定程序要求申復而已，獲准的機會甚微。

C. 訴願：

依訴願法第一條規定：**「人民對於中央或地方機關之行政處分，認為違法或不當，致損害其權利或利益者，得依本法提起訴願。」**意即，專利申請案經主管機關的審查程序，仍確定不准專利時，主管機關將會製作"審查核駁審定書"，寄發給申請人，申請人若不服裁定，可於收到該審定書次日起 30 日內，以書面訴願理由書，向經濟部訴願委員會提起訴願。

其訴願理由書除須記載，訴願人的姓名及住所，原行政處分機關，訴願請求事項，收受或行政處分的日期，以及受理訴願的機關外，並應將該核駁審定書的不當之處，具體指明(不能要求修改或更正內容)。訴願委員受理此一訴願後，若認為訴願有理由，將會作成"訴願決定書"，撤銷原審定，並責由主管機關依該決定書指示，重新審查。若訴願委員會認為訴願無理由，則將駁回訴願。

D. 訴訟：

依行政訴訟法第四條規定：**「人民因中央或地方機關之違法行政處分，認為損害其權利或法律上之利益，經依訴願法提起訴願而不服其決定，或提起訴願逾三個月不為決定，或延長訴願決定期間逾二個月不為決定者，得向高等行政法院提起撤銷訴訟。」**可見，申請人如不服經濟部訴願委員會的裁定，可於收到訴願決定書，次日起二個月內，向高等行政法院，或智慧財產權法院提起告訴（以下簡稱受理法院）。

受理法院在受理告訴案件後，首先分發案件，再由受命法官寄發開庭通知書。開庭時，當事人必須備齊相關資料，準時出庭。一般而言，準備程序大至有二次庭期，嗣後再開一次言詞辯論庭，受理法院即有可能宣判。如受理法院認為起訴有理由，則會依聲明分別為撤銷原處分與

決定的判決，或因事證明確，而直接判決主管機關應作成申請人請求的行政處分。

申請人如再不服受理法院的裁定，可於收到判決書，次日起二十日內，再向最高行政法院提起告訴，這是最後一審（終審），其審理程序大至與上同。

5. 核准階段：

該階段係審查委員，認為專利申請案無不予專利之情事者，應予專利的階段。

依《專利法》第四十七條規定：「**申請專利之發明經審查認無不予專利之情事者，應予專利，並應將申請專利範圍及圖式公告之。**」第五十二條復規定：「**申請專利之發明，經核准審定後，申請人應於審定書送達後三個月內，繳納證書費及第一年年費後，始予公告；屆期未繳費者，不予公告，其專利權自始不存在；申請專利之發明，自公告之日起給予發明專利權，並發證書。**」

依同法法第一百十三條規定：「**申請專利之新型，經形式審查認無不予專利之情事者，應予專利，並應將申請專利範圍及圖式公告之。**」第一百二十條復規定，新型專利准用第五十二條。依第一百二十二條規定：「**可供產業上利用之設計，……得依本法申請取得設計專利。**」第一百四十二條復規定，設計專利也准用第五十二條。

可見，不管是發明專利、新型專利，或是設計專利，只要不違反法定不予專利的規定，並符合專利要件，即可獲准專利權。並於審定書送達後三個月內，要繳納證書費，以及第一年年費後，才會公告；如法定時間三個月內還未繳費者，就不予公告，其專利權自始不存在。繳完費後，即自公告之日起給予專利權，並發證書。

6. 公告階段：

該階段係發明專利，或設計專利申請案，經實體審查認為符合《專利法》的規定，主管機關除以審定書送達申請人，及其代理人外，再將其申請專利範圍的內容，刊登於專利公報上，自公告之日起，便授予專利權頒發證書。經公告之專利案，任何人均得申請閱覽、抄錄、攝影或

影印其審定書、說明書、圖式及全部檔案資料。但專利專責機關依法應予保密者，不在此限。

7. 舉發階段：

該階段係有人認為該專利權，有違《專利法》的相關規定，均可於專利權期間內，向主管機關提起舉發。由於專利權具有排他性之效力，為調和專利權人、利害關係人，或公眾之利益，《專利法》乃設"舉發"之公眾輔助審查制度，該制度可藉由第三人，協助主管機關就公告的專利案再予審查，使專利之核准更臻於正確無誤。又舉發程序之產生，經常源於兩造當事人專利侵權之糾紛，舉發人自然想藉此，對已授予專利權請求撤銷，以避免涉及侵害專利權。

透過舉發程序，撤銷對方專利是根本解決的方法，當對方專利權被撤銷後，該專利權即視為自始不存在，自然無所謂侵權情事。進行舉發需要如下資料：

A. 證據：

必須具有公信力之公開資料，如專利資料、期刊、書報等皆可，其中當以專利資料最佳，若是內部資料較不利；該公開資料包含世界各國。

B. 舉發理由書：

必須引用上述資料，並逐一比對其專利範圍，然後詳列舉發理由，以及所依據的法條。

C. 程序追蹤：

必須在舉發審查期間，隨即追蹤對方，是否有對其舉發理由進行答辯，如有可再補充舉發理由，以反駁其答辯意見。

舉發人補提理由及證據，應自舉發之日起一個月內為之，但在舉發審定前提出者，仍應審酌之。舉發案經審查不成立者，任何人不得以同一事實及同一證據，再為舉發。

8. 撤銷階段：

該階段係專利權人的專利權被舉發後，主管機關依法認為符合撤銷

專利權之規定，即會作出撤銷的裁定，專利權人如有不服，可依法提起行政救濟。如有《專利法》第八十二條規定：**「發明專利權經撤銷後，有下列情形之一者，即為撤銷確定：一、未依法提起行政救濟者。二、經提起行政救濟經駁回確定者。專利權經撤銷確定者，專利權之效力，視為自始即不存在。」**專利權人之專利權遭撤銷時，就其於撤銷前，對他人因行使專利權所致損害，應負賠償之責。

9. 維護階段：

在專利維護階段，應注意以下事項：

A. 僅記所擁有之專利權，是發明專利、新型專利，或是設計專利，其專利權期限是幾年。

B. 記得在產品上標示專利證號，以為專利權受不法侵害時，能證明侵害者的故意或過失。

C. 記得按時繳納年費，專利權年費的繳納期限，係自公告日起算，第一年於專利權審查確定後，由主管機關以掛號通知專利權人限期繳納。第二年以後，主管機關僅以平信通知，專利權人有可能沒收到，故專利權人必須自行注意繳納期限。倘若未準時繳納，可在期滿六個月內加倍補繳，否則該專利權將會消滅。當然，如果是委託專利事務所辦理，該事務所將會列管，並於期限前通知客戶繳費。

D. 記得如發現他人未經授權，而有製造或販賣的侵權行為時，即可檢具相關證據，對侵權人發出請求排除侵害的存證信函，並要求損害賠償，如侵權人不予理會，或仍繼續侵權時，則應立即向智慧財產權法院提出告訴，並附帶損害賠償之請求，以避免因二年的請求權時效屆滿，而無法保障自己的合法權益。

10. 案件處理之法定時限：

依訴願法第二條規定：**「人民因中央或地方機關對其依法申請之案件，於法定期間內應作為而不作為，認為損害其權利或利益者，亦得提起訴願；前項期間，法令未規定者，自機關受理申請之日起為二個月。」**可見，主管機關應明確告知社會大眾，其專利審查的作業時間，並於該主管機關違反其作業時間內，仍未有初步結果之審定時，申請人可依法

向主管機關，提出訴願。有關專利申請案之法定時限表如下：

法定時限表

序號	事項類別	處理期間
1	發明申請案初審（申請實體審查）	十八個月
2	發明提早公開	八個月
3	發明申請優先審查	十個月
4	電機、化工類案件再審查	十五個月
5	機械、日用品類案件再審查	十二個月
6	特許實施發明專利權	二十四個月
7	廢止特許實施發明專利權	十八個月
8	發明專利權特許實施補償金之核定	六個月
9	延長發明專利權	十二個月
10	新型申請案	六個月
11	新型專利技術報告	十二個月
12	新型專利技術報告（有非專利權人為商業上實施）	六個月
13	設計申請案初審	十二個月
14	設計聯合案初審	十六個月
15	設計申請案再審查	十二個月
16	設計聯合案再審查	十六個月
17	異議案件	十個月
18	舉發案件	十二個月
19	舉發案件優先審查	六個月
20	更正申請專利範圍、說明書、圖式等	六個月
21	專利權分割（新法施行後即無此項）	三個月

備註：處理時限自收文日起算，但通知補正、申復、答辯期間或因其他正當事由緩辦之期間不計算在內。資料來源先鋒智慧財產權事務所。

八、專利之實施：

專利之實施，大至有：專利權人實施、專利授權實施、專利特許實施，以及專利權之標示等四種。茲說明如下：

1. 專利權人實施：

專利申請權人取得專利權後，即可在一定期間內，享有排他性之專有製造、販賣之要約、販賣、使用，以及為上述目的而進口之權，並可依法自行實施。有相當的專利權人認為，拿到專利權就等於拿到財富，它是通往財富的捷徑。殊不知，專利權實施率，在臺灣大致有50%左右而已，而成功率也僅50%中的20%上下，其中之實施率與成功率又以企業居多，個人能實施成功則屬少數。專利權的實施，能否成功，不只是專利權本身的技術問題，它牽涉到資金、企業經營，以及市場等多方面的考量，如沒有十足把握，可選擇授權給產業界實施，較為妥當。

再者，專利權人不管是自行實施、授權實施，或特許實施，皆要注意以下問題：

A. 依《專利法》第六十二條規定，發明專利權人以其發明專利權讓與、信託、授權他人實施，或設定質權，非經向主管機關登記，不得對抗第三人。新型專利與設計專利准用此法條。

B. 同法第六十四條亦規定，發明專利權為共有時，除共有人自己實施外，非得共有人全體之同意，不得讓與或授權他人實施；但契約另有約定者，從其約定。新型專利與設計專利准用此法條。

C. 有關專利權之核准、變更、延長、延展、讓與、信託、授權實施、特許實施、撤銷、消滅、設定質權及其他應公告事項，主管機關皆會依《專利法》第八十四條規定，刊載專利公報上。新型專利與設計專利准用此法條。

2. 專利授權實施：

授權可分為："專屬授權（Exclusive license）"與"非專屬授權（Non-exclusive license）"兩種。所謂專屬授權：「**係指被授權人在授權範圍內，取得相當於智慧財產權權利人的地位，授權人將不得在授**

範圍內自行利用該智慧財產權，或是再授權給第三人使用。」而非專屬授權：「**指授權人在授權範圍內，可同時授權給多人使用，也包含自己實施。**」專利權人可依法專屬授權，或非專屬授權他人實施，並收取適當之權利金。

3. 專利特許實施：

專利特許實施係一種"強制授權（Compulsory licensing）"，或稱"強制許可"：「**是指政府強制專利、版權等具有排他性權利的持有人，允許政府或他人使用。**」權利人亦可根據法律，或者通過仲裁，而得到一定特許費補償。專利特許實施有下列幾種情況，政府可強制許可：

A. 依《專利法》第八十七條第一項規定，係因應國家緊急情況，或增進公益之非營利實施，或申請人曾以合理之商業條件在相當期間內仍不能協議授權時，主管機關得依申請人申請，特許該申請人實施其專利權，其實施應以供應國內市場需要為主。

B. 同條第三項復謂，專利權人有限制競爭或不公平競爭之情事，經法院判決，或行政院公平交易委員會處分確定者，雖無前項之情形，主管機關亦得依申請，特許該申請人實施專利權。

主管機關接到特許實施申請書後，應將申請書副本送達專利權人，並限期答辯，屆期不答辯者，得逕行審查。特許實施權應與特許實施有關之營業，一併轉讓、信託、繼承、授權或設定質權。並應給與專利權人適當之補償金，有爭執時，由主管機關核定。該實施權，不妨礙他人就同一發明專利權再取得實施權。如其特許實施之原因消滅時，主管機關得依當事人申請，而廢止其特許實施。同法第八十九條又規定：有下列各款情事之一者，專利專責機關得依申請廢止強制授權：

a. 作成強制授權之事實變更，致無強制授權之必要。

b. 被授權人未依授權之內容適當實施。

c. 被授權人未依專利專責機關之審定支付補償金。

C. 依《專利法》第八十七條第二項規定，發明或新型專利權之實施，將不可避免侵害在前之發明或新型專利權，且較該在前之發明或新型專利權具相當經濟意義之重要技術改良，未經前發明或新型專利權人同

意，不得實施其發明創作，但可以經過協議交互授權實施。如協議不成時，則可申請特許實施。

4. 專利權之標示：

《專利法》第九十八條規定：「**專利物上應標示專利證書號數；不能於專利物上標示者，得於標籤、包裝或以其他足以引起他人認識之顯著方式標示之；其未附加標示者，於請求損害賠償時，應舉證證明侵害人明知或可得而知為專利物。**」

可見，專利權人、被授權人，或特許實施權人在實施其權利時，皆應在其專利物品或包裝上，標示專利證書號數的義務，善盡應告知責任，以避免無辜第三者受害。因此，如未附加標示者，依法不得請求損害賠償。當然，如果侵權人明知，或有事實足以證明其可得而知為專利物品者，還是可依法請求損害賠償。但如是虛偽標示，在非專利物品或其包裝上，附加請准專利字樣，或足以使人誤認為請准專利的標示，則將處六月以下有期徒刑、拘役或科或併科新臺幣五萬元以下的罰金。該罪刑乃偽造私文書之公訴罪，依《刑法》第二一○條規定：「**偽造、變造私文書，足以生損害於公眾或他人者，處五年以下有期徒刑。**」

5. 專利之侵權：

所謂侵權：「**係指在專利權存續期間，未經專利權人許可，私自製造、使用、銷售，或要約銷售等已獲准專利之產品，或將該產品由外國輸入至境內，此即為侵權。**」我國自 2003 年 03 月 31 日起，專利侵權全面除罪化，不再有刑事責任，只有民事責任，因此《民法》上的損害賠償，成為侵權救濟之核心。

專利之侵權可分為：侵權之類型、侵權之救濟、侵權之鑑定，以及專利權效力不及之事項等，茲分別說明如下：

A. 侵權之類型：

侵權之類型有："直接侵權（Directinfringement）"與"間接侵權（Indirectinfringement）"兩種。茲分析如下：

a. 直接侵權：

所謂直接侵權：「**是指被控侵權之產品，經由專利侵權鑑定，符合**

"全要件（Allelements）"或"均等論（Doctrineofequivalents）"而使侵權成立時謂之。」其中之全要件，如申請專利範圍之要件為A、B、C、D，被控侵權物品或方法之要件也為A、B、C、D，兩者比對項之構成要件相同。而均等論則如申請專利範圍之構成要件為A＋B＋C＋D，被控侵權之物品以E置換D，成為A＋B＋C＋E，其D與E實質上之功效又相同者。

b. 間接侵權：

所謂間接侵權：「**係指行為人實施的行為，雖不構成直接侵犯他人專利權，卻故意誘導、慫恿、教唆別人實施他人專利，進而發生直接侵權行為。**」意即，行為人在主觀上有誘導或唆使別人侵犯他人專利權的故意，在客觀上有為別人直接侵權行為的發生，提供必要條件。

例如：對一項產品專利而言，間接侵權是提供、出售或進口，用於製造該專利產品之原料或零件；對一項方法專利而言，間接侵權是提供、出售或進口，用於該專利方法的材料、器件或專用設備。間接侵權人在主觀上應有故意的行為。在客觀上則必須有實際發生的行為。如僅有誘導、慫恿、教唆，或幫助他人實施專利侵權行為的意圖或準備，但並未實施，則間接侵權行為不能成立。可見，侵權行為的實際發生，是構成間接侵權最重要的要件。

另一種情況是，被控侵權者雖無實施所有要件，但所實施係他人專利權最核心的部分，這種雖不構成直接侵權，但直接侵權的可能性極高，就屬間接侵權。

B. 侵權之救濟：

《專利法》第九十六條規定：發明專利權人對於侵害其專利權者，得請求除去之；有侵害之虞者，得請求防止之。對於因故意或過失侵害其專利權者，得請求損害賠償；發明人之姓名表示權受侵害時，得請求表示發明人之姓名或為其他回復名譽之必要處分；其請求權，自請求權人知有損害及賠償義務人時起，二年間不行使而消滅；自行為時起，逾十年者，亦同。新型專利與設計專利准用該法條。

綜合以上之規定，不管是發明專利、新型專利，或是設計專利之專利權人，其侵權之救濟具有下列請求權：

1. 賠償損害請求權：

依《民法》第二百十六條規定：「**損害賠償，除法律另有規定或契約另有訂定外，應以填補債權人所受損害及所失利益為限；依通常情形，或依已定之計劃、設備或其他特別情事，可得預期之利益，視為所失利益。**」

可見，侵權行為之賠償損害請求權，乃在填補被害人之實際損害為原則，非給予更多的利益。因此，損害賠償必須有實際損害為成立要件，無損害自無賠償之理。但如實際損害之金額，確屬難於證明者，法院應依侵害情節，審慎酌定賠償金額，使與被害人之實際損害相當。被害人並可依《專利法》第九十七條規定，從下列方式，擇一計算損害賠償金額：

A. 依上述之《民法》第二百十六條規定，請求損害賠償。如不能提供證據，以證明其損害時，專利權人得就其實施專利權，通常可獲得之利益，減除受害後實施同一專利權所得之利益，以其差額為所受損害。

B. 依侵害人因侵害行為所得之利益計算。如侵害人不能就其成本，或必要費用舉證時，以銷售該項物品全部收入為所得利益。

C. 依授權實施該發明專利所得收取之合理權利金為基礎計算損害。

至於，用作侵害他人專利權行為的物品，或由其行為所產生的物品，均得依被侵害人的請求施行假扣押，並於判決賠償後，作為賠償金的一部或全部，且被侵害人得於勝訴判決確定後，聲請法院裁定將判決書一部或全部登報，其費用由敗訴人負擔。

2. 排除侵害請求權：

意指專利侵權行為已發生，專利權人依法請求排除其侵害謂之。也就是說，當專利權人知悉，或發現有他人所製造的物品或方法等，侵害其專利權時，即可依法請求侵害人停止其侵害行為。

3. 防止侵害請求權：

意指專利侵權行為雖未發生，但有侵害之虞慮，專利權人可依法請

求防止其侵害謂之。也就是說，當專利權人知悉，或發現他人所要製造的物品或方法等，有侵害其專利權之虞慮時，即可依法請求防止其侵害行為。

排除侵害與防止侵害，不以主觀之是否故意或過失為考量，亦不問專利權是否有受損，只要侵權行為已發生，或對侵權行為有虞慮者，即可依法請求。

4. 業務信譽損害請求權：

意即專利權人在業務上的信譽，因他人之侵害而致減損時，可依法請求賠償相當金額。

以上之侵權行為如是故意，法院得依侵害的情節，酌定上述損害額以上的賠償，但不得超過損害額的三倍。

5. 銷毀請求權：

意即專利權人為上述請求權時，對於侵害專利權的物品或從事侵害行為的原料器具等，得依法請求銷燬或其他必要之處置。

6. 回復名譽請求權：

意即專利權人的姓名表示權，受到侵害時，得依法請求表示其姓名，或為其他回復名譽之必要處分。

專利權人提出告訴時，應檢附下列資料：

a. 專利權人對侵權人，依上述請求的書面通知（存證信函）。

b. 告訴狀。

c. 侵權的證據資料。

7. 申請海關查扣：

依《專利法》第 97 條規定，專利權人對輸入或輸出之物品有侵害其專利權之虞者，得申請海關先予查扣。該項申請，應以書面為之，並釋明侵害之事實，及提供相當於海關核估該進口物品完稅價格或出口物品

離岸價格之保證金或相當之擔保；海關受理查扣之申請，應即通知申請人，如認為符合前項規定而實施查扣時，應以書面通知申請人及被查扣人。被查扣人得提供第二項保證金二倍之保證金或相當之擔保，請求海關廢止查扣，並依有關進出口物品通關規定辦理；查扣物經申請人取得法院確定判決，屬侵害專利權者，被查扣人應負擔查扣物之貨櫃延滯費、倉租、裝卸費等有關費用；不屬侵害專利權者，該等費用則由申請人支付，以及賠償被查扣人因查扣或提供第七十二條第四項規定保證金所受之損害。

8. 侵權之鑑定：

專利乃屬專門技術，其內容又非常廣泛，非一般人士所能理解，故法官在裁定專利是否侵權時，必須借助專業人士提供侵權鑑定之報告，以供參考。鑑定報告既是法官在裁定上重要依據，其報告內容自應可受公評，如有虛偽鑑定，將受民事訴訟法第三百三十四條之規定：**「鑑定人應於鑑定前具結，於結文內記載必為公正、誠實之鑑定，如有虛偽鑑定，願受偽證之處罰等語。」**專利權的權利範圍，係以說明書所載的〝申請專利範圍〞為準，故侵權之鑑定，自然以申請專利範圍所載的技術內容為依歸。以下將以鑑定學理基礎、鑑定方法、鑑定報告書、專利迴避設計，以及專利效力不及事項等五個單元，分析如下：

A. 鑑定學理基礎：

a. 中心限定主義：意指以申請專利範圍的技術方案為中心，承認外側還有一定範圍之變體，或可擴張之空間。發明創作本身，即是一種技術思想，而申請專利範圍之文字敘述，僅是技術思想具體化的呈現，並非用來確定該專利技術排他性之範圍，應就該發明創作精神所藉上述之〝均等論〞，來延伸解釋，進而涵蓋不超出該發明創作精神之各種設計與修改。

b. 周邊限定主義：意指以申請專利範圍的技術方案為依據，由上述之〝全要件原則〞來體現。專利權之排他性範圍，只限於申請專利範圍內，縱說明書已記載，卻未包含在申請專利範圍內，仍不受《專利法》

保護，亦不得藉均等論來擴充解釋。

　　c.折衷限定主義：意指以申請專利範圍之內容來加以確認，說明書及圖式則用來解釋申請專利範圍。

　　依《專利法》第五十八條規定：發明專利權範圍，以申請專利範圍為準，於解釋申請專利範圍時，並得審酌說明書及圖式。新型專利準用第五十八條規定；第一百三十六條則規定：設計專利權範圍，以圖面為準，並得審酌創作說明。

　　可見，我國專利侵權鑑定基準，係採中心限定與周邊限定之折衷限定原則。在專利侵權鑑定報告中，主要係依據侵權鑑定學理來進行，而專利侵權鑑定學理，不外乎考慮下列原則。

　　a.文義侵權原則（Literal infringement rule）：意指就申請專利範圍請求項之文字意義為觀察，以瞭解所指之技術特徵，是否具體表現在被告之客體中。

　　b.全要件原則（all elements rule）：意指如上所述申請專利範圍之要件為A、B、C、D，被控侵權物品或方法之要件也為A、B、C、D，兩者比對項之構成要件相同。

　　c.均等論原則（Doctrine of equivalents）：意指如申請專利範圍之構成要件為A＋B＋C＋D，被控侵權之物品以E置換D，成為A＋B＋C＋E，其D與E實質上之功效又相同者。

　　d.逆均等論原則（Reverse Doctrine of equivalents）：此乃限縮解釋，意指被控侵權物品或製程方法等，雖落入申請專利範圍之文義內，但須再運用逆均等論，來判斷是否排除侵權成立，假如被控侵權物品或製程方法等，於發明創作之原理上，已有相當程度改變，是以不同方式來達成類似或相同的功能時，並不構成侵權行為。

　　e.禁反言原則（Prosecution history estoppel）：意指專利權人於申請過程中，或提出之文件上，有明白表示放棄或限縮之部分，於取得專利權後，不能再主張該部分之權利，相當於《民法》總則之誠信原則。

第三章 專利法

有關鑑定流程圖如下：

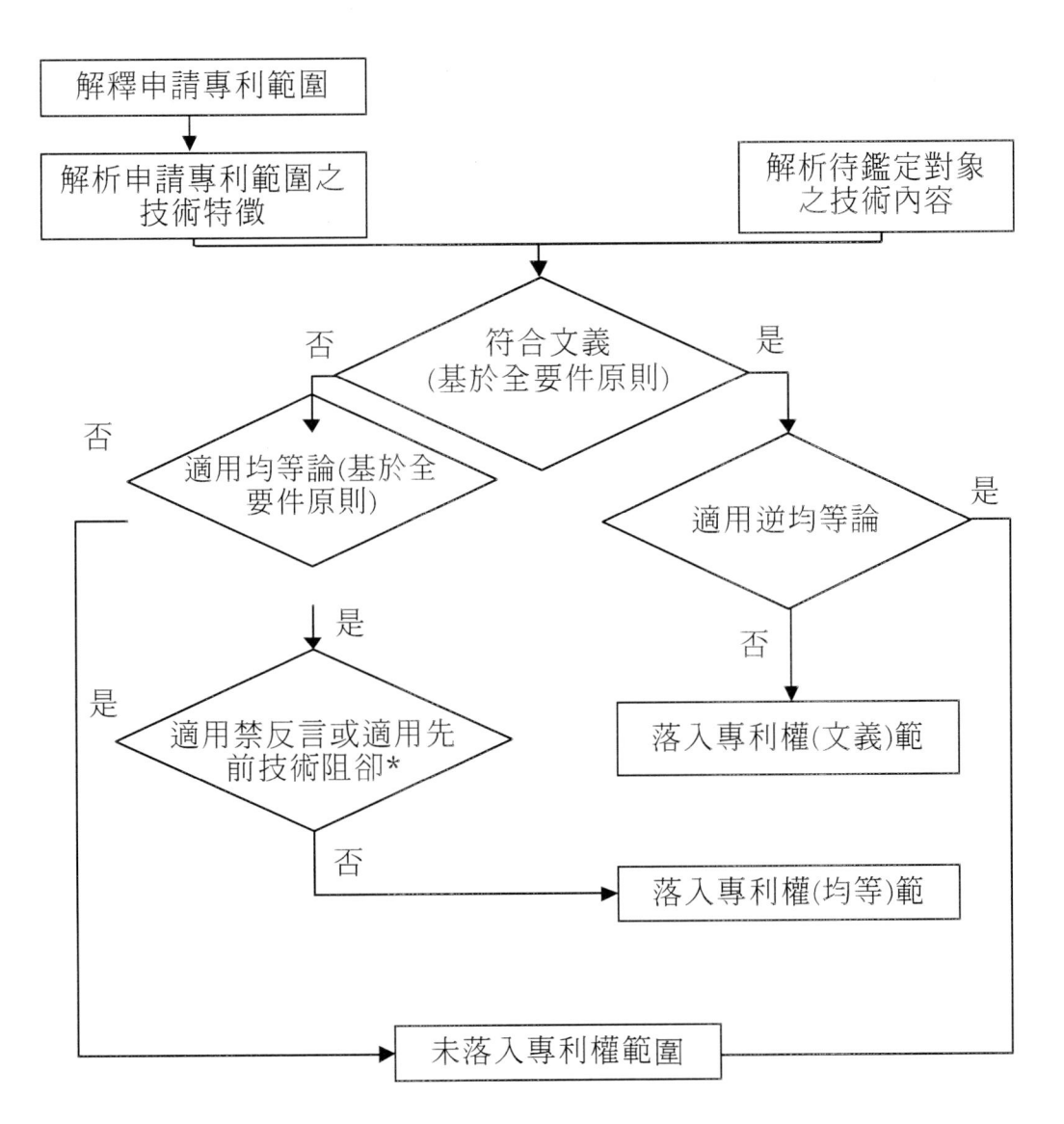

```
解釋申請專利範圍
        ↓
解析申請專利範圍之        解析待鑑定對象
    技術特徵              之技術內容
           ↓         ↓
         符合文義
      (基於全要件原則)
      否 ↙        ↘ 是
  適用均等論(基於全      適用逆均等論
    要件原則)         否 ↙    ↘ 是
   否 ↙    ↘ 是              落入專利權(文義)範
              ↓
         適用禁反言或適用先
           前技術阻卻*
          否 ↙    ↘ 是
              落入專利權(均等)範
         未落入專利權範圍
```

＊被告可擇一或一併主張適用禁反言或適用先前技術阻卻，判斷時，兩者無先後順序關係。

~ 151 ~

B. 鑑定方法：

有關鑑定之方法如下：

a. 解釋申請專利範圍：解釋申請專利範圍之目的，在正確解釋申請專利範圍之文字意義，以合理界定專利權範圍。申請專利範圍之文義範圍，應限制在申請時所能瞭解之意義。尤其是用於解釋申請專利範圍之證據，它包括內部證據與外部證據；內部證據包括請求項之文字、發明（或新型）說明、圖式及申請歷史檔案。而外部證據，係指內部證據以外之其他證據；經常被引用者包括發明創作人之其他論文著作、其他專利、相關前案之技術、專家證人之見解、該發明創作所屬技術領域中，具有通常知識者之觀點，或該發明創作所屬技術領域之權威著作、字典、專業辭典、工具書、教科書等。

再者，為認定專利權範圍之實質內容，發明創作之說明及圖式均得為解釋申請專利範圍之輔助依據。發明創作之說明，其記載事項包含所屬之技術領域、先前技術、發明創作內容、實施方式，及圖式簡單說明等。圖式之作用在於補充說明書文字不足的部分，使該技術領域中具有通常知識者閱讀說明書時，得依圖式直接理解該發明創作之各個技術特徵，以及其所構成的技術手段。

b. 比對解釋後之申請專利範圍與待鑑定對象：進行比對前，必須正確解析申請專利範圍之技術特徵，以及待鑑定對象之技術內容，此一解析工作乃鑑定的基礎工作，直接影響鑑定結果之正確性。在解析申請專利範圍之技術特徵時，得以組合方式或拆解方式為之，因此以待鑑定對象中多個元件、成分或步驟達成申請專利範圍中，單一技術特徵之功能，或以待鑑定對象中單一元件、成分或步驟達成申請專利範圍中，多個技術特徵組合之功能，均得稱該技術特徵係對應表現在待鑑定對象中。

進行比對時，應注意專利標的為物時，所送之待鑑定對象應為物，而應就所送之待鑑定物中，與申請專利範圍所述之申請標的對應之物予以比對。以製造方法界定物之申請專利範圍，雖然申請專利範圍所載之內容包括物與製造方法，但其專利標的為物，故待鑑定對象只需為「終

產物」即可。專利標的為方法時，應就所送之待鑑定對象中，與申請專利範圍所述之申請標的對應之方法予以比對，所送待鑑定對象應包括能證明其實施方法之證據。

　　c. **其他注意事項：**(a).專利權應視為有效，專利權之授予，或撤銷屬專利主管機關之職權，鑑定時不得就專利權之有效性進行判斷。(b).若被告已提起舉發，主張撤銷專利權時，是否繼續進行鑑定，應依法院之指示辦理。(c).專利權人申請更正說明書或圖式時，是否繼續進行鑑定，亦應依法院之指示辦理。(d).當事人對於申請專利範圍之解釋及文義讀取、逆均等論、均等論、禁反言，以及先前技術阻卻之判斷，得主張有利於己之事實，並應就事實舉證，以供法院參酌。(e).鑑定所需資料在法院者，法院應告知鑑定機構准其利用，法院於必要時，得依職權或依聲請命證人，或當事人提供鑑定所需資料；鑑定機構進行鑑定時，得向法院聲請調取證物或訊問證人或當事人，經許可後，並得對證人或當事人進行發問，當事人亦得主動提供意見。(f).鑑定機構應依法院要求之鑑定事項回復意見，法院未要求之事項，無須回復。(g).鑑定機構與當事人之間有利益衝突者應依法自行迴避。(h).申請專利範圍之解釋係屬法律問題，當事人或鑑定機構對其解釋有爭執時，法院應依職權認定。(i).必要時,應將鑑定過程以照相、錄音或錄影之方式予以存證。(j).鑑定機構對其所製作之鑑定報告，應予保密。[3]

C. 鑑定報告書：

　　所謂鑑定報告書：「**係指經由具有特別知識及經驗之專業人士，在訴訟程序上，基於該人士之專業與經驗，提供口頭或書面陳述，以供法官作為判斷事實認定之參考。**」意即，鑑定人就是輔助法官裁判之人。鑑定報告書之內容應包括：鑑定事項、鑑定理由、鑑定結論，以及附件等項。

---

[3] 資料來源：經濟部智慧財產權局。

D. 專利迴避設計：

所謂專利迴避設計（DesignAroundPatent）：「係指迴避當下有效的專利，其對象可能是一種，也可能是多種仍擁有專利權的關鍵技術，其目的在於根據所欲迴避對象的技術特徵，設計出對所欲迴避專利不構成侵權的產品，以避免陷入專利侵權的糾紛。」

可見，專利迴避設計，是以解釋他人專利權之申請專利範圍，以改變本身產品的設計，使本身產品免於落入他人專利權範圍的一種方法，進而取得專利權。這是產業界對於有關智慧財產權的策略中，避免侵權發生之重要手段，亦是後發制人的一種措施。如此，便可以取得專利權為籌碼，與技術領先者談判，形成策略聯盟，或相互授權，對市場上的競爭者也可以產生阻礙效果。亦可藉此檢視本身智慧財產權的保護規劃，以求更為提升本身的競爭力。

專利迴避設計，主要是針對他人專利權之申請專利範圍的〝獨立項〞，所必要構成的要件，進行分析研究，以迴避其文字敘述，設計出新的產品。其方法大致有下列幾種：

a. 簡化或改變，原專利之構成要件，以及其關聯。

b. 針對原專利，研發出輔助該原專利的新構成要件，以及其關聯。

c. 針對原專利之申請專利範圍的〝附屬項〞，所構成的要件，分析尚未延伸到的技術領域，企圖增加其新構成要件，以及其關聯，可以再申請專利[4]，並於十二個月內主張優先權，除可以圍堵原專利可能的發展，日後亦可以相互授權或聯盟，以取得雙方最大的利益。

E. 專利效力不及事項：

《專利法》第五十九條規定，發明專利權之效力，不及於下列各款情事：

a. 非出於商業目的之未公開行為。

---

[4] 未修法之前謂之〝再發明〞。

b. 以研究或實驗為目的實施發明之必要行為。

c. 申請前已在國內實施，或已完成必須之準備者。但於專利申請人處得知其發明後未滿十二個月，並經專利申請人聲明保留其專利權者，不在此限。

d. 僅由國境經過之交通工具或其裝置。

e. 非專利申請權人所得專利權，因專利權人舉發而撤銷時，其被授權人在舉發前，以善意在國內實施或已完成必須之準備者。

f. 專利權人所製造或經同意製造之專利物販賣後，使用或再販賣該物者。上述製造、販賣，不以國內為限。

該法，新型專利與設計專利準用之。

第六節 《專利法》之案例

智慧財產及商業法院民事判決

111年度民專上更一字第4號

上訴人 巨大機械工業股份有限公司

法定代理人 杜綉珍

訴訟代理人 張哲倫律師

陳初梅律師

吳俐瑩律師

被上訴人 泳仁實業股份有限公司

兼法定

代理人 陳泳州

共同

訴訟代理人 陳瑞琦律師

王曹正雄律師

蔡瑞芳律師

　　上列當事人間侵害專利權有關財產權爭議等事件，上訴人對於中華民國109年1月14日本院108年度民專訴字第20號第一審判決提起上訴，經最高法院發回更審，本院於112年11月16日言詞辯論終結，判決如下：

主文

一、上訴駁回。

二、第二審（除確定部分）及發回前第三審訴訟費用由上訴人負擔。

第三章　專利法

事實及理由

壹、上訴人主張：

　　上訴人為我國第 D133389 號「電動自行車」新式樣專利（自民國 102 年 1 月 1 日起改稱設計專利，下稱系爭專利）之專利權人。被上訴人公司製造販售之「捷諾利 D-1 電動輔助自行車」產品（下稱系爭產品），與系爭專利為相同物品且外觀近似，經購入委託專業單位鑑定，確認落入系爭專利申請專利範圍。因系爭專利之圖面及照片曾因上訴人向他人提起專利訴訟獲得勝訴判決，經新聞媒體刊登報導，被上訴人公司應早知悉系爭專利設計內容，竟擅自運用於系爭產品，顯有侵權故意，爰依《專利法》第 142 條第 1 項、第 96 條第 1 項至第 3 項、第 97 條，《民法》第 184 條第 1 項前段、第 2 項、第 185 條、第 179 條，公司法第 23 條第 2 項規定，請求被上訴人公司法定代理人陳泳州與被上訴人公司負連帶賠償責任，並請求排除防止被上訴人公司侵害行為等情。

貳、被上訴人則以：

　　系爭專利不具新穎性、創作性，有得撤銷事由，且系爭產品未落入系爭專利範圍。上訴人提出之專利侵權新聞報導與被上訴人無關，且報導中未提及法院認定系爭專利之車架主體為主要特徵，被上訴人並無侵權之故意或過失，且收到上訴人起訴狀後即未再製造、銷售系爭產品，上訴人不致受有專利權之損害。被上訴人公司係向他人購買零件組裝系爭產品，未從事零件製造，上訴人無從請求銷毀原料及器具，上訴人請求無理由且已過度侵害被上訴人之財產權、工作權。縱上訴人得請求賠償，於 107 年 8 月 30 日認定系爭產品落入系爭專利範圍時，未立即通知被上訴人公司停止製造、販賣等行為，對於損害之擴大與有過失，應免除被上訴人賠償同日以後因系爭產品所得之利益等情資為抗辯。

參、原審為上訴人全部敗訴之判決：

　　上訴人全部聲明不服，提起上訴，經本院 109 年度民專上字第 8 號（下稱前審）判決：原判決關於駁回上訴人後開第二、三項之訴部分，暨該部分假執行之聲請及訴訟費用之裁判均廢棄。被上訴人應連帶給付

上訴人新臺幣（下同）11,266,500元，及自108年1月12日起至清償日止，按年息百分之五計算之利息。被上訴人公司不得自行或使第三人直接或間接製造、販賣、為販賣之要約、使用、為上述目的而進口系爭產品及一切侵害系爭專利之物品，已製造之前述產品及從事侵害行為之原料與器具，應予以銷毀，並為准、免假執行之宣告，另駁回上訴人其餘之訴。被上訴人就前開敗訴部分聲明不服，提起上訴，經最高法院以110年度臺上字第3165號民事判決廢棄發回（上訴人請求逾上開部分，業經判決確定，非本院審理範圍）。上訴人上訴聲明：原判決除已確定部分外廢棄。被上訴人應連帶給付上訴人11,266,500元，及自起訴狀繕本送達翌日起至清償日止按年息百分之五計算之利息。被上訴人公司不得自行或使第三人直接或間接製造、販賣、為販賣之要約、使用、為上述目的而進口系爭產品及一切侵害系爭專利之物品，已製造之前述產品及從事侵害行為之原料與器具，應予以銷燬。被上訴人則答辯聲明：上訴駁回。

肆、本件爭點（本院卷二第465至466頁）：

一、系爭產品是否落入系爭專利之專利權範圍？

㈠被上訴人主張「類L形車架主體」、「踩踏平臺」並非系爭專利可主張之權利範圍，是否有理？

㈡上訴人主張系爭專利主要特徵為「車架主體」，與其於原審之主張及提出之專利侵害鑑定報告是否有矛盾，而違反訴訟禁反言原則？

二、系爭專利是否具有應撤銷之事由？

㈠附表一之編號3、6、8是否可證明系爭專利不具新穎性（編號3、6各自揭露箱體座墊及倒U形，編號8揭露箱體座墊）？

㈡附表一編號3、7、8之組合，是否可證明系爭專利不具創作性？

㈢附表一編號 6、7、8 之組合，是否可證明系爭專利不具創作性？

㈣附表一編號 3、8、14 之組合，是否可證明系爭專利不具創作性？

㈤附表一編號 6、8、14 之組合，是否可證明系爭專利不具創作性？

三、被上訴人是否有侵害系爭專利之故意或過失？

四、上訴人依《專利法》第 142 條第 1 項準用第 96 條第 1、3 項規定，請求被上訴人公司排除及防止侵害，並銷毀侵害系爭專利權之物或從事侵害行為之原料與器具，是否有理由？

五、上訴人依《專利法》第 142 條第 1 項準用第 96 條第 2 項及第 97 條第 1 項、第 2 項；《民法》第 184 條第 1 項前段、第 2 項、第 185 條；及公司法第 23 條第 2 項等規定，請求被上訴人負連帶損害賠償責任，是否有理由？得請求之賠償金額為何？

伍、本院得心證理由：

一、系爭專利技術分析：

㈠系爭專利設計內容：系爭專利為「電動自行車」設計，其具有一車體及二裝設在該車體上的輪體，該車體具有一車架及裝設在該車架上的一前叉架、一把手、一座墊、一驅動組件，該車架具有一概呈 L 形的前端部、一後端部及一介於該前端部與後端部之間的踩踏部。該前端部安裝一車燈架、一車燈及二前方向指示燈，該車燈架是在二平行設置且概呈 L 形的框桿上銜接一概呈長圓形之環圈件，且該環圈件內部連結多數橫桿。該後端部具有一呈彎弧狀的座管及一呈倒 U 形且銜接在該座管一側的後叉架，該倒 U 形的後叉架與上座管呈「a」字形，該座管頂部後側也設有一個圓矩形後煞車燈及二個圓形後方向指示燈，該後叉架裝設有後輪體，該踩踏部的後端與水滴形鏈條蓋之驅動組件銜接，踩踏部側

面中央呈一橫斜稜線裝飾，踩踏部頂面上設有呈X字形之溝槽紋飾。

㈡系爭專利之專利權範圍（圖面如附件一所示）：系爭專利之申請日為98年1月22日，於同年12月24日審定，系爭專利核准公告時《專利法》（即92年2月6日修正公布，93年7月1日施行之《專利法》）第109條第1項規定：「新式樣，指對物品之形狀、花紋、色彩或其結合，透過視覺訴求之創作」；同法第123條第2項規定：「新式樣專利權範圍，以圖面為準，並得審酌創作說明」。新式樣專利的專利權範圍是由「物品」及「外觀」所構成，故應依系爭專利核准公告之圖面，並審酌圖說之新式樣物品名稱及物品用途，以合理確定專利權範圍。系爭專利所應用之物品為「電動自行車」，依系爭專利核准公告之圖面，並審酌圖說所載之創作特點，系爭專利之外觀為如圖面各視圖中所構成的整體形狀；另該圖面雖揭示有色彩，惟依系爭專利核准公告時之93年《專利法》施行細則第33條第3項規定，系爭專利於申請階段並未檢附色彩應用於物品之結合狀態圖，且未敘明指定色彩之工業色票編號或檢附色卡，故應認定系爭專利所請求的外觀未包含如圖面所示之色彩。

二、系爭產品之設計內容：

㈠系爭產品之外觀：其具有一車體及二裝設在該車體上的輪體，該車體具有一車架及裝設在該車架上的一前叉架、一把手、一座墊、一驅動組件，該車架具有一概呈L形的前端部、一後端部及一介於該前端部與後端部之間的踩踏部，該踩踏部的後端與水滴形鏈條蓋之驅動組件銜接，踩踏部上設有X字形之溝槽紋飾。該前端部安裝一菜籃、一儀表板、一半圓球形前車燈及二前方向指示燈及連接左右側前方向指示燈之中央架體；該後端部兩側上、下分別設有呈彎弧狀的上、下座管，以及連結上、下座管之避震器，上座管末端設一煞車燈及兩後方向指示燈，下座管末端設有後輪體。

㈡解析系爭產品：應對照系爭專利權範圍所確定之物品及外觀，認

定系爭產品中對應之設計內容,無關之部分不得納入比對、判斷。由於系爭專利設計特徵未包含菜籃、儀表板及停車用腳架,且未包含色彩之請求,故系爭產品之菜籃、儀表板及停車用腳架,及所呈現之色彩均非屬比對對象。

三、有效性證據:

㈠1.附表一編號3(被證6)為西元2002年10月21日公告之日本第D1156000號「オートバイ(摩托車)」專利案。

2.附表一編號6(被證7)為西元2004年9月21日公告之日本第D1217611號「オートバイ(摩托車)」專利案。

3.附表一編號7為西元2006年2月11日公告之我國第D109113號「電動自行車」專利案。

4.附表一編號8為西元2006年7月21日公告之我國第D112035號「電動休閒車」專利案。

5.附表一編號14為西元2008年8月13日公告之大陸第CN300815647D號「電動自行車」專利案(前審卷二第65至69頁、第85至90頁、第91至96頁、第97至99頁、第121至122頁)。

㈡前揭證據公告日均早於系爭專利之申請日西元2009年1月22日,可為系爭專利之先前技藝。

四、技術爭點分析:

㈠侵權比對判斷原則與方式:

智慧財產權之理論與實務

　　1.按設計專利的侵害比對，應先確定設計專利之專利權範圍，再比對、判斷確定後之專利權範圍與被控侵權對象（系爭產品）。確定設計專利之專利權範圍，係以圖式所揭露的內容為準，並得審酌說明書之文字，以正確認知圖面所呈現之「外觀」及其所應用之「物品」，合理確定其權利範圍。比對、判斷確定後之專利權範圍與被控侵權對象，須先解析被控侵權對象，其應對照系爭專利權範圍所確定之物品及外觀，認定被控侵權對象中對應之設計內容，無關之部分不得納入比對判斷。

　　2.次按判斷被控侵權對象與訟爭專利之外觀是否近似，應以「整體觀察、綜合判斷」之方式，直接觀察比對訟爭專利之整體內容與被控侵權對象中對應該專利之設計內容。亦即係依普通消費者選購商品之觀點，以肉眼直接觀察訟爭專利圖式之整體內容與被控侵權對象中對應該圖式之設計內容，考量每一設計特徵之異同（共同特徵與差異特徵）對整體視覺印象之影響，且以「容易引起普通消費者注意的部位或特徵」為重點，再併同其他設計特徵，構成整體外觀統合之視覺印象，判斷被控侵權對象與訟爭專利之差異，是否足以影響被控侵權對象之整體視覺印象。若差異特徵不足以影響被控侵權對象之整體視覺印象，應認定二者之外觀近似；若差異特徵足以影響被控侵權對象之整體視覺印象，應認定二者之外觀不近似。而「容易引起普通消費者注意的部位或特徵」因容易影響整體視覺印象，故應賦予較大之權重。所謂容易引起普通消費者注意的部位或特徵，包含訟爭專利明顯不同於先前技藝之設計特徵、正常使用時易見之部位（最高法院110年度臺上字第3165號民事判決意旨參照）。

　　㈡侵權判斷主體：

　　1.按設計專利侵權之比對與判斷，應以「普通消費者」選購相關商品之觀點，就訟爭專利權範圍的整體內容與被控侵權對象中對應該專利

之設計內容進行比對,據以判斷被控侵權對象與訟爭專利是否為相同或近似物品,及是否為相同或近似之外觀。故其判斷主體應為普通消費者,即對於訟爭專利物品具有普通程度之知識及認識,而為合理熟悉該物品之人,經參酌該物品領域中之先前技藝,能合理判斷被控侵權對象與訟爭專利之差異及二者是否為近似設計,但非專家或專業設計人員等熟悉訟爭專利物品領域產銷情形之人(最高法院 110 年度臺上字第 3165 號民事判決意旨參照)。

2.系爭專利之物品為電動自行車,主要是使用在住家附近的短程距離區域,故「普通消費者」係應以有購買電動自行車作為代步工具需求之人,如家庭主婦/夫、短程通勤上班族、學生、銀髮族及外籍移工等,該普通消費者對於如自行車、電動自行車、機車等相關物品領域的二輪代步工具之物品是具有普通程度知識並施於一般注意的認識能力,由於電動自行車為體積較大之物品,在商店或商展展示選購該領域系爭產品時,其觀察視角方式,可先足以環繞四周並目視該領域產品整體外觀之距離為觀察,再輔以騎乘或接觸使用方式的適當距離為觀察。

3.普通消費者選購電動自行車商品時,著重其使用功能及整體造形,而車架主體前、後端部、車燈於普通消費者選購及使用時,均可輕易目視及之,且該等部位攸關電動自行車整體造形之觀感,自為普通消費者選購考量及注意之處,均屬正常使用且容易注意之部位(最高法院 110 年度臺上字第 3165 號民事判決意旨參照)。

(三)系爭專利與系爭產品是否相同或近似之判斷:

1.物品之相同或近似判斷:

系爭專利與系爭產品皆為二輪電動自行車,二者用途、功能皆相同,故二者應為相同之物品,兩造對此並無爭執。

2.外觀之相同或近似判斷：

(1)本件普通消費者購買或使用時的觀察角度觀之，系爭專利與系爭產品之兩側面(即前、後視圖)的車架主體前、後端部，頂面(即俯視圖)的座墊及踩踏部頂面，以及前、後面(即左、右側視圖)的前車燈、後煞車燈、車燈架及後把手等，皆係設在該物品明顯位置且占有一定的視覺面積，該視面占有重要部位，是屬該物品「正常使用時易見的部位」，必然會對該處設計特徵施以相當注意程度，在侵權比對判斷時，應賦予較大權重；關於該物品之兩側面之左右下方的前、後擋泥板及輪圈係設在該物品一般位置及占有部分面積，屬正常使用時較不注意或易忽略部位，對該處設計特徵施以注意程度較小，在侵權比對判斷時，應賦予較小權重。

(2)系爭專利與系爭產品整體外觀，如附件二所示。

(3)二者外觀之「共同特徵」如下（圖面如附件三所示）：

a. 該車架前端自踩踏部上表面前緣往上延伸具有「入字形」前傾支架，該車架前端下方與踩踏部相臨接處設有倒三角造形。

b. 具有扁平錐狀橢圓形座墊及倒梯形置物箱。

c. 呈一字狀厚實的踩踏部且兩側設有橫斜稜線裝飾，又該踩踏部的後下方處設有圓環殼體及圓形反光片。

d. 踩踏部上方表面中央具有 X 字形溝槽紋飾。

e. 車架後端自踩踏部後端漸窄往上延伸的分叉後斜上設有二根長形彎弧狀座管。

f. 車體一側設有呈水滴形之鏈條蓋。

n. 後煞車燈略呈圓矩形，後方向指示燈呈圓形並設於後煞車燈兩側。

(4)二者外觀之「差異特徵」如下（圖面如附件四所示）：

g. 系爭專利在倒 U 形的後叉架與上座管略呈 a 字形；系爭產品在上、

下座管與避震器略呈 D 字形。

h.系爭專利在後把手呈ㄅ形一體彎弧；系爭產品在後把手呈雙管形式結合，並以 V 形組接車體。

i.系爭專利在把手支架呈菱角形，且上桿向下彎曲；系爭產品在把手支架呈 U 形，且上桿向前彎曲。

j.系爭專利在前、後擋泥板之整體造形為圓弧平滑造形；系爭產品在前擋泥板前方兩側隆起、後方漸縮設計，後擋泥板之整體造形為圓弧平滑造形。

k.系爭專利在車體前端部前方設有一 L 形車燈架；系爭產品無設置車燈架。

l.系爭專利在前車燈呈半橢圓錐形並設置於車燈架內；系爭產品在前車燈呈半圓形且結合儀表板並直接設於把手前方。

m.系爭專利在車體兩側皆具有踩踏曲柄及踏板；系爭產品則無設置踩踏曲柄及踏板。

o.系爭專利座墊及置物箱與後叉架之組合可呈現具有懸浮觀感；系爭產品座墊及置物箱與桿式彈簧避震器之組合可呈現具有撐住觀感。

p.系爭專利之前輪輪圈為五爪放射狀，後輪輪圈為圓盤狀；系爭產品之前輪輪圈為八爪扭轉式，後輪輪圈為圓盤上具有八片放射狀飾紋。

⑸有關兩造對於是否增列或刪除「共同特徵」、「差異特徵」之分析：

①有關 a 點，被上訴人指稱系爭產品在橡膠止封圈與踩踏部相臨接處是由兩個不同之物件組成、車架前管為「橢圓扁管」及把手桿長、頭管短搭配等特徵，其與系爭專利相對應特徵有所不同云云（本院卷二第 111 頁）。惟系爭專利與系爭產品在車架前端下方與踩踏部相臨接處都具有近似的倒三角形狀，而二者在車架前管分別為「圓管」與「橢圓扁管」亦構成近似，雖二者在把手桿及頭管稍有長短之微小差異，然整體觀之，

二者在該整個前傾支架形狀是構成近似,仍屬「共同特徵」部分,被上訴人所述並不足採。

②有關 b 點,被上訴人指出上訴人所使用鵜鶘鳥圖,最早見於 105 年 6 月 22 日報導中(更被上證 3-1),顯然晚於系爭專利申請日 98 年 1 月 22 日,上訴人無可能參考該圖創作系爭專利,該特徵與鵜鶘鳥圖身形毫無相關(本院卷二第 112 頁)。有關鵜鶘鳥圖(更被上證 3-1)之公開日期確實晚於系爭專利申請日,可證明上訴人不可能參考該圖片來創作系爭專利,惟鵜鶘鳥之身形本即存在並非後於該圖片產生,為免無謂爭執,本項特徵 b 只針對「座墊及置物箱」之形狀做描述。

③有關 c 點,被上訴人指稱系爭產品之反光片的外圈明顯較渾厚且整體約一半部位懸空於踩踏部,其與系爭專利相對應特徵有所不同云云(本院卷二第 113 頁)。惟系爭專利與系爭產品在踩踏部的後下方處都具有近似的圓環殼體及圓形反光片,雖二者在圓環殼體稍有厚薄小差異,然整體觀之,二者在該整個踩踏部之形狀是構成近似,仍屬「共同特徵」部分,被上訴人所述不可採。

④有關 e 點,上訴人主張此特徵 e 為共同特徵,卻又在差異特徵 g 中將其納入,恐有調整之必要云云(本院卷二第 89 頁)。惟本項特徵 e 僅著眼於座管底端與踩踏部相接處之外觀設計進行觀察,並未包含特徵 g 之座管整體結合後叉架之外觀比對,故上訴人此項主張並不足採。又被上訴人指稱系爭產品係由三根座管焊接橫桿之外形構造所組成,其與系爭專利相對應二根座管特徵有所不同云云(本院卷二第 114 頁)。然系爭專利與系爭產品都具有自踩踏部後端漸窄往上延伸的分叉後斜上二根長形彎弧狀座管,雖系爭產品有增設一根彎形小座管來增加結構支撐力,惟該根小座管所在位置及所占面積甚小,尚不足以影響二者在該二根長形彎弧狀座管的近似關係,本項仍屬「共同特徵」部分,被上訴人所述不足採。

⑤有關 f 點,被上訴人指稱系爭產品之驅動組件外殼延伸並未連結 D 形管狀後叉架,且並無裝設曲柄及踏板,其與系爭專利相對應特徵有所

不同云云（本院卷二第 114 頁）。惟系爭專利與系爭產品都具有水滴形鏈條蓋，該外殼後端未連結後叉架或無裝設踩踏曲柄及踏板，都尚不足以影響二者在該水滴形鏈條蓋的近似關係，本項仍屬「共同特徵」部分，被上訴人所述不可採。

⑥有關 g 點，上訴人主張應新增「後下叉」為共同特徵云云（本院卷二第 90 頁）。查系爭專利之「倒 U 形後叉架」係為一體成形之管體支架，無論是物理上或視覺上是無法分割成「後上叉」及「後下叉」兩部分，上訴人此項主張顯無理由，並不足採。

⑦有關 h 點，上訴人主張系爭產品之向後延伸的雙管及 V 形組接，應視為與系爭專利範圍無關，不應納入比對云云（本院卷二第 91 頁）。惟一般電動自行車在選購或使用該類商品時，該「後把手」形狀特徵是容易引起普通消費者注意的特徵部位，查系爭產品之後把手係由雙管形式所結合，並以 V 形組接車體而形成複雜形狀，該後把手的整體外觀並無法切割分離，亦非上訴人所述多出於「ㄅ形彎弧後把手」之部分圓管，可視為與系爭專利範圍無關而不用納入比對，故上訴人此項主張顯無理由，並不足採。

⑧有關 i 點，上訴人主張其中之握把及煞車把手部位屬共同特徵云云（本院卷二第 92 頁）。惟本項差異特徵只要是在比較二者之把手支架的形狀特徵，而握把及煞車把手部，是否為習知或具有設計特徵，上訴人在歷審中並無提出主張及說明，故上訴人此項主張無理由，並不足採。

⑨有關 j 點，被上訴人指稱系爭產品後擋泥板已幾乎遮住全部後車輪，僅剩一小截後車輪外露，後擋泥板明顯較長，從該鐵鎖片左上端向上發散「二條」細桿至擋泥板「內側」左右相接云云（本院卷二第 116 至 117 頁）。惟查系爭專利與系爭產品之「後擋泥板」都具有圓弧平滑造形之外蓋，雖被上訴人指稱系爭產品設有二根細桿來支撐後擋泥板，與系爭專利以一根細桿支撐後擋泥板，二者有所差異，然該二根細桿所占面積甚小，尚不足以影響二者在「後擋泥板」都為圓弧平滑造形之外蓋

⑩有關 k 點，上訴人主張車燈架與籃子雖形狀不同，但均為桿條彎折而成的架體，此部分視覺印象近似云云（本院卷二第 92 頁）。惟系爭產品並無裝設車燈架，自無比對對象，且系爭產品之置物籃子與系爭專利申請專利範圍界定內容無關，無須列入比對判斷，上訴人主張不可採。

⑪有關 o 點，被上訴人指稱系爭專利係使座墊及置物箱呈現懸浮於後叉架上方之觀感；而系爭產品呈現由桿式彈簧避震器撐住座墊及置物箱之觀感（本院卷二第 112 頁）。查二者確實具有「座墊及置物箱」與「後叉架或避震器」組合後所構成的整體視覺效果之差異，應增列為差異特徵，故被上訴人所述事實，應可採信。

⑫有關 p 點，上訴人主張前輪與後輪之外形相同云云（本院卷卷二第 90 頁），惟系爭專利前輪輪圈為「五爪放射狀」，後輪輪圈為「圓盤狀」；而系爭產品前輪輪圈為「八爪扭轉式」，後輪輪圈為「八片放射狀」，二者不同，故上訴人主張無理由，並不可採。

⑹整體觀察、綜合判斷：

①在進行「整體觀察、綜合判斷」時，需考量每一共同特徵與差異特徵對整體視覺印象之影響，並以「容易引起普通消費者注意的部位或特徵」為重點，本件在「車架主體前端部」、「車架主體後端部」、「前車燈區」及「後煞車燈區」於普通消費者選購及使用時，均是正常使用時可輕易目視及之，應賦予較大權重，而「前、後車輪區」則屬正常使用時較易忽略部位，對該處設計特徵施以注意程度較小，應賦予較小權重，本件依此五部分，分別進行綜合判斷。

②有關「車架主體前端部」部分：此部分主要是由「前傾支架、踩踏部」等組件所構成 L 形車架主體之整體形狀。二者之共同特徵有：a「該車架前端自踩踏部上表面前緣往上延伸具有『入字形』前傾支架，該車架前端下方與踩踏部相臨接處設有倒三角造形」、c「呈一字狀厚實的踩踏部且兩側設有橫斜稜線裝飾，又該踩踏部的後下方處設有圓環殼體及圓形反光片」、d「踩踏部上方表面中央具有 X 字形溝槽紋飾」，前述 a、c、

第三章　專利法

d 皆未見於被上訴人在專利有效性抗辯所提出相關先前技藝，堪認屬於系爭專利明顯不同於先前技藝的設計特徵，且該等共同特徵皆屬易於影響整體視覺印象的部分。系爭專利與系爭產品此部分並無差異特徵，故在綜合判斷前諸 a、c、d 共同特徵對於此「車架主體前端部」部分整體視覺印象的影響後，經整體觀察比較觀之，二者此部分已產生混淆之整體視覺印象，應認定系爭產品與系爭專利在「車架主體前端部」部分外觀近似。

③有關「車架主體後端部」部分：

Ⅰ此部分主要是由「座墊、置物箱、座管、後叉架或避震器、後把手、鏈條蓋、踩踏曲柄及踏板」等組件所構成的整體形狀。二者之共同特徵有：b「具有扁平錐狀橢圓形座墊及倒梯形置物箱」、e「車架後端自踩踏部後端漸窄往上延伸的分叉後斜上設有二根長形彎弧狀座管」、f「車體一側設有呈水滴形之鏈條蓋」，前述 b、e、f 皆未見於被上訴人在專利有效性抗辯所提出相關先前技藝，堪認屬於系爭專利明顯不同於先前技藝的設計特徵，且該等共同特徵皆屬易於影響整體視覺印象的部分。系爭專利與系爭產品之差異特徵有：

g「系爭專利在倒 U 形的後叉架與上座管略呈『a』字形；系爭產品在上、下座管與避震器略呈『D』字形」、h「系爭專利在後把手呈ㄣ形一體彎弧；系爭產品在後把手呈雙管形式結合，並以 V 形組接車體」、m「系爭專利在車體兩側皆具有踩踏曲柄及踏板；系爭產品則無設置踩踏曲柄及踏板」、o「系爭專利『座墊及置物箱』與『後叉架』之組合可呈現具有懸浮觀感；系爭產品『座墊及置物箱』與『桿式彈簧避震器』之組合可呈現具有撐住觀感」，前述該等差異特徵所在位置位於視覺的主要正面，皆屬易於影響整體視覺印象的部分，雖有 b、e、f 共同特徵，然而系爭專利在此部分由 g「倒 U 形的後叉架與上座管所呈現『a』字形」形狀，並向上連結 h「ㄣ形後把手」及結合 o「『座墊及置物箱』與『後叉架』之組合可呈現具有懸浮觀感」所構成此部分的整體形狀，此與系爭產品在此部分由 g「上、下座管與避震器呈現『D』字形」形狀，並向上連結 h「雙管形式後把手及以 V 形組接車體」及結合 o「『座墊及置物箱』

與『桿式彈簧避震器』之組合可呈現具有撐住觀感」所構成此部分的整體形狀，二者有明顯不同，故在綜合判斷前諸 g、h、m、o 等差異特徵對於此「車架主體後端部」部分整體視覺印象的影響後，經整體觀察比較觀之，縱二者雖有 b、、f 共同特徵，但系爭產品尚有與系爭專利具明顯不同之 g、h、m、o 等差異特徵，此差異特徵已足以使系爭產品之整體外觀與系爭專利產生明顯區別，其二者並不致產生混淆之整體視覺印象，應認定系爭產品與系爭專利在「車架主體後端部」部分外觀不近似。

II 上訴人主張最高法院關於系爭專利與先前技藝第 D100737 號專利明顯不同處似包含「車架後端形成一 U 形架體」之意見，恐係因未調查與考量其他本院或舉發程序中曾判斷過之先前技藝；然另一前案日本第 JPD1217611 號（即被證 7，我國第 D104904 號「摩托車」新式樣專利案）已揭露後端 U 形架體，故侵權判斷時後端 U 形架體之權重應降低云云（本院卷三第 374 至 379 頁）。惟系爭專利與被證 6（前審卷二第 67 頁）、被證 7（前審卷二第 87 頁）相比較（圖面如附件五所示），二者雖都具有「倒 U 形後叉架」組件，惟系爭專利之上座管是以弧線方式與倒 U 形後叉架相銜接，而該倒 U 形後叉架的圓弧形開口較寬；被證 6、被證 7 之上座管是以直角方式與倒 U 形後叉架相銜接，而該倒 U 形後叉架的圓弧形開口較窄，二者所呈現「a 字形」形狀設計及視覺印象明顯不同，該倒 U 形後叉架與上座管所構成的整體外觀，仍具有一定的創作自由度，為具有視覺效果之設計特徵，在侵權比對判斷時仍應納入考量，故上訴人主張並不足採。

④有關「前車燈區」部分：此部分主要是由「把手支架、前車燈、車燈架」等組件所構成的整體形狀。二者此部分之無共同特徵；二者之差異特徵有：i「系爭專利在把手支架呈菱角形，且上桿向下彎曲；系爭產品在把手支架呈 U 形，且上桿向前彎曲」、k「系爭專利在車體前端部前方設有一 L 形車燈架；系爭產品無設置車燈架」、l「系爭專利在前車燈呈半橢圓錐形並設置於車燈架內；系爭產品在前車燈呈半圓形且結合儀表板並直接設於把手前方」，前該等差異特徵所在位置位於騎乘或使用時，視覺的主要視面且為「容易引起注意的部位或特徵」，皆屬易於影響

整體視覺印象的部分,故此 i、k、l 等差異特徵已足以使系爭產品之整體外觀與系爭專利產生明顯區別,其二者並不致產生混淆之整體視覺印象,應認定系爭產品與系爭專利在「前車燈區」部分外觀不近似。

⑤有關「後煞車燈區」部分:此部分主要是由「後煞車燈、後方向指示燈」等組件所構成的整體形狀。二者之共同特徵有:n「後煞車燈略呈圓矩形,後方向指示燈呈圓形並設於後煞車燈兩側」。惟查該 n 已見於被上訴人在專利有效性抗辯所提出相關先前技藝之被證6(前審卷二第68頁)、被證7(前審卷二第86頁)所揭露(此二者證據之後煞車燈略呈矩形,後方向指示燈呈圓形並設於後煞車燈兩側),實為常見後煞車燈及後方向指示燈之習知形狀,應不足以認為屬系爭專利設計特徵。

⑥有關「前、後車輪區」部分:此部分主要是由「前、後車輪輪圈及前、後擋泥板」等組件所構成的整體形狀。二者此部分無共同特徵;二者之差異特徵有:j「系爭專利在前、後擋泥板之整體造形為圓弧平滑造形;系爭產品在前擋泥板前方兩側隆起、後方漸縮設計,後擋泥板之整體造形為圓弧平滑造形」、p「系爭專利之前輪輪圈為『五爪放射狀』,後輪輪圈為『圓盤狀』;系爭產品之前輪輪圈為『八爪扭轉式』,後輪輪圈為『圓盤上具有八片放射狀飾紋』」,其中系爭專利 j「後擋泥板」設計特徵之形狀,亦已見於被上訴人所提出先前技藝之被證6(前審卷二第68頁)、被證7(前審卷二第86頁)所揭露(此二者證據之前、後擋泥板之整體造形為圓弧平滑造形),實為一般常見前、後擋泥板之習知形狀,應不足以認為屬系爭專利設計特徵,故此 j、p 等差異特徵已足以使系爭產品之整體外觀與系爭專利產生明顯區別,其二者並不致產生混淆之整體視覺印象,應認定系爭產品與系爭專利在「前、後車輪區」部分外觀不近似。

⑦設計整體外觀為不近似判斷:承前所述,系爭專利與系爭產品縱二者在「車架主體前端部」部分「a、c、d」共同特徵及「車架主體後端部」部分「b、e、f」共同特徵外觀近似,但系爭產品尚設有在「車架主體後端部」部分「g、h、m、o」差異特徵、在「前車燈區」部分「i、k、l」差異特徵及在「前、後輪區」部分「j、p」差異特徵外觀不近似,其

與系爭專利明顯不同,且該「車架主體後端部」部分「g、h、m、o」及「前車燈區」部分「i、k、l」差異特徵皆屬「容易引起注意的部位或特徵」,經整體比對、綜合判斷,前揭諸特徵對於整體電動自行車之視覺印象的影響後,該等差異特徵已足以使系爭產品之整體外觀與系爭專利產生明顯區別,並足以影響系爭產品之整體視覺印象,系爭產品與系爭專利之整體外觀不近似。

3. 被上訴人主張「類 L 形車架主體」、「踩踏平臺」並非系爭專利可主張之權利範圍,並無理由:

(1)被上訴人指稱「類 L 形車架主體」於系爭專利申請前,已見於系爭專利所屬領域習知設計,上訴人自不得主張系爭專利之設計特徵云云(本院卷四第 13 至 17 頁;前審卷二第 38 至 45 頁)。惟按設計專利之內容為外觀結合其所應用之物品,即表示設計專利權範圍係以圖式所揭露之外觀及物品共同確定,其與發明或新型專利係以請求項中所載之文字確定其專利權範圍不同,查系爭專利在申請時已克服不具新穎性及創作性等專利要件而取得設計專利權保護,再與被上訴人前審所提出附表一、二之先前技藝(前審卷二第 49 至 136 頁)該車架主體外觀分別相比較亦皆有所不同,為系爭專利有別於先前技藝之設計特徵,自屬系爭專利之專利權範圍,尚難以被上訴人所謂「類 L 型車架主體」之概括性文字即逕稱系爭專利之「L 形車架主體」外觀均為習知設計,故被上訴人所述不足採信。

(2)被上訴人又稱系爭專利之「踩踏平臺」係功能性之結構,且厚實之外觀係因下方放置電池所生,已於先前技藝廣為採用,自不得作為系爭專利與系爭產品外觀是否近似之比較云云(前審卷三第 89 至 90 頁)。惟系爭專利之「踩踏平臺」具有「呈一字狀厚實的踩踏部且兩側設有橫斜稜線裝飾,又該踩踏部的後下方處設有圓環殼體及圓形反光片」(即前述共同特徵 c 點)及「踩踏部上方表面中央具有 X 字形溝槽紋飾」(即前述共同特徵 d 點)等設計特徵,其形狀變化並無純粹係因應其本身或另一物品之功能或結構而形成必然匹配(must-fit)之關係。是以,前述

該等設計特徵除具有踩踏及置物空間的功能性需求外,仍得在形狀或表面裝飾上進行外觀創作變化,仍具有一定之創作自由度,其並非僅係全然取決功能考量所產生之必然匹配的基本形狀,此由被上訴人在前審所提出的附表一、二之先前技藝,亦可證明其「踩踏平臺」仍有呈現出各種不同的外觀形狀,足見「踩踏平臺」之視覺外觀並非屬功能性結構、純功能性造形或功能性特徵,侵權比對時,自應將該特徵納入比對,被上訴人所述不足採憑。

4.上訴人主張系爭專利主要特徵為「車架主體」,與其於原審之主張及提出之專利侵害鑑定報告並無矛盾,而未違訴訟禁反言原則:被上訴人指稱:上訴人陳稱系爭專利主要特徵為「車架主體」,與其於另案即本院108年度民專訴字第31號事件及原審之主張明顯歧異,違反訴訟禁反言原則云云(前審卷三第133至135頁)。按權利之行使,倘與權利人先前行為相矛盾,破壞相對人之正當信賴者,有違誠實信用原則,固不生行使權利之效力。惟該所謂「禁反言原則」之適用,須權利人有外觀之行為,足使相對人正當信賴其已不欲行使其權利,始足當之(最高法院109年度臺上字第1039號民事判決意旨參照)。上訴人雖於另案或原審主張「倒U形後叉架,且一端連接於上座管」、「座墊及置物箱」等為其主要特徵,惟從未否認或排除「車架主體」為系爭專利主要設計特徵之表示,上訴人於前審提出「車架主體」為主要設計特徵之主張,僅係對於原審已提出的攻擊防禦方法所為補充,上訴人在原審之主張,並無使被上訴人就上訴人不主張「車架主體」為主要特徵一事產生正當信賴,自無違反誠實信用原則及違反訴訟禁反言,被上訴人之主張,不足採信。

5.有關本件之普通消費者選購觀點:上訴人主張普通消費者選購商品的觀點應該有其客觀標準,此客觀標準可以透過試驗、分析等方式建立。根據吳志富的論文分析結果顯示,最主要影響消費者對電動自行車整體產品外觀認知、感受的要素為「車架輪廓造型」,楊彩蓮的論文分析結果亦顯示「主車體外形」為消費者最注重之部分,足證零組件不足以

智慧財產權之理論與實務

影響消費者對整車造形的主要感受云云（本院卷二第 405 至 407 頁）；根據以上吳志富意見書（包括九篇客觀的文獻）、吳志富的證詞、更上證 8 號之聲明書、更上證 7 號之論文等諸多證據，確已證明：電動自行車之普通消費者選購觀點重在產品的「整體」外觀設計，不會注意零部件（如前後車燈、避震器、把手等）的差異。進一步言之，主要影響普通消費者對於電動自行車設計、產品視覺印象者為車架、踩踏部（含有電池）等建構連續線條且占比大之部位，以及如座墊與座墊箱等大量體部位云云（本院卷四第 120 至 125 頁）。惟查：

(1)除更上證 7 號碩士論文（本院卷二第 411 至 457 頁）並無揭示研究對象的車款圖樣或照片，以及更上證 8 號附件 1 的 MomentumEM-163S 照片（本院卷三第 351 頁）並非系爭專利之產品而無法佐證其詞外，關於證人吳志富意見書所提出之西元 2005 年報告（文獻 3，本院卷二第 217 至 244 頁）中，該電動自行車的車架造形樣本是以一般傳統自行車的城市車與淑女車為主，例如「圖 2：電動自行車參考圖卡」所示（本院卷二第 223 頁），該報告在第五章結論與建議提到「由本研究所分析結果，車架形式為電動自行車影響其造形之最主要元素。惟目前電動自行車車架皆拿現有一般自行車車架來使用……」（本院卷二第 243 頁）。意見書亦自承指出「至於涉及本件訴訟案的電動自行車，已經是較我西元 2005 年報告發表當時更進化的新世代電動自行車，不同於上表的順序 2 採用設計主體完成後電池後加的方式，其電池已經整合入車架的腳踏部位下方，而與車架形成一整體的構形，馬達亦整合於車輪，完全不影響車架整體結構的設計，是一種更精進整合式的造形」（本院卷二第 150 頁）。從上述可知，吳志富意見書及西元 2005 年報告所研究的樣本對象皆是以改裝一般傳統自行車造形並外掛電池及馬達為主，其與系爭專利 L 形車架與電池整合到踩踏部位下方之整體形狀，二者外觀明顯不同，因當時是採用一般傳統自行車造形來當作電動自行車的調查樣本，其所調查出影響普通消費者對於電動自行車整體外觀造形的認知感受為「車架輪廓造型」結果，自不能直接比附援引到如系爭專利或系爭產品這類新世代電動自行車之整合式造形，故上訴人主張並不可採。

第三章　專利法

(2)依普通消費者於選購電動自行車這類商品時，因售價乃為數萬元商品，尚難僅靠網路購物或紙本傳單就直接下單購買，一般購買行為較為細心慎重，仍會去有實體商品的展售商店經由實際觀察及體驗後才做決定，普通消費者於選購電動自行車時，一般皆會以環繞商品的觀察方式，採取多個視角與適當距離的方式，進行整車各部位的觀察比較，尚難僅採取單一視角及間距數公尺距離觀察。再者，普通消費者對於這類電動自行車商品之試騎、試乘或牽行的體驗亦是購買行為中主要觀察方式之一，其容易引起注意的部位或特徵，必可觀察到「車架主體前端部的前傾支架、踩踏部」、「車架主體後端部的座墊、置物箱、座管、後叉架或避震器、後把手、鏈條蓋、踩踏曲柄及踏板」、「前車燈區的把手支架、前車燈、車燈架或籃子支架」、「後煞車燈區的後煞車燈及後方向指示燈」等整體外觀的視覺印象與感受，故上訴人所主張並不可採。

6.本件無須以「三方比對法」分析判斷：上訴人主張依據三方比對法輔助侵權判斷，亦證系爭產品確實近似於系爭專利云云（本院卷四第243至245頁）。按三方比對法，係判斷被控侵權對象與訟爭專利是否近似之輔助分析方法，藉由先前技藝分析訟爭專利所屬技術領域之先前技藝狀態及三者之間的相似程度，輔助判斷被控侵權對象與訟爭專利之整體外觀是否近似。經「整體觀察、綜合判斷」之方式，可以認定被控侵權對象與訟爭專利之整體外觀明顯不近似時，即無須考量先前技藝進行三方比對，得直接認定二者之整體外觀不近似（最高法院 111 年度臺上字第 1589 號民事判決意旨參照）。準此，本件經「整體觀察、綜合判斷」系爭專利與系爭產品之視覺印象，依普通消費者選購商品之觀點，雖有前述「車架主體前端部」部分「a、c、d」及「車架主體後端部」部分「b、e、f」共同特徵，但其二者已在前述「車架主體後端部」部分「g、h、m、o」、「前車燈區」部分「i、k、l」、「前、後車輪區」部分「j、p」等差異特徵有相當明顯不同，即無須考量先前技藝進行三方比對，得直接認定二者之整體外觀不近似。7.上訴人主張電動自行車之車燈係為符合電

動自行車安全檢測基準所添加之配件（見前審上證 6 號），實屬功能性元件及市售規格品，輔以其占整體外觀視覺比例甚小，於侵權判斷時理應賦予較低之權重。然第三審判決於未具體闡明所憑證據之前提下，逕認車燈等部位屬普通消費者選購及使用時考量及注意之處，屬正常使用時易見之部位，似嫌速斷云云（本院卷一第 187 頁）。惟按物品造形，係指物品之形狀、花紋、色彩等外觀所構成的設計，若物品造形全然取決於功能性考量而無任何創作空間可進行視覺性外觀的創作者，即為純功能性之物品造形。又物品的構造、功能或尺寸等通常屬於物品上之純功能性特徵，不屬於設計審究範圍。然而，倘設計專利該等設計特徵係兼具有功能及外觀創作之裝飾特徵，且可產生一定之視覺效果，即非純功能性之物品造形或純功能性特徵，自應納入整體設計之比對範圍。電動自行車之車燈除具有照明功能外，其外觀造形可自由創作，如同系爭專利的前車燈為半橢圓錐形，系爭產品的前車燈則為半圓形，二者前車燈外觀明顯不同，又從車架主體的正面（即右側視圖）觀之，可直接觀察到二者在前車燈、把手、車燈架或籃架的設計特徵及整體形狀組合的不同，該「前車燈區」是普通消費者選購或使用此類商品時所注意且「正常使用時易見的部位」，上訴人主張並不足採。

8.上訴人主張若僅以系爭專利與系爭產品之差異特徵進行比對，顯無法形成「整體」，當無可能構成系爭專利說明書揭示之「流暢、協調、平衡的視覺感受」，經比對系爭專利與系爭產品之共同特徵及差異特徵，可知該等差異特徵量體小、分散於兩端，仍然顯不足以影響系爭專利與系爭產品因連續線條、占比大，以及大量體部位所建構之整體共同特徵，所呈現出幾乎完全一致的造形意象，以及整體形成且呈現出流暢、平衡、協調的視覺感受云云（本院卷四第 161 至 162 頁）。惟上訴人前述所主張內容僅是從車體的單一側面（即前視圖）為觀察比較，並無從車體的前面（即右側視圖）及後面（即左側視圖）來觀察「前、後車燈區」之整體外觀。再者，二者在「車架主體後端部」部分的比較，系爭專利之上座管以弧線方式與倒 U 形後叉架相銜接所形成的「a 字形」設計特徵並包

覆一水滴形鏈條蓋所構成外觀,可呈現後車輪上方座墊及置物箱之「懸浮感」視覺感受,與系爭產品上、下座管與避震器相銜接所形成的「D字形」設計特徵,可呈現支撐座墊及置物箱的視覺感受,二者在「車架主體後端部」部分的此部分整體外觀明顯不同,上訴人主張不可採憑。

9.系爭產品未落入系爭專利之專利權範圍:依上所述,系爭產品與系爭專利之物品相同、外觀不近似,故認定系爭產品與系爭專利為不同設計,系爭產品未落入系爭專利之專利權範圍。

㈣系爭產品未落入系爭專利之專利權範圍,系爭產品自無侵害上訴人專利權之情事,是上訴人以爭點三被上訴人有侵害系爭專利之故意或過失,依爭點四、五所示規定請求被上訴人公司排除防止侵害及被上訴人連帶負損害賠償責任部分,即屬無據。至於爭點二專利有效性部分,則無再予審究必要,附此敘明。

陸、綜上所述:

上訴人依爭點四、五所示規定請求被上訴人公司排除防止侵害及被上訴人連帶負損害賠償責任如聲明三、二所示,為無理由。原審(確定部分除外)就此部分為上訴人敗訴之判決,核無不合。上訴意旨指摘原判決此部分不當,求予廢棄改判,為無理由,應予駁回。

柒、本件事證已臻明確:

兩造其餘之攻擊或防禦方法及所用之證據,經本院斟酌後,認為均不足以影響本判決之結果,爰不逐一論列,附此敘明。

捌、據上論結:

本件上訴為無理由,依110年12月8日修正公布之智慧財產案件審理法第1條,民事訴訟法第449條第1項、第78條,判決如主文。

中　華　民　國　112　年　12　月　14　日

智慧財產第一庭

審判長法官
法官
法官
以上正本係照原本作成。

蔡惠如

曾啓謀

陳端宜

　　如不服本判決，應於收受送達後 20 日內向本院提出上訴書狀，其未表明上訴理由者，應於提出上訴後 20 日內向本院補提理由書狀(均須按他造當事人之人數附繕本)，上訴時應提出委任律師或具有律師資格之人之委任狀；委任有律師資格者，應另附具律師資格證書及釋明委任人與受任人有民事訴訟法第 466 條之 1 第 1 項

　　但書或第 2 項(詳附註)所定關係之釋明文書影本。如委任律師提起上訴者，應一併繳納上訴審裁判費。

中　華　民　國　112　年　12　月　14　日

附註：

　　書記官　吳祉瑩民事訴訟法第 466 條之 1(第 1 項、第 2 項)對於第二審判決上訴，上訴人應委任律師為訴訟代理人。但上訴人或其法定代理人具有律師資格者，不在此限。上訴人之配偶、三親等內之血親、二親等內之姻親，或上訴人為法人、中央或地方機關時，其所屬專任人員具有律師資格並經法院認為適當者，亦得為第三審訴訟代理人。

第四章 商標法

第一節　商標法之概念
第二節　商標法之起源
第三節　商標法之立法
第四節　商標法之內容
第五節　商標法之實務
第六節　商標法之案例

智慧財產權之理論與實務

本單元係針對《商標法》之概念、起源、立法、內容，以及實務等相關問題，說明如下：

第一節 《商標法》之概念

所謂"商標（Trademark）"，係指識別商品、服務，或相關具體個人或企業的顯著標誌，可以是圖形、文字，也可以以聲音、氣味或立體圖來表示；並由法律所創設的一種權利，即謂之"商標權（trademarkprivileges）"，該商標權係指商標專用權，使用人依法對所使用的商標享有的專用權利，包含排他性使用權、收益權、處分權、續展權及禁止他人侵害的權利。而經由法律一定的程序，制定一套規範來保護我們的商標權者，即是"《商標法》（trademarkLaw）"。

也就是說，當我們有一使用的商標，為保護其權益，向經濟部智慧財產權局提出商標註冊申請，經審查委員的審查，認為符合《商標法》規定，而授與我們商標權，並給予商標權人在一定期間內，享有排他性之專有使用權、收益權、處分權、續展權，以及禁止他人侵害的權利，這種權利即是商標權；而讓我們享有這種權利的法，就是《商標法》。

第四章 商標法

第二節 《商標法》之起源

商標的起源，可追溯到古代，當時工匠將其簽字或〝標記〞，印製在其藝術品或實用產品上。該標記演變成今天之商標註冊與保護制度，以幫助消費者，識別及購買某些產品或服務。該商標所標示的產品，或服務的性質與質量，符合消費者的需求。

中國最早的商標，在北宋時期的山東濟南，劉家功夫針鋪使用的〝白兔標識〞，雖然僅是標識，但與現代商標已無顯著區別。中國第一個《商標法》規《商標註冊試辦章程》，頒布於清末1904年8月4日，由清政府商務部擬定並經光緒皇帝欽定，1904年11月23日正式實施。在北洋政府時期，則於1923年5月成立農工商部商標局，仿照西方《商標法》頒佈我國《商標法》。民國

濟南劉家功夫針鋪商標銅版
(圖片來源：維基百科/公有領域)

政府成立後，於1927年7月發佈《全國註冊局註冊條例》新規則。

第三節 《商標法》之立法

我國《商標法》,制定於民國 19 年 5 月 6 日,全文共 40 條,同年 11 月 25 日國民政府令自翌年 1 月 1 日施行。後為因應時代的變遷與實務的需要,復於:

民國 24 年 11 月 23 日國民政府令修正公布;

民國 29 年 10 月 19 日國民政府令增訂公布;

民國 47 年 10 月 24 日總統令修正公布;

民國 61 年 7 月 4 日總統令修正公布;

民國 72 年 1 月 26 日總統令修正公布;

民國 74 年 11 月 29 日總統令修正公布;

民國 78 年 5 月 26 日總統令修正公布;

民國 82 年 12 月 22 日總統令修正公布;

民國 86 年 5 月 7 日總統令修正公布;

民國 91 年 5 月 29 日總統令修正公布;

民國 92 年 5 月 28 日總統令修正公布;

民國 99 年 8 月 25 日總統令修正公布;

民國 100 年 6 月 29 日總統令修正公布;

民國 105 年 11 月 30 日總統令修正公布;

民國 111 年 5 月 4 日總統令修正公布;

民國 112 年 5 月 24 日總統令修正公布。

前後共修了 16 次之多,以成為現行之 111 條的條文。《商標法》是否該如《專利法》除罪化,引發很大爭議。大法官在解釋不除罪化的理由書說:

「……《商標法》為實現上開憲法所保障之財產權及公共利益之目的,於第七十七條關於服務標章之保護準用第六十二條第二款規定:意圖欺騙他人,於有關同一商品或類似商品之廣告、標帖、說明書、價目

表或其他文書,附加相同或近似於他人註冊商標圖樣而陳列或散布者,處三年以下有期徒刑、拘役或科或併科新臺幣二十萬元以下罰金。旨在保護他人註冊之商標或標章權,並避免一般消費者對商品或服務之來源、品質發生混淆誤認致權益受有損害,其目的洵屬正當。且本件立法機關衡酌商標或標章權之侵害,對於人民財產權、消費者利益、公平競爭之經濟秩序及工商企業發展危害甚鉅,乃對意圖欺騙他人之行為施以刑罰制裁;又考量法益受侵害之程度及態樣,而選擇限制財產或人身自由之刑罰手段,以補充《刑法》第二百五十三條偽造仿造商標商號罪適用上之不足,尚未逾越必要之範圍,並未牴觸憲法第二十三條規定,與憲法第八條、第十五條保障人民身體自由及財產權之意旨,尚無違背……。」

可見,《商標法》並沒有除罪化,依舊有民事責任與刑事責任。

第四節 《商標法》之內容

縱觀《商標法》之內容，所揭櫫者應可歸納為如下幾點說明：

一、立法之宗旨：

我《商標法》於民國 19 年首度完成立法，仿大陸法系之形式，對於立法目的或立法宗旨付諸闕如，嗣經幾度修正，始有現行法之第 1 條明列立法宗旨或立法目的，依《商標法》第 1 條規定：「**為保障商標權、證明標章權、團體標章權、團體商標權及消費者利益，維護市場公平競爭，促進工商企業正常發展，特制定本法。**」

析論之立法目的有四：

1. 保障商標專用權。
2. 保障消費者權益。
3. 維護市場公平競爭。
4. 促進工商企業正常發展。

以達成促進工商企業之正常發展為本法之最高宗旨，提供市場公平競爭之機制為中間目的，保障商標權者及消費者之權益則為直接目的。

二、意義與種類：

商標之意義與種類，如下說明：

1. 商標之意義：

商品或服務之區別〝標誌〞，即俗稱之商標或謂之 LOGO，該商標即為表彰自己所生產、製造、加工、揀選、批售或經紀之產品，以具有顏色及特別顯著之文字或圖形、記號或其聯合式依《商標法》規定申請註冊，使用於商品或其包裝或容器之上，行銷市面或外銷之〝標記〞。

第四章 商標法

我國《商標法》第 2 條規定：「**欲取得商標權、證明標章權、團體標章權或團體商標權者，應依本法申請註冊。**」可見，我國之商標權是採註冊主義。準此，《商標法》係商標權之規範，與商標有關之權利義務均經明文規定，諸如商標種類、商標權期間、商標權之權限、商標權之處分、商標權之註冊要件、商標審查以及商標權之侵害與救濟等，規範此等遊戲規則即為《商標法》。

簡單言之，商標即商品符號，表明其為自家產品或服務品質之標記，具有一定之經濟價值，屬商號之無體財產權，可累積成為商譽。

2. 商標之種類：

商標種類之法定分類為：

A. 商品商標：

依《商標法》第 18 條規定：「**商標，指任何具有識別性之標識，得以文字、圖形、記號、顏色、立體形狀、動態、全像圖、聲音等，或其聯合式所組成；前項所稱識別性，指足以使商品或服務之相關消費者認識為指示商品或服務來源，並得與他人之商品或服務相區別者。**」可見，商品的生產者或經營者，在其生產、製造、加工、揀選，或是經銷的商品上，用於區別商品來源，其作用在於讓消費者識別該企業，進而產生信任。

B. 服務商標：

從上述法條可得知，服務商標者，也是以文字、圖形、記號、顏色、聲音、立體形狀或其聯合式所組成，其足以使服務之相關消費者認識其表彰服務之標識，並得藉以與他人之服務相區別。可見，服務者，在其服務上，用於區別服務的產品與品質，其作用在於讓消費者識別該企業，進而產生信任。

C. 證明標章：

依《商標法》第 80 條規定：證明標章者，凡以標章證明他人商品或服務之特性、品質、精密度、產地或其他事項，欲專用其標章者，應申

智慧財產權之理論與實務

請註冊為證明標章。如：UL 為電器安全之標誌；ST 為玩具安全之標誌；正字為我國合格產品之標誌；JIS 為日本標誌。

D. 團體標章：

依《商標法》第 85 條規定：團體標章者，指凡具有法人資格之公會、協會或其他團體為表彰其組織或會籍，欲專用標章者，應申請註冊為團體標章。如扶輪社、政黨組織。至於團體標章之使用，係為表彰團體或其會員身分，而由團體或其會員將標章標示於相關物品或文書上。

E. 團體商標：

依《商標法》第 88 條規定：團體商標者，指凡具法人資格之公會、協會或其他團體，欲表彰該團體之成員所提供之商品或服務，並得藉以與他人所提供之商品或服務相區別，欲專用標章者，得申請註冊為團體商標。如：農會、漁會得註冊團體商標，其成員所產製之商品得標示該團體商標，使該團體成員之商品得與他人之商品相區別。

商標種類之習慣分類為：

A. 顏色商標：

顏色商標係以單一色彩或複數顏色組合，使用於商品或外包裝、容器之全部或部分，藉以表彰其商品或服務來源之標記，不包含以文字、圖形或記號與顏色之聯合式商標，即可註冊為顏色商標。但如屬同業間之通用顏色標章，例如：計程車所通用之黃色，特定業者自不可壟斷以黃色申請註冊。

B. 立體商標：

指凡以三度空間所形成之立體形狀，從外觀得以區別不同商品或服務來源之標識。如：臺北金融大樓股份有限公司所註冊"臺北 101 大樓之體團"取得商標權，日本之三得利之"三角形酒瓶"，取得商標權。[5]

---

[5] 立體商標之類型更可細分為一、商品本身之形狀二、商品包裝、容器之形狀三、立體形狀標識四、服務場所之裝潢設計五、文字、圖形、記號或顏色與立體

C. 聲音商標：

聲音商標，係以特定音響，足以使相關消費者區別商品或服務來源之聲音，如：大同公司之**「大同大同國貨好！」**具有識別性之簡短歌曲、旋律、男女聲音、動物叫聲、鐘聲、鈴聲等。但如讓聲音已成為通用標章，如：**「少女之祈禱」**之音樂，已成為一般垃圾車收集垃圾之表徵聲音，特定清潔業者，自不得聲請註冊，以獨佔該聲音。

三、作用與取得：

商標之作用與取得，如下說明：

1. 商標之作用：

商標之作用有：辨識、保證，以及促銷等，茲說明如下：

A. 辨識之用：

商標係產品或服務來源之符號，藉以區隔他人之產品，如：墨水筆上標示"五星 MONTBANC"，係德國萬寶龍之品牌。

B. 保證之用：

不同品牌有不同之品質，價值自有高低，且亦彰顯一定之尊貴，例如：LV，貴婦願下手好幾萬元買一個包包，乃因其價值感。

C. 促銷之用：

店家鉅資打廣告，造成一定品牌，良好之形象有利於商品或服務之拓展。

2. 商標之取得：

商標之取得有：註冊保護、申請先後、屬地主義，以及使用保護等，茲說明如下：

形狀之聯合式等五種，參見蔡輝龍、李寶欽、陳介山、林洲富合著：《公民素養》第六章 智慧財產權，（臺北：新文京公司，2007年9月），PP.244~246。

A. 註冊保護主義：

商標權之取得之法例有註冊主義（firsttoregister, registration）與使用主義（firsttouse）二種。我國採註冊主義，凡因表彰自己商品或服務，欲取得商標權者，可依《商標法》第2條規定，申請註冊。

B. 先申請先註冊原則：

我國《商標法》係採先申請主義，也就是先申請先註冊為原則，可依《商標法》第22條規定：如有二人或以上以相同或近似商標，使用於同一或類似之商品或服務，主管機關交先核准何者，我國採申請先後次序制，權責機關應核准最先申請者，如不能辨別時間先後者，由各申請人協議之，不能達成協議時，以抽籤方式定之。

C. 屬地主義：

商品之產銷、服務地區有其地域性，大部分國家對於商標之保障均採屬地主義，商標僅在其註冊之國家始有效力。準此，同一商標，不同人得分別於不同國家取得註冊，其效力各自存在。

D. 使用保護主義：

商標之專屬性來自商標之使用，商標使用：在客觀上，產生商品或服務之區別效力；在主觀上，擁有商標目的，在於使用其於產品或服務上。如不使用，即無法表彰商品或服務來源之功能，有失法律保護之原意，亦足以妨礙他人之善意使用。是知註冊取得商標後，無正當事由迄未使用，或繼續停止使用已滿三年者，商標專責機關應依《商標法》第63條規定，廢止其註冊。美國即是採行使用保護主義的國家。

四、取得之程序：

商標取得之程序有：註冊、審查、權利、救濟，以及保護等，茲說明如下：

1. 註冊：

依《商標法》第19條規定：申請商標註冊，應備具申請書，載明申

請人、商標圖樣及指定使用之商品或服務,向商標專責機關申請之,並以提出前項申請書之日為申請日。

申請人:為自然人、法人、合夥組織、依法設立之非法人團體,或依商業登記法登記之商業,而欲從事其所指定商品或服務之業務者。其商標圖樣應以清楚、明確、完整、客觀、持久及易於理解之方式呈現。

申請商標註冊,應以一申請案一商標之方式為之,並得指定使用於二個以上類別之商品或服務。申請人有即時取得權利之必要時,得敘明事實及理由,繳納加速審查費後,由商標專責機關進行加速審查。但商標專責機關已對該註冊申請案通知補正或核駁理由者,不適用之。

依《商標法》第23條規定:商標圖樣及其指定使用之商品或服務,申請後即不得變更。但指定使用商品或服務之減縮,或非就商標圖樣為實質變更者,不在此限。其變更則依本法第24條規定:申請人之名稱、地址、代理人或其他註冊申請事項變更者,應向商標專責機關申請變更。第25條則明列錯誤時的更正:

A. 申請人名稱或地址之錯誤。

B. 文字用語或繕寫之錯誤。

C. 其他明顯之錯誤。

前項之申請更正,不得影響商標同一性,或擴大指定使用商品,或服務之範圍。

2. 審查:

審查分為法定不得註冊與準駁審定:

A. 法定不得註冊:

依《商標法》第29條規定,有下列不具識別性情形之一者,不得註冊:

a. 僅由描述所指定商品或服務之品質、用途、原料、產地或相關特性之說明所構成者。

b. 僅由所指定商品或服務之通用標章或名稱所構成者。

c. 僅由其他不具識別性之標識所構成者。

有前項第一款或第三款規定之情形，如經申請人使用且在交易上已成為申請人商品或服務之識別標識者，不適用之。商標圖樣中包含不具識別性部分，且有致商標權範圍產生疑義之虞，申請人應聲明該部分不在專用之列；未為不專用之聲明者，不得註冊。

同法第 30 條也規定，商標有下列情形之一者，不得註冊：

a. 僅為發揮商品或服務之功能所必要者。

b. 相同或近似於中華民國國旗、國徽、國璽、軍旗、軍徽、印信、勳章或外國國旗，或世界貿易組織會員依巴黎公約第六條之三第三款所為通知之外國國徽、國璽或國家徽章者。

c. 相同於國父或國家元首之肖像或姓名者。

d. 相同或近似於中華民國政府機關或其主辦展覽會之標章，或其所發給之褒獎牌狀者。

e. 相同或近似於國際跨政府組織或國內外著名且具公益性機構之徽章、旗幟、其他徽記、縮寫或名稱，有致公眾誤認誤信之虞者。

f. 相同或近似於國內外用以表明品質管制或驗證之國家標誌或印記，且指定使用於同一或類似之商品或服務者。

g. 妨害公共秩序或善良風俗者。

h. 使公眾誤認誤信其商品或服務之性質、品質或產地之虞者。

i. 相同或近似於中華民國或外國之葡萄酒或蒸餾酒地理標示，且指定使用於與葡萄酒或蒸餾酒同一或類似商品，而該外國與中華民國簽訂協定或共同參加國際條約，或相互承認葡萄酒或蒸餾酒地理標示之保護者。

j. 相同或近似於他人同一或類似商品或服務之註冊商標或申請在先之商標，有致相關消費者混淆誤認之虞者。但經該註冊商標或申請在先

之商標所有人同意申請，且非顯屬不當者，不在此限。

　　k. 相同或近似於他人著名商標或標章，有致相關公眾混淆誤認之虞，或有減損著名商標或標章之識別性或信譽之虞者。但得該商標或標章之所有人同意申請註冊者，不在此限。

　　l. 相同或近似於他人先使用於同一或類似商品或服務之商標，而申請人因與該他人間具有契約、地緣、業務往來或其他關係，知悉他人商標存在，意圖仿襲而申請註冊者。但經其同意申請註冊者，不在此限。

　　m. 有他人之肖像或著名之姓名、藝名、筆名、稱號者。但經其同意申請註冊者，不在此限。

　　n. 相同或近似於著名之法人、商號或其他團體之名稱，有致相關公眾混淆誤認之虞者。但經其同意申請註冊者，不在此限。

　　o. 商標侵害他人之著作權、專利權或其他權利，經判決確定者。但經其同意申請註冊者，不在此限。

B. 準駁審定：

　　a. 核駁：依《商標法》第 31 條規定，商標註冊申請案經審查認有第二十九條第一項、第三項、前條第一項、第四項或第六十五條第三項規定不得註冊之情形者，應予核駁審定。

　　b. 核准：同法 32 條，商標註冊申請案經審查無前條第一項規定之情形者，應予核准審定。經核准審定之商標，申請人應於審定書送達之次日起二個月內，交納註冊費後，始予註冊公告，並發給商標註冊證；屆期未繳費者，不予註冊公告，原核准審定，失其效力。

五、商標之權利：

商標之權利有：存續期間，以及視為侵害商標權兩種：

1. 權利存續期間：

依《商標法》第 33 條規定：商標自註冊公告當日起，由權利人取得

商標權，商標權期間為十年；商標權期間得申請延展，每次延展專用期間為十年。

同法第 34 條規定：申請商標權期間延展註冊者，應於期間屆滿前六個月起至屆滿後六個月內申請；其於期間屆滿後六個月內申請者，應加倍繳納註冊費；前項核准延展之期間，自商標權期間屆滿之次日起算。

2. 權利之行使：

依《商標法》第 35 條規定：商標權人於經註冊指定之商品或服務，取得商標權；下列之情形，應得商標權人之同意：

a. 於同一商品或服務，使用相同於其註冊商標之商標者。

b. 於類似之商品或服務，使用相同於其註冊商標之商標，有致相關消費者混淆誤認之虞者。

c. 於同一或類似之商品或服務，使用近似於其註冊商標之商標，有致相關消費者混淆誤認之虞者。

3. 不受拘束之例外

依《商標法》第 36 條規定：有下列情形，不受他人商標權之效力所拘束：

A. 以符合商業交易習慣之誠實信用方法，表示自己之姓名、名稱，或其商品或服務之名稱、形狀、品質、性質、特性、用途、產地或其他有關商品或服務本身之說明，非作為商標使用者。

B. 以符合商業交易習慣之誠實信用方法，表示商品或服務之使用目的，而有使用他人之商標用以指示該他人之商品或服務之必要者。但其使用結果有致相關消費者混淆誤認之虞者，不適用之。

C. 為發揮商品或服務功能所必要者。

D. 在他人商標註冊申請日前，善意使用相同或近似之商標於同一或類似之商品或服務者。但以原使用之範圍為限；商標權人並得要求其附加適當之區別標示。

第四章 商標法

附有註冊商標之商品，係由商標權人或經其同意之人於國內外市場上交易流通者，商標權人不得就該商品主張商標權。但為防止商品流通於市場後，發生變質、受損或經他人擅自加工、改造，或有其他正當事由者，不在此限。

4. 視為侵害商標權：

依《商標法》第 68 條規定：未得商標權人同意，有下列情形之一者，視為侵害商標權：

A. 於同一商品或服務，使用相同於註冊商標之商標者。

B. 於類似之商品或服務，使用相同於註冊商標之商標，有致相關消費者混淆誤認之虞者。

C. 於同一或類似之商品或服務，使用近似於註冊商標之商標，有致相關消費者混淆誤認之虞者。

為供自己或他人用於與註冊商標同一或類似之商品或服務，未得商標權人同意，為行銷目的而製造、販賣、持有、陳列、輸出或輸入附有相同或近似於註冊商標之標籤、吊牌、包裝容器或與服務有關之物品者，亦為侵害商標權。

六、核駁之救濟：

商標核駁之救濟有：商標評定、評定限制、委員組織、商標評決，以及一事不在理等項五說明：

1. 商標評定：

商標申請註冊案經專責機關核駁，申請人如有不服，得申請評定。

A. 依《商標法》第 57 條規定：商標之註冊違反第二十九條第一項、第三十條第一項或第六十五條第三項規定之情形者，利害關係人或審查人員得申請或提請商標專責機關評定其註冊。

2. 評定限制：

依《商標法》第 58 條規定：商標之註冊違反第二十九條第一項第一款、第三款、第三十條第一項第九款至第十五款或第六十五條第三項規定之情形，自註冊公告日後滿五年者，不得申請或提請評定。但違反第三十條第一項第九款、第十一款規定之情形，係屬惡意者，不受前項期間之限制。

3. 評定委員組織：

依《商標法》第 59 條規定：商標評定案件由商標專責機關首長，指定審查人員三人以上為評定委員評定。

4. 商標評決：

依《商標法》第 60 條規定：評定案件經評定成立者，應撤銷其註冊。但不得註冊之情形已不存在者，經斟酌公益及當事人利益之衡平，得為不成立之評定。

5. 一事不在理：

依《商標法》第 61 條規定：評定案件經處分後，任何人不得就同一事實，以同一證據及同一理由，申請評定。

七、商標之保護：

商標權之保護有：保護要件與侵權救濟兩項說明：

1. 保護要件：

依《商標法》第 63 條，列有五個廢止註冊事由，反面解釋則為一個商標之使用，必需無此廢止因由，法律始加以保護。

A. 混淆誤認：

自行變換註冊或加附記，致與他人使用於同一或類似之商品或服務之註冊商標構成相同或近似，而有使相關相費者混淆誤認之虞者。

第四章 商標法

B. 未繼續使用：

　　無正當事由迄未使用或繼續停止使用已滿三年者，但被授權人有使用者，不在此限。

C. 未加標示：

　　未依第 43 條規定附加適當區別標示者。但於商標專責機關處分前已附加區別標示並無產生混淆誤認之虞者，不在此限。

D. 變成通用商標：

　　商標已成為所指定商品或服務之通用標章、名稱或形狀者。

E. 誤導誤信：

　　商標實際使用時有至公眾誤認誤信其商品或服務之性質、品質或產地之虞者。

　　同法第 68 條，明列未得商標權人同意，有下列情形之一，為侵害商標權：

　　A. 於同一商品或服務，使用相同於註冊商標之商標者。

　　B. 於類似之商品或服務，使用相同於註冊商標之商標，有致相關消費者混淆誤認之虞者。

　　C. 於同一或類似之商品或服務，使用近似於註冊商標之商標，有致相關消費者混淆誤認之虞者。

　　為供自己或他人用於與註冊商標同一或類似之商品或服務，未得商標權人同意，為行銷目的而製造、販賣、持有、陳列、輸出或輸入附有相同或近似於註冊商標之標籤、吊牌、包裝容器或與服務有關之物品者，亦為侵害商標權。

2. 侵害救濟：

　　商標侵害救濟有：民事責任與刑事責任二項說明：

A. 民事責任：

民事責任有：損害賠償之請求及申請海關查扣二項，茲說明如下：

a. 損害賠償之請求：依《商標法》第 69 條規定，商標權人對於侵害其商標權者，得請求除去之；有侵害之虞者，得請求防止之；並對於因故意或過失侵害其商標權者，得請求損害賠償。

b. 申請海關查扣：依《商標法》第 72 條規定，商標權人對輸入或輸出之物品有侵害其商標權之虞者，得申請海關先予查扣。

B. 刑事責任：

刑事責任有：未經同意之使用商標權，以及販賣、陳列、輸出入者二項，茲說明如下：

A. 未經同意之使用商標權：依《商標法》第 95 條第一項規定，未得商標權人或團體商標權人同意，有下列情形之一者，處三年以下有期徒刑、拘役或科或併科新臺幣二十萬元以下罰金：

a. 於同一商品或服務，使用相同之註冊商標或團體商標者。

b. 於類似之商品或服務，使用相同之註冊商標或團體商標，有致相關消費者混淆誤認之虞者。

c. 於同一或類似之商品或服務，使用近似其註冊商標或團體商標之商標，有致相關消費者混淆誤認之虞者。

B. 販賣、陳列、輸出入者：同法第二項規定，意圖供自己或他人用於與註冊商標或團體商標同一商品或服務，未得商標權人或團體商標權人同意，為行銷目的而製造、販賣、持有、陳列、輸出或輸入附有相同或近似於註冊商標或團體商標之標籤、吊牌、包裝容器或與服務有關之物品者，處一年以下有期徒刑、拘役或科或併科新臺幣五萬元以下罰金。

第四章　商標法

第五節　《商標法》之實務

《商標法》之實務，應可包含：商標申請之規定、方式、文件、撰寫、範例、規費、審查、實施，以及侵權等項目說明：

一、申請之規定：

依《商標法》有關商標申請之規定，有如下幾點：

1. 主管機關：

《商標法》第3條規定：「**本法主管機關為經濟部；商標業務，由經濟部指定專責機關辦理。**」這個專責機關就是經濟部智慧財產權局，所以我們要申請商標，必須向這個機關申請才會受理。

2. 商標申請權：

所謂〝商標申請權（Trademarkapplicationrights）〞，依《商標法》第2條規定：「**欲取得商標權、證明標章權、團體標章權或團體商標權者，應依本法申請註冊。**」意即，必須依《商標法》的相關規定，且要符合才能取得商標註冊申請之權利。

同法第4條規定：「**外國人所屬之國家與中華民國如未共同參加保護商標之國際條約或無相互保護商標之條約、協定或由團體、機構互訂經主管機關核准保護商標之協議，或對中華民國國民申請商標，不予受理者，其商標申請，得不予受理。**」的現象，我國主管機關是可以不受理其申請的。

3. 商標申請之代理：

《商標法》第6條規定：『**申請商標註冊及其他程序事項，**〝**得**〞**委任代理人辦理之。**」復謂：『**在中華民國境內，無住所或營業所者，**〝**應**〞**委任代理人辦理之。**」其中，〝得〞字意即可以這樣，也可以不這樣；而〝應〞字之意，則必須這樣。

由此觀之，不管是國人或外國人，凡在我國境內有住所的人，或有營業所的法人機構（公司行號），皆可自己申請，也可委託代理人申請；無住所的人，或法人機構則必須委託代理人申請。而代理人同條第 1、2 款又規定：「依法得執行商標代理業務之專門職業人員；商標代理人。」

4. 商標申請日：

相同或近似之商標，也是以最先申請者准予商標權，判別之先後，以申請日為準。可見，商標申請日對於商標能否獲准，是一個很重要之關鍵，不得不慎。《商標法》第 9 條規定：「**商標之申請及其他程序，應以書件或物件到達商標專責機關之日為準；如係郵寄者，以郵寄地郵戳所載日期為準。**」同法第 19 條復規定：「**申請商標註冊，應備具申請書，載明申請人、商標圖樣及指定使用之商品或服務，向商標專責機關申請之；申請商標註冊，以提出前項申請書之日為申請日。**」由此觀之，商標之申請，必須由商標申請權人備齊文件，向經濟部智慧財產權局申請，並以提出之日做為申請日。但如同法第 8 條規定：「**商標之申請及其他程序，除本法另有規定外，遲誤法定期間、不合法定程式不能補正或不合法定程式經指定期間通知補正屆期未補正者，應不受理。**」

5. 商標申請案之分割：

《商標法》第 26 條規定：「**申請人得就所指定使用之商品或服務，向商標專責機關請求分割為二個以上之註冊申請案，以原註冊申請日為申請日。**」但如第 28 條所規定之共有商標申請權之減縮或分割，應經全體共有人同意。

6. 商標申請之主張優先權：

《商標法》第 20 條規定：「**在與中華民國有相互承認優先權之國家或世界貿易組織會員，依法申請註冊之商標，其申請人於第一次申請日後六個月內，向中華民國就該申請同一之部分或全部商品或服務，以相同商標申請註冊者，得主張優先權。**」意即，只要在與中華民國有相互承認優先權之國家，或世界貿易組織會員之任何一國註冊，皆可在六個月內向另一國申請註冊並主張優先權，其申請日以優先權日為準。也就

是說，可以追朔到第一次申請的日期。

第 21 條復規定，在國家主辦或認可之國際展覽會上，展出該商標者，也可以自展出日後六個月內，提出申請者，準用優先權。

二、申請之方式：

商標申請之方式有如下兩種：

1. 紙本方式：

《商標法》第 9 條規定：「**商標之申請及其他程序，應以書件或物件到達商標專責機關之日為準；如係郵寄者，以郵寄地郵戳所載日期為準。**」意即，商標申請權人要備齊紙本的申請書、說明書及必要圖式，向主管機關申請，此即紙本方式。

2. 電子方式：

《商標法》第 13 條規定：「**有關商標之申請及其他程序，得以電子方式為之。**」意即，商標申請權人要備齊電子檔的申請書、說明書及必要圖式，向主管機關申請，此即電子方式。其商標申請平臺上有詳細說明，網址為：https://www.tipo.gov.tw/trademarks-tw/np-533-201.html。

三、申請之文件：

有關商標申請之應備文件有：

1. 申請書一份：

該文件須以主管機關公告使用之表格。可至經濟部智慧財產局，網址：https://www.tipo.gov.tw/trademarks-tw/cp-536-860445-f3ac9-201.html。商標申請表格下載。

2. 商標圖樣：

依申請書上的規定，將商標設計圖樣貼於申請書上。

四、申請書之撰寫：

該說明書應載明：

1. **商標圖樣：**

包含：a.商標名稱；b.商標圖樣顏色，並黏貼商標圖樣 1 張，該圖樣應與附表浮貼五張圖樣一致；c.聲明不專用：本件商標不就「」主張商標權；d.商標圖樣分析。

2. **優先權聲明；**

3. **展覽會優先權聲明；**

4. **申請人；**

a.國籍；b.身分種類；c.ID；d.申請人名稱(中英對照)；e.代表人(中英對照)；f.地址(中英對照)；g.聯絡電話；h.傳真；i.E-mail。

5. **指定使用商品／服務類別及名稱：**

指定申請類別：第類商品／服務（依序填寫）。

※組群代碼：

類別：

商品／服務名稱：

-
-
-
-
-
-

6. 簽章及具結：

<u>申請人簽章代表人簽章代理人簽章</u>

備註：本案另涉有他案時，請於備註欄內填明：

　　□本案需俟註冊第爭議案確定後，再行審理。

　　□其他：

附件：檢查應附文件是否齊備並於□勾註所檢附文件：

　　□商標圖樣浮貼一式 5 張。

　　□優先權證明文件（□附中譯本）。

　　□展覽會優先權證明文件（□附中譯本）。

　　□委任書（□附中譯本）。

　　□其他證明文件。

附表說明：

1. 請「浮貼」與申請書第 1 頁黏貼的圖樣一致之商標圖樣 5 張，每張圖樣之字體、顏色、外框輪廓及比例大小應完全相同，長、寬以 5 公分至 8 公分為標準。

2. 商標圖樣應清晰、明確，請勿以手繪或模糊的圖樣送件，以利註冊證之製作。

3. 商標圖樣請勿出現®、©、TM 或電話、成分標示等純粹資訊性事項。

4. 商標圖樣應使用堅韌光潔之紙料，請勿採用相片紙，以免褪色或無法黏貼。

智慧財產權之理論與實務

商標圖樣浮貼處：
5張浮貼處

1.

2.

3.

4.

5.

第四章 商標法

五、註冊之範例：

有關商標註冊之範例，有兩種參考：

1. 智慧財產局提供之範例：

| 自然人申請
填寫範本 | A | (此處由本局於收
文時黏貼條碼) | ※註冊第　　　號 |

商標註冊申請書

◎申請書需載明**申請人**、**商標圖樣**、**指定使用商品或服務**，始取得申請日。
◎填寫時請先行詳閱申請須知。
◎作※記號部分請勿填寫，□內以英文字母「v」選填。
◎如有疑問，請洽詢：(02) 23767570 商標服務台。
◎繳納商標規費金額　6000　元 (2類*3000) ◎事務所或申請人案件編號：(可免填)

壹、商標圖樣（本件商標圖樣之審查以所黏貼之圖樣為準，圖樣長、寬以5-8公分為標準；未附商標圖樣，無法取得申請日。）

一、商標名稱：第一夫人 FIRST LADY 及圖
二、商標圖樣顏色：☑墨色 □彩色
三、聲明不專用：本件商標不就「
　　　　　　　　　　　　　　　」主張商標權。
（如欲主張經使用已取得識別性，請於提出申請時同時主張並檢附證據資料供審酌。）

四、商標圖樣分析（請參閱申請須知）
　　中文：第一夫人
　　外文：FIRST LADY
　　　　語文別：英文
　　　　中文字義：第一夫人
　　圖形：頭戴帽子的女人圖
　　記號：

貳、優先權聲明（申請時未檢送證明受理之申請文件者，應於申請日後3個月內補正）
優先權日：民國　　年　　月　　日
第一次申請國家（地區）：
案　　號：

參、展覽會優先權聲明（申請時未檢送展覽會證明文件者，應於申請日後3個月內補正）
展覽會優先權日：民國　　年　　月　　日
展覽會名稱：

肆、申請人（共 1 人）（多位申請人時，應將本欄位完整複製後依序填寫，未填寫的部分可自行刪除）
國　　籍：☑中華民國 □大陸地區（□大陸、□香港、□澳門）
　　　　　□外國籍：_____

表單編號 T0101　　第1頁/共4頁　　修訂日期：113 年 4 月 15 日

~ 203 ~

智慧財產權之理論與實務

身分種類： ☑自然人　　　□法人、公司、機關、學校
　　　　　 □商號、行號、工廠

ID： A 123456789

申請人名稱：（中文）王大明
　　　　　　（英文）

地　　址：（中文）106 臺北市大安區辛亥路 1 段 1 號

聯絡電話及分機： (02)20000007

傳　　真： (02)20000008

E-MAIL： post@tipo.gov.tw

伍、代理人（未設代理人者，此處免填）（多位代理人時，應將本欄位完整複製後依序填寫）

ID： F123456789

姓　　名：丁大中

登錄字號：TT000101

地　　址：106 臺北市大安區辛亥路 1 段 3 號

聯絡電話及分機： (02)20000098

傳　　真： (02)20000099

E-MAIL： post-1@tipo.gov.tw

陸、指定使用商品／服務類別及名稱

◎未填寫商品／服務名稱者，無法取得申請日。
◎請具體列舉商品/服務名稱，不得填寫『及不屬別類之一切商品/服務』或『及應屬本類之一切商品/服務』。
◎請依指定類別順序填寫商品／服務類別、名稱，如有疑義請參考「商品及服務分類暨相互檢索參考資料」。

指定申請類別：第　03、21　　類商品／服務。

（請依序填寫）

類別：03
商品／服務名稱：
香水；淡香水；香油；香膏；香水精；筆型香水；古龍水；花露水；乳液；潤膚液；潤膚乳液；防晒乳液；沐浴精；沐浴乳；香浴乳。

※組群代碼：

第四章　商標法

類別：21
商品／服務名稱：
化粧用具；粉盒；香水噴霧器。

※組群代碼：

(商品欄位不敷使用時，請依相同方式另頁順序填寫，並註明以附表方式附於本頁之後。)

柒、簽章及具結（多位申請人時，應將申請人及代表人簽章部分複製後依序簽章）

☐本申請書所填寫之資料係為真實。　☑本申請書所填寫之資料確係申請人提供，且據申請人稱：該等資料均為真實。

　　　　[印]　　　　　　　　　　　　　　　　[印]

　申請人簽章　　　代表人簽章　　　　　　　代理人簽章

備註：本案另涉有他案時，請於備註欄內填明。
　　　☐本案需俟註冊第　　　　　號商標爭議案確定後，再行審理。
　　　☐其他：

附件：請檢查應附文件是否齊備，並於☐勾註所檢附之文件。
　　　☑商標圖樣浮貼一式 5 張。
　　　☐優先權證明文件（☐附中文譯本）。
　　　☐展覽會優先權證明文件（☐附中文譯本）。
　　　☑委任書（☐附中文譯本）。
　　　☐其他證明文件。

表單編號 T0101　　　　第3頁/共4頁　　　　修訂日期：113 年 4 月 15 日

智慧財產權之理論與實務

附 表

說明：

一、請「浮貼」與申請書第 1 頁黏貼的圖樣一致之商標圖樣 5 張，每張圖樣之字體、顏色、外框輪廓及比例大小應完全相同，長、寬以 5 公分至 8 公分為標準。

二、商標圖樣應清晰、明確，請勿以手繪或模糊的圖樣送件，以利註冊證之製作。

三、商標圖樣請勿出現®、©、TM 或電話、成分標示等純粹資訊性事項。

四、商標圖樣應使用堅韌光潔之紙料，請勿採用相片紙，以免褪色或無法黏貼。

商標圖樣浮貼處

5 張浮貼處

1. _____   2. _____

3. _____   4. _____

5. _____

第四章 商標法

案例一：商標圖樣只有文字，商標名稱填寫為：先將 SAST

SAST
先 將

案例二：商標圖樣有文字及圖形，商標名稱填寫為：國統 KUO TOONG 及圖

國統 KUO TOONG

案例三：商標圖樣只有圖形，商標名稱填寫為：蜜蜂圖或東信電訊股份有限公司標章（以申請人名稱稱呼）

案例四：商標圖樣之中文有簡體「譚魚头」字，請填正體字中文，商標名稱填寫為：譚魚頭（簡體字）TAN YU TOU

譚 魚 头
TAN YU TOU

案例五：商標名稱填寫為：「廖家雞蛋糕及圖」。本件指定使用於小吃攤、流動飲食攤服務，

「雞蛋糕」明顯為服務所提供商品的說明，無須聲明不專用；「廖家」為廖姓家庭之意，有致商標權範圍產生疑義之虞，應聲明不專用。聲明格式為本件商標不就「廖家」主張商標權。

廖 家
雞蛋糕

圖樣分析資料填寫案例：

案例六：

中文：第一夫人
外文：FIRST LADY
　　語文別：英文
　　中文字義：第一夫人
圖形：頭戴帽子的女人圖
記號：

FIRST LADY
第一夫人

~ 207 ~

智慧財產權之理論與實務

2. 筆者核准案提供之範例：

案例一

A 　　｜此處由本局於收文時黏貼條碼｜　　※註冊第　　　　號

商標註冊申請書

◎申請書需載明<u>申請人</u>、<u>商標圖樣</u>、<u>指定使用商品或服務</u>，始取得申請日。
◎填寫時請先行詳閱申請須知。
◎作※記號部分請勿填寫，□內以英文字母「ν」選填。
◎如有疑問，請洽詢：(02) 23767570 商標服務台。
◎繳納商標規費金額　3000　元 (1類*3000) ◎事務所或申請人案件編號：(可免填)

壹、商標圖樣（本件商標圖樣之審查以所黏貼之圖樣為準，圖樣長、寬以5-8公分為標準；未附商標圖樣，無法取得申請日。）

一、商標名稱：天空書城 Sky Book City 及圖

二、商標圖樣顏色：□墨色 ■彩色

三、聲明不專用：本件商標不就「
　　　　　　　　　　　　　　」主張商標權。
（如欲主張經使用已取得識別性，請於提出申請時同時主張並檢附證據資料供審酌。）

四、商標圖樣分析（請參閱申請須知）
　中文：天空書城
　外文：Sky Book City
　　語文別：中文
　　中文字義：數位書籍的城市
　圖形：天上宮殿的圖案及其文字
　記號：

（黏貼商標圖樣1張）

貳、優先權聲明（申請時未檢送證明受理之申請文件者，應於申請日後3個月內補正）
優先權日：民國　　年　　月　　日
第一次申請國家（地區）：
案　　　　　號：

參、展覽會優先權聲明（申請時未檢送展覽會證明文件者，應於申請日後3個月內補正）
展覽會優先權日：民國　　年　　月　　日
展覽會名稱：

肆、申請人（共 1 人）（多位申請人時，應將本欄位完整複製後依序填寫，未填寫的部分可自行刪除）
（第1申請人）
　國　　籍：　■中華民國 □大陸地區（□大陸、□香港、□澳門）
　　　　　　　□外國籍：＿＿＿＿＿＿

表單編號 T0101　　　　　第1頁/共4頁　　　　　修訂日期：103年5月15日

~ 208 ~

第四章　商標法

身分種類：　　■自然人　　　　　□法人、公司、機關、學校
　　　　　　　□商號、行號、工廠

ID：N103548581

申請人名稱：(中文) 蔡輝振
　　　　　　(英文) Tsai,Huei-Cheng

代表人：(中文)
　　　　(英文)

地　　址：(中文) 雲林縣斗六市三平里七鄰西平路209號16樓之15
　　　　　(英文)

■此申請人為選定代表人

聯絡電話及分機：　　0921273903

傳　　真：　　04-22623863

E-MAIL：　　tsaihc@yuntech.edu.tw

伍、代理人（未設代理人者，此處免填）（多位代理人時，應將本欄位完整複製後依序填寫）

ID：

姓　　名：

地　　址：

聯絡電話及分機：

傳　　真：

E-MAIL：

陸、指定使用商品／服務類別及名稱

◎未填寫商品／服務名稱者，無法取得申請日。
◎請具體列舉商品/服務名稱，不得填寫『及不屬別類之一切商品/服務』或『及應屬本類之一切商品／服務』。
◎請依指定類別順序填寫商品／服務類別、名稱，如有疑義請參考「商品及服務分類暨相互檢索參考資料」。

指定申請類別：第　　41　　類商品／服務。

（請依序填寫）

類別：41
商品／服務名稱：

　　各種書刊雜誌文獻之編輯出版發行查詢訂閱翻譯、電子書籍及期刊之線上出版、電子桌面出版、提供電子刊物線上瀏覽服務、提供不可下載之線上電子刊物、提供電子圖片線上瀏覽服務、文字撰寫(廣告稿除外)、版面設計(除廣告以外的版面設計)、書法服務、

~ 209 ~

智慧財產權之理論與實務

代理各種書籍雜誌之訂閱、各種書籍雜誌文獻之翻譯、翻譯、口譯、書籍出租。

※組群代碼：

類別：

商品／服務名稱：

※組群代碼：

類別：

商品／服務名稱：

※組群代碼：

（商品欄位不敷使用時，請依相同方式另頁順序填寫，並註明以附表方式附於本頁之後。）

柒、簽章及具結（多位申請人時，應將申請人及代表人簽章部分複製後依序簽章）

■本申請書所填寫之資料係為真實。　　□本申請書所填寫之資料確係申請人提供，且據申請人稱：該等資料均為真實。

申請人簽章　　　　代表人簽章　　　　　　　　代理人簽章

備註：本案另涉有他案時，請於備註欄內填明。
　　　□本案需俟註冊第　　　　　號商標爭議案確定後，再行審理。
　　　□其他：

附件：請檢查應附文件是否齊備，並於□勾註所檢附之文件。
　　　■商標圖樣浮貼一式5張。
　　　□優先權證明文件（□附中譯本）。
　　　□展覽會優先權證明文件（□附中譯本）。
　　　□委任書（□附中譯本）。
　　　□其他證明文件。

第四章　商標法

附　表

說明：

一、請「浮貼」商標圖樣 5 張，每張長、寬以 5 公分至 8 公分為標準。

二、商標圖樣應清晰、明確，請勿以手繪或模糊的圖樣送件，以利註冊證之製作。

三、商標圖樣請勿出現®、©、TM 或電話、成分標示等純粹資訊性事項。

四、商標圖樣應使用堅韌光潔之紙料，請勿採用相片紙，以免褪色或無法黏貼。

商標圖樣浮貼處

5 張浮貼處

智慧財產權之理論與實務

中華民國商標註冊證

註 冊 號 數：01924786
商 標 權 人：蔡輝振
　　　　　　TSAI, HUEI CHENG

名　　　稱：天空書城 Book City Sky 及圖

圖　　　樣：

權 利 期 間：自 2018 年 7 月 1 日起 至 2028 年 6 月 30 日止
類　　　別：商標法施行細則第19條 第 041類
商品或服務名稱：各種書刊雜誌文獻之編輯出版發行查詢訂閱翻譯、電子書籍及期刊之線上出版、電子桌面出版、提供電子刊物線上瀏覽服務、提供不可下載之線上電子刊物、提供電子圖片線上瀏覽服務、文字撰寫（廣告稿除外）、除廣告以外的版面設計、書法服務、代理各種書籍雜誌之訂閱、各種書籍雜誌文獻之翻譯、翻譯、口譯、書籍出租。

經濟部智慧財產局　局長　　　　　洪淑敏

中華民國　　　　　　107　年　7　月　1　日

第四章　商標法

案例二

A　（此處由本局於收文時黏貼條碼）　　※註冊第　　　　號

商標註冊申請書

◎申請書需載明**申請人**、**商標圖樣**、**指定使用商品或服務**，始取得申請日。
◎填寫時請先行詳閱申請須知。
◎作※記號部分請勿填寫，□內以英文字母「v」選填。
◎如有疑問，請洽詢：(02)23767570 商標服務台。
◎繳納商標規費金額 15000 元（5類*3000）◎事務所或申請人案件編號：(可免填)

壹、商標圖樣（本件商標圖樣之審查以所黏貼之圖樣為準，圖樣長、寬以 5-8 公分為標準；未附商標圖樣，無法取得申請日。）

一、商標名稱：天空商城 Sky Commodity City 及圖

二、商標圖樣顏色：□墨色　■彩色

三、聲明不專用：本件商標不就「　　　　　　　」主張商標權。

（如欲主張經使用已取得識別性，請於提出申請時同時主張並檢附證據資料供審酌。）

四、商標圖樣分析（請參閱申請須知）

　中文：天空商城

　外文：Sky Commodity City

　　語文別：中文

　　中文字義：數位商品城市

　　圖形：天上城市的圖案及其文字

　記號：

（黏貼商標圖樣1張）

貳、優先權聲明（申請時未檢送證明受理之申請文件者，應於申請日後3個月內補正）
優先權日：民國　　年　　月　　日
第一次申請國家（地區）：
案　　　　號：

參、展覽會優先權聲明（申請時未檢送展覽會證明文件者，應於申請日後3個月內補正）
展覽會優先權日：民國　　年　　月　　日
展覽會名稱：

肆、申請人（共 1 人）（多位申請人時，應將本欄位完整複製後依序填寫，未填寫的部分可自行刪除）
（第1申請人）
　國　　籍：■中華民國 □大陸地區（□大陸、□香港、□澳門）
　　　　　　□外國籍：＿＿＿＿＿＿

智慧財產權之理論與實務

身分種類： ■自然人　　　　　□法人、公司、機關、學校
　　　　　　□商號、行號、工廠

ID：N103548581

申請人名稱：(中文) 蔡輝振
　　　　　　(英文) Tsai,Huei-Cheng

代表人：(中文)
　　　　(英文)

地　　址：(中文) 雲林縣斗六市三平里七鄰西平路209號16樓之15
　　　　　(英文)

■此申請人為選定代表人

聯絡電話及分機：　0921273903

傳　真：　　　　　04-22623863

E-MAIL：　　　　　tsaihc@yuntech.edu.tw

伍、代理人（未設代理人者，此處免填）（多位代理人時，應將本欄位完整複製後依序填寫）

ID：

姓　名：

地　址：

聯絡電話及分機：

傳　真：

E-MAIL：

陸、指定使用商品／服務類別及名稱
◎未填寫商品／服務名稱者，無法取得申請日。
◎請具體列舉商品／服務名稱，不得填寫『及不屬別類之一切商品／服務』或『及應屬本類之一切商品／服務』。
◎請依指定類別順序填寫商品／服務類別、名稱，如有疑義請參考「商品及服務分類暨相互檢索參考資料」。

指定申請類別：第　　30　　類商品／服務。

（請依序填寫）

類別：30
商品／服務名稱：

蚵蜒‧蚵右‧同蚵‧蚵催朗‧咚喚巡‧叱叱紛‧扑匣也紛‧咚喚催朗‧叱叱催朗‧扑匣也催朗‧同‧同淚淫‧賑攸示借朗‧袞製‧袞他潤‧袞他來‧袞他綵‧袞蓬‧翩料‧齊側‧篌誨馳倆‧懂右‧訪翱‧翩料‧剴小‧懂紛‧篌誨紛‧酶倆懂‧懂酶倆賑痕右‧銳

第四章 商標法

用、稀紛、爭氏紛、除懺、稀銑紛、鹽懺、薯懺、胖懺、盒除鹽、除綞、胖綞；
※組群代碼：

類別：31
商品／服務名稱：
　水果、蔬菜、活動物、觀賞用動物、種蛋、飼料、植物、花卉、種子、原木、稻穀、未加工穀物、未加工可可豆、黑麥、小麥、燕麥、大麥。
※組群代碼：

類別：32
商品／服務名稱：
　啤酒、黑啤酒、生啤酒、淡啤酒、薑汁啤酒、麥芽啤酒、製啤酒用麥芽汁、製烈性酒配料、製啤酒用蛇麻子汁、不含酒精之啤酒、克瓦斯淡啤酒、含微量酒精之水果飲料、不含酒精之飲料、不含酒精的雞尾酒飲料、不含酒精的開胃酒飲料、以蜂蜜為主的不含酒精飲料、以啤酒為主之雞尾酒飲料、汽水、果汁、礦泉水、清涼飲料。
※組群代碼：

類別：33
商品／服務名稱：
　白蘭地酒、威士忌酒、伏特加酒、水果酒、雞尾酒、清酒、高粱酒、五加皮酒、茅台酒、藥味酒、蘭姆酒、琴酒、杜松子酒、苦艾酒、人蔘酒、葡萄酒、米酒、烈酒、開胃酒、利口酒、梨酒、蘋果酒、李酒、甜酒、汽泡酒、蒸餾酒、蛇酒、潘趣酒、果露酒、紹興酒、黃酒、花雕酒、蔘茸酒、含酒精飲料（啤酒除外）、玫瑰酒、燒酒、涼酒、白酒、梅酒、茶酒、酒（啤酒除外）、紅酒、鹿茸酒、杜仲酒、枸杞酒、茴香酒、苦味酒、柑香酒、消化酒、蜂蜜酒、櫻桃酒、薄荷甜酒、劣等酒、火酒、蛋酒、料理米酒、奶酒、淡酒、米酒水、釀造酒、再製酒、亞力酒、竹葉青酒、大麴酒、小米酒、紅露酒、非以啤酒為主之預混酒精飲料、以甘蔗為主之酒精飲料。
※組群代碼：

類別：43
商品／服務名稱：
　幼兒照顧服務、安親班、冷熱飲料店、飲食店、冰果店、茶藝館、火鍋店、咖啡館、啤酒屋、酒吧、飯店、餐廳、速食店、早餐店、漢堡店、日本料理店、燒烤店、牛排館、涮涮鍋店、居酒屋、素食餐廳、提供餐飲服務、備辦餐飲、機場休息室服務、賓館、汽車旅館、臨時住宿租賃、民宿、臨時住宿接待服務（抵達和離開的管理）、養老院、日間托老服務、展覽會場出租、會場出租、會議室出租、動物膳宿、動物寄養、動物旅館、敢兔驚瓊佔崑趾勛、敢兔瓊她趾柱、炫啡拔很素載、徙縲素載、敢兔瓊她佔崑板啄；
※組群代碼：

智慧財產權之理論與實務

柒、簽章及具結（多位申請人時，應將申請人及代表人簽章部分複製後依序簽章）

■本申請書所填寫之資料係為真實。　□本申請書所填寫之資料確係申請人提供，且據申請人稱：該等資料均為真實。

（簽名）

申請人簽章　　　代表人簽章　　　　　　代理人簽章

備註：本案另涉有他案時，請於備註欄內填明。
　　　□本案需俟註冊第　　　　　號商標爭議案確定後，再行審理。
　　　□其他：

附件：請檢查應附文件是否齊備，並於□勾註所檢附之文件。
　　　■商標圖樣浮貼一式 5 張。
　　　□優先權證明文件（□附中譯本）。
　　　□展覽會優先權證明文件（□附中譯本）。
　　　□委任書（□附中譯本）。
　　　□其他證明文件。

第四章　商標法

附　表

說明：

一、請「浮貼」商標圖樣5張，每張長、寬以5公分至8公分為標準。

二、商標圖樣應清晰、明確，請勿以手繪或模糊的圖樣送件，以利註冊證之製作。

三、商標圖樣請勿出現®、©、TM或電話、成分標示等純粹資訊性事項。

四、商標圖樣應使用堅韌光潔之紙料，請勿採用相片紙，以免褪色或無法黏貼。

商標圖樣浮貼處

5張浮貼處

智慧財產權之理論與實務

AB

（此處由本局於收文時黏貼條碼）

商　　標
團體商標　註冊申請案分割申請書
證明標章

◎ 經核准審定後註冊公告前申請分割請者，請先繳納註冊費後，並使用註冊分割申請書。
◎ 填寫時請先行詳閱申請須知。
◎ 作※記號部分請勿填寫，□內以英文字母「v」選填。
◎ 如有疑問，請洽詢：(02) 23767570 商標服務台。

繳納商標規費金額　　2000　元　　事務所或申請人案件編號：(可免填)

※分割後註冊申請案號：

壹、原註冊申請案號、商標／標章名稱、商標種類、分割件數、商標/標章圖樣
一、原註冊申請案號：107027933
二、商標／標章名稱：天空商城 Sky Commodity City 及圖
三、商標種類：■商標　　　□團體商標　　　□證明標章
四、分割件數：分割為 2 件
五、商標／標章圖樣：
　　中文：天空商城
　　外文：Sky Commodity City
　　語文別：中文
　　中文字義：數位商品城市
　　圖形：天上城市的圖案及其文字
　　記號：

（黏貼原註冊申請商標圖樣 1 張）

貳、申請人（共 1 人）（多位申請人時，應將本欄位完整複製後依序填寫，未填寫的部分可自行刪除）
（第 1 申請人）

國　　籍：　　■中華民國　□大陸地區（□大陸、□香港、□澳門）
　　　　　　　□外國籍：＿＿＿＿＿＿
身分種類：　　■自然人　　　　　　□法人、公司、機關、學校
　　　　　　　□商號、行號、工廠
ID：N103548581

第四章　商標法

申請人名稱：(中文) 蔡輝振
　　　　　　(英文) Tsai,Huei-Cheng
　代表人：(中文)
　　　　　(英文)
　地　　址：(中文) 雲林縣斗六市三平里七鄰西平路209號16樓之15
　　　　　　(英文)
■此申請人為選定代表人
聯絡電話及分機：　　0921273903
傳　　真：　　04-22623863
E-MAIL：　　tsaihc@yuntech.edu.tw

參、代理人（未設代理人者，此處免填）（多位代理人時，應將本欄位完整複製後依序填寫）
ID：
姓　　名：
地　　址：
聯絡電話及分機：
傳　　真：
E-MAIL：

肆、分割後商品／服務類別、名稱、證明標的及內容（請依序填寫商品／服務類別、名稱）

第一件：

類別：
1. 類別：30 商品／服務名稱： 茶葉、咖啡豆、可可粉、巧克力粉、調味用香料、蜂蜜、蜂王漿、蜂王乳、蜂膠、糖果、餅乾、麥片、酒麴、甜酒釀。 2. 類別：31 商品／服務名稱： 水果、蔬菜、活動物、觀賞用動物、種蛋、植物、花卉、種子、原木、稻穀、未加工穀物、未加工可可豆、黑麥、小麥、燕麥、大麥。 類別：43 商品／服務名稱： 幼兒照顧服務、安親班、養老院、日間托老服務、展覽會場出租、會場出租、會議室出租、動物膳宿、動物寄養、動物旅館；

表單編號 T0301　　　第2頁/共4頁　　　修訂日期：104年7月15日

第二件：

類別：
1.類別：30
商品／服務名稱：
茶包、茶飲料、咖啡飲料、可可飲料、巧克力飲料、速食麵。
2.類別：31
商品／服務名稱：
飼料。
3.類別：32
商品／服務名稱：
啤酒、黑啤酒、生啤酒、薑汁啤酒、麥芽啤酒、製啤酒用麥芽汁、製烈性酒配料、製啤酒用蛇麻子汁、不含酒精之啤酒、克瓦斯淡啤酒、含微量酒精之水果飲料、不含酒精的飲料、不含酒精的雞尾酒飲料、不含酒精的開胃酒飲料、以蜂蜜為主的不含酒精飲料、以啤酒為主之雞尾酒飲料、汽水、果汁、礦泉水、清涼飲料。
3.類別：33
商品／服務名稱：
白蘭地酒、威士忌酒、伏特加酒、水果酒、清酒、高粱酒、茅台酒、藥味酒、人蔘酒、米酒、黃酒、蔘茸酒、含酒精飲料（啤酒除外）、燒酒、白酒、茶酒、酒（啤酒除外）、紅酒、竹葉青酒、大麴酒。
類別：43
商品／服務名稱：
冷熱飲料店、飲食店、冰果店、茶藝館、火鍋店、咖啡館、啤酒屋、酒吧、飯店、餐廳、速食店、早餐店、漢堡店、日本料理店、燒烤店、牛排館、涮涮鍋店、居酒屋、素食餐廳、提供餐飲服務、備辦餐飲、機場休息室服務、賓館、汽車旅館、臨時住宿租賃、民宿、臨時住宿接待服務（抵達和離開的管理）、敢兔鶩瑷佔崑趾勛、敢兔瑷她趾柱、炫啡拔很素載、徒縲素載、敢兔瑷她佔崑板啄；

（商品名稱欄位不敷使用時，請依相同方式另頁順序填寫，並註明以附表方式附於本頁之後。格線可自行調整）

伍、簽章及具結（多位申請人時，應將申請人及代表人簽章部分複製後依序簽章）

■本申請書所填寫之資料係為真實。　□本申請書所填寫之資料確係申請人提供，且據申請人稱：該等資料均為真實。

第四章　商標法

　　申請人簽章　　代表人簽章　　　　　代理人簽章

備註：本案另涉有他案時，請於備註欄內填明。
　　　☐本案於　　年　月　日，另案辦理：☐異議案☐評定案☐移轉案
　　　　　　　　　　　　　　　　　　　　☐變更案☐延展案
　　　☐其他：
附件：請檢查應附文件是否齊備，並於☐勾註所檢附之文件。
　　　☐委任書（☐附中文譯本）
　　　☐全體共有人同意書。
　　　☐其他證明文件。

智慧財產權之理論與實務

申復函

受文者：經濟部智慧財產局

速別：

密等及解密條件：

發文日期：108年06月10日

　　　　發文字號：天(商)字第108061001號

附件：

　　　　附件一：申請人系列商標

　　　　附件二：商標文字結合天空獲准註冊之前例商標

主旨：為第108880231號「天空商城SkyCommodityCity及圖」商標註冊申請案（第30、31、32、33、43類）陳述意見如後說，請查照。

說明：

　　一、依鈞局（107）慧商40295字第10791230530號核駁理由先行通知書敬悉。

　　二、本案經鈞局初步審查，認為第108880231號商標圖樣上之「天空商城SkyCommodityCity及圖」與註冊第00110625號「天空之城LAPUTA及圖」、01309005號「LAPUTA及圖」、第01868638號「天空之城」商標之中文相較，二者皆有相同之首尾「天空」、「城」，僅字中「商」與「之」之些微差異，應屬近似商標，復指定使用於第30類「茶包、茶飲料、咖啡飲料、可可飲料、巧克力飲料、速食麵」商品、第31類「飼料」商品、第32類「啤酒、黑啤酒、生啤酒、薑汁啤酒、麥芽啤酒、製啤酒用麥芽汁、製烈性酒配料、製啤酒用蛇麻子汁、不含酒精之啤酒、克瓦斯淡啤酒、含微量酒精之水果飲料、不含酒精的飲料、不含酒精的雞尾酒飲料、不含酒精的開胃酒飲料、以蜂蜜為主的不含酒精飲料、以啤酒為主之雞尾酒飲料、汽水、果汁、礦泉水、清涼飲料」商品、第33類「白蘭地酒、威士忌酒、伏特加酒、水果酒、清酒、高粱酒、茅臺酒、藥味酒、人蔘酒、米酒、黃酒、蔘茸酒、含酒精飲料（啤酒除外）、燒酒、白酒、茶酒、酒（啤酒除外）、紅酒、竹葉青酒、大麴酒」商品及第43類「冷熱飲料店、飲食店、冰果店、茶藝館、火鍋店、咖啡館、啤酒屋、酒吧、

~ 222 ~

第四章　商標法

飯店、餐廳、速食店、早餐店、漢堡店、日本料理店、燒烤店、牛排館、涮涮鍋店、居酒屋、素食餐廳、提供餐飲服務、備辦餐飲、機場休息室服務、賓館、汽車旅館、臨時住宿租賃、民宿、臨時住宿接待服務（抵達和離開的管理）、提供露營住宿設備、提供營地設施、活動房屋租賃、帳篷租賃、提供營地住宿服務」服務與據以註冊第00110625號商標所指定之「餐廳、冷熱飲料店、飲食店餐飲之服務」服務、註冊第01309005號商標所指定之「冷熱飲料店、飲食店、小吃店、冰果店、茶藝館、火鍋店、咖啡廳、咖啡館、啤酒屋、酒吧、飯店、速簡餐廳、自助餐廳、備辦雞尾酒會、備辦宴席、代預訂餐廳、點心吧、外燴、伙食包辦、流動咖啡餐車、流動飲食攤、快餐車、小吃攤、泡沫紅茶店、餐廳、學校工廠之附設餐廳、速食店、早餐店、漢堡店、牛肉麵店、日本料理店、燒烤店、牛排館、涮涮鍋店、居酒屋、素食餐廳、賓館、汽車旅館、供膳宿旅館、代預訂旅館、旅館預約、臨時住宿租賃、觀光客住所、旅館、預訂臨時住宿、預訂寄宿處、民宿、提供膳宿處、提供寄宿處、旅社、提供露營住宿設備、提供營地設施、活動房屋租賃、帳篷租賃、提供營地住宿服務」服務及註冊第01868638號商標所指定之「動物飼料；飼料；水產用飼料；狗飼料；貓飼料；動物食用亞麻籽；家畜用鹽；動物食品；寵物食品；動物用飼養劑；動物食用酵母；動物食用穀類加工副產品；鳥用墨魚骨；鳥食；動物食用穀物；飼料用藻類；動物食用糠類混合飼料；家禽用去殼穀粒；飼料用奶粉；動物可食用咀嚼物」商品同一或類似，有致相關消費者混淆誤認之虞，有前揭法條規定之情事，有致相關消費者混淆誤之虞，認本案之申請有違《商標法》第30條第1項第10款之規定，欲核駁本案之申請；惟經查：

　　1、按「商標相同或近似於他人同一或類似商品或服務之註冊商標或申請在先之商標，有致相關消費者混淆誤認之虞者，不得註冊」固為《商標法》第30條第1項第10款所明定，尋釋法意，「所謂有致消費者混淆誤認之虞，係商標給予消費者印象，可能致消費者混淆誤認商品／服務之來源」；而判斷是否有致消費者混淆誤認之虞，則依智慧財產局公告之「混淆誤認之虞」審查基準，其中並以商標近似及商品類似二項要素為

智慧財產權之理論與實務

要件,惟係適用應以兩造商標圖樣構成相同或商品近似為前要件,而綜合判斷有關兩造商標近似之程度,主要又依一般社會通念或市場交易之具普通知識之消費者是否有致消費者混淆誤認而判斷兩商標近似,與應就一般商品購買人對於該商標如何反應及瞭解,能否引起一般人之注意,該一定部分之存在而發生或增加商標之識別功能者,雖亦須就該一定部分加以比對觀察,然此係為得全體觀察之正確結果之一種方法,並非予一定部分相同或近似,該商標即屬近似之商標(行政法院七十二年度判字第一三九五判決照),從而商標圖樣如事實上不致混同誤認之虞時,則縱然其外觀、讀音、觀念或其一定部分有所類似,亦不得認為係商標之近似;是以本商標亦即無違反前揭法條之規定,合先敘明。

　　2、查本件商標據以引證商標註冊第00110625號「天空之城LAPUTA及圖」指定於第42類餐廳、冷熱飲料店、飲食店餐飲之服務(下稱引證一);註冊第01309005號「LAPUTA5及圖」指定於第43類冷熱飲料店、飲食店、小吃店、…等服務(下稱引證二);第01868638號「天空之城」指定於第31類物飼料、飼料、水產用飼料、…等商品(下稱引證三),與申請人申請註冊第108880231號「天空商城SkyCommodityCity及圖」第30類「茶包、茶飲料、咖啡飲料、可可飲料、巧克力飲料、速食麵」商品;第31類「飼料」商品;第32類「啤酒、黑啤酒、生啤酒、薑汁啤酒、麥芽啤酒、製啤酒用麥芽汁、製烈性酒配料、製啤酒用蛇麻子汁、不含酒精之啤酒、克瓦斯淡啤酒、含微量酒精之水果飲料、不含酒精的飲料、不含酒精的雞尾酒飲料、不含酒精的開胃酒飲料、以蜂蜜為主的不含酒精飲料、以啤酒為主之雞尾酒飲料、汽水、果汁、礦泉水、清涼飲料」商品、第33類「白蘭地酒、威士忌酒、伏特加酒、水果酒、清酒、高梁酒、茅臺酒、藥味酒、人蔘酒、米酒、黃酒、蔘茸酒、含酒精飲料(啤酒除外)、燒酒、白酒、茶酒、酒(啤酒除外)、紅酒、竹葉青酒、大麴酒」商品及第43類「冷熱飲料店、飲食店、冰果店、茶藝館、火鍋店、咖啡館、啤酒屋、酒吧、飯店、餐廳、速食店、早餐店、漢堡店、日本料理店、燒烤店、牛排館、涮涮鍋店、居酒屋、素食餐廳、提供餐飲服務、備辦餐飲、機場休息室服務、賓館、汽車旅館、臨時住宿租賃、民

宿、臨時住宿接待服務（抵達和離開的管理）、提供露營住宿設備、提供營地設施、活動房屋租賃、帳篷租賃、提供營地住宿」等雖係屬類似商品或服務，惟：

2-1、按，所謂商標構成相同或近似者，係指以具有普通所用之注意，就兩商標之主要部分之外觀、觀念或讀音隔離觀察，有無引起混同誤認之虞以為斷。故兩商標在外觀、觀念或讀音上，其主要部分之文字、圖形或記號，有一近似，足以使一般相關消費者產生混淆誤之虞者，即為近似之商標，而衡酌商標在外觀或觀念上有無混同誤認之虞，應本客觀事實下列原則判斷之：

(1)以具有普通知識經驗之購買者，施以普通之注意；

(2)以商標之文字圖形或記號異時異地隔離通體觀察之；

(3)以商標以文字、圖形或記號為聯合式者，應就其各部分觀察，以構成主要之部分；故判斷兩商標是否近似，應就各商標在「外觀」、「觀念」、「讀音」上特別突出顯著，足以讓消費者對標誌整體形成核心印象之主要部分異時異地隔離各別觀察，以辨是否足以引起混淆誤認之虞；又判斷商標之近似與否，則應以總括通體隔離觀察為原則為之。

2-2、茲再謹就申請人商標與引證商標之差異說明如下：

(1)、申請案商標之中文「天空商城」與據以駁回第00110625號「天空之城LAPUTA及圖」、01309005號「LAPUTA及圖」、第01868638號「天空之城」等商標之中文相較仍有明顯差異不同，前者為斗大之「天」聳立於上排獨樹一格，並結合下排以「空商城」文字橫立下排別出心裁之設計，商標設計意旨象徵有縱橫天下之意謂，而觀引證一～三之商標「天空之城」，其中文均係為一般等大沒經設計之普通字均等排列一排，除商標文字外，其設計完全不同，商標字義亦冏然有別，顯為不同並可供相區別；

(2)、申請案商標「天空商城SkyCommodityCity及圖」整體商標以通體觀察與引證案一～二之商標「天空之城及圖」及引證三「天空之城」

智慧財產權之理論與實務

整體商標異時異地隔離觀察，前者為別出意匠之中文文字「天空商城」獨特巧妙之前述商標中文文字組創結合英文「SkyCommodityCity」及「港口建物圖形」設計，整體予人獨特層次空間科幼視覺之獨特風貌創意設計，與引證案一～二「天空之城LAPUTA童話雲朵城堡圖形」及引證案三「天空之城」純中文文字等之整體之設計迥然不同，不致使一般具普通知識消費者產生混淆而有致誤認之虞。

3、再者，本申請案商標「天空商城SkyCommodityCity及圖」乃係沿由申請人如下商標（參附件一）之系列設計之衍生設計而生之創設商標，茲列示如下：

申請案第108880231號＜申請案之系列商標＞，註冊號第1959550號（第41類），註冊號第01924786號（第41類），由上表可清楚知悉上述商標係申請人系列商標之獨特創設風格，尤以其商標圖樣中之中文文字均係採一斗大的「天」字為一大特色，再結合以另一排以較小字體以「空」為首之文字「商城」、「知城」、「書城」形成一商標網之系列，實與引證案一～二「天空之城LAPUTA童話雲朵城堡圖形」及引證案三「天空之城」純中文文字等大普通字體及整體設計意境明顯亦迥然不同，異時異地隔離通體觀察，亦實不致使一般具普通知識消費者產生混淆而有致誤認之虞，且申請案實屬申請人所別出心裁之設計之系列商標重要一環，並進行一連貫之申請註冊，冀期辛苦創設之品牌心血及用心維護之商標，能在智慧財產權保護羽翼下成長茁壯，並體恤中小企業辛苦創設品牌之不易與艱辛及心血不致白費，並准予申請人商標獲准註冊。

4、又，查原處分機關核准之諸多商標前案（請參附件二），其係與本案之案情相同，且並獲准註冊之商標，茲列示如下：

註冊/審定號商標名稱/商品類別
1486429彩虹天空rainbowsky及圖43
1488821調茶天空及圖30
1488962調茶天空及圖32
1505581龍眼的天空RISINGSUN及圖30

第四章　商標法

1530151彩虹天空rainbowsky及圖32
1578098蘭海の天空LanHaiのSky及圖43
1171683李家茶店天空系列30
1190189北海道的香草天空30
1251909海鷗の天空及圖43
1266845香草天空30
1717908可可天空30
01320128桔子天空流行生活飲品館orange及圖43
01373230星月天空及圖043
01413253天空藍咖啡CAF'EAOZORA及圖43
01742544天空話題43
01833196天空書坊SKYbookstore及圖43
01817283忘憂天空設計圖043

　　由上表可明顯知悉，上述商標均係為於商標文字中含有「天空」之商標文字，除顯見「天空」已為一普通慣用之通用詞，且廣為眾多前案商標分別以不同文字與「天空」文字貫連組合成不同之新潮商標文字所註冊使用，並獲鈞局核准註冊可稽，是以，本案商標「天空商城SkyCommodityCity及圖」之主要識別文字「天空商城」之中文，其除以斗大醒目與眾不同之「天」字自樹一格外，並與「空商城」之文字分列為二列，與申請人商標系列相呼應成一商標網外，其尚有英文「SkyCommodityCity」及港口建物圖之識別圖樣及文字，整體商標具高度識別性足以茲區別，實於具普通知識消費者不虞與據以駁回引證案一～三商標產生混淆誤認，顯見本案與據以駁回三引證案之商標圖樣整體觀之顯為不同，且可清楚辨識該整體商標識別性，而本案商標「天空商城SkyCommodityCity及圖」，已顯然為已足以具相當之識別性，而無致混淆誤認之虞者，是以申請人整體商標仍具使一般具普通知識消費者得以清楚辨識，而無致混淆誤認之虞者，無違反前揭《商標法》之規定。

　　三、綜上所陳，申請人其商標圖樣上「天空商城SkyCommodityCity及圖」與駁回引證商標顯為不同，且申請案與據以駁回三引證案之中文

文字不同，又申請案之中文文字之「天」字以大於泰半之斗大比例獨樹一格，再於下列文字以「空」為「首字」組成系列商標網「天空商城」、「天空知城」、「天空書城」分列二列，成強烈對比字設計，並結合英文「SkyCommodityCity」及「港口建物圖」整體具極高之辨識度，與引證一～二「天空之城及童話雲朵城堡圖」及引證三「天空之城」之商標圖樣中之中文「天空之城」一般未經設計之普通文字，前者與後者顯為不同並可供相區別，且尚有與本案相同案情經原處分機關核准之諸多前例可稽，故而本案申請案整體商標以通體觀之確不致使一般具普通知識消費者產生混淆誤認之虞，使本案商標足以茲與之區別及得以清楚辨識，本案自無首揭《商標法》第30條第1項10款之適用，懇祈鈞院能秉公平、公正、客觀及鼓勵與保護設計之精神，准予本案之申請早日惠予核准之審定，至為感禱！

申請人：

ＩＤ：N103548581

地址：雲林縣斗六市三平里7鄰西平路209號16樓之15

第四章　商標法

復函

聯絡人：蔡輝振
電　話：0921273903
傳　真：05-5374625
e-mail：tsaihc@yuntech.edu.tw
地　址：雲林縣斗六市西平路 209 號 16F 之 15

106 台北市大安區辛亥路二段 185 號 3F
受文者：經濟部智慧財產局
發文日期：中華民國 107 年 11 月 08 日
發文字號：天(商)字第 107110801 號
速　別：晉
密　等：普
附　件：如文

主旨：檢送第 107027933 號「天空商城 Sky Commodity City 及圖」商標註冊申請案補正事項，請　查照。

說明：
一、依貴局於 107 年 10 月 05 日(107)慧商 40295 字第 10791023090 號函辦理。
二、前 107 年 10 月 15 日天(商)字第 107101501 號作廢，以本文為準。
三、依貴局指示補正事項如下：

1. 類別：30
商品／服務名稱：

茶葉、茶包、茶飲料、咖啡豆、可可粉、巧克力粉、咖啡飲料、可可飲料、巧克力飲料、調味用香料、蜂蜜、蜂王漿、蜂王乳、蜂膠、糖果、餅乾、麥片、速食麵、酒麴、甜酒釀。

2. 類別：32
商品／服務名稱：

啤酒、黑啤酒、生啤酒、薑汁啤酒、麥芽啤酒、製啤酒用麥芽汁、製烈性酒配料、製啤酒用蛇麻子汁、不含酒精之啤酒、克瓦斯淡啤酒、含微量酒精之水果飲料、不含酒精的飲料、不含酒精的雞尾酒飲料、不含酒精的開胃酒飲料、以蜂蜜為主的不含酒精飲料、以啤酒為主之雞尾酒飲料、汽水、果汁、礦泉水、清涼飲料。

3. 類別：33
商品／服務名稱：

白蘭地酒、威士忌酒、伏特加酒、水果酒、清酒、高粱酒、茅台酒、藥味酒、人蔘酒、米酒、黃酒、蔘茸酒、含酒精飲料（啤酒除外）、燒酒、白酒、茶酒、酒（啤酒除外）、紅酒、竹葉青酒、大麴酒。

正本：經濟部智慧財產局
副本：蔡輝振

申請人：蔡輝振

更正函

聯絡人：蔡輝振
電　話：0921273903
傳　真：05-5374625
e-mail：tsaihc@yuntech.edu.tw
地　址：雲林縣斗六市西平路 209 號 16F 之 15

106 台北市大安區辛亥路二段 185 號 3F

受文者：經濟部智慧財產局

發文日期：中華民國 107 年 06 月 06 日
發文字號：天(商)字第 107060601 號
速　別：普
密　等：普
附　件：如文

主旨：更正商標第 107031475 號「守候咖啡」商標註冊申請案，其名稱更正為「天空知城 sky knowledge city」，請　查照。

正本：經濟部智慧財產局
副本：蔡輝振

申請人：蔡輝振（簽名）

第四章　商標法

中 華 民 國 商 標 註 冊 證

註　冊　號　數：02222256
商　標　權　人：蔡輝振
　　　　　　　　TSAI, HUEI CHENG

名　　　　　稱：天空商城 Sky Commodity City 及圖
圖　　　　　樣：

權　利　期　間：自 2022 年 5 月 16 日起 至 2032 年 5 月 15 日止
類　　　　　別：商標法施行細則第19條 第 035類
商品或服務名稱：〔見後頁〕

經濟部智慧財產局　　局　長　　洪淑敏

中華民國　111　年　5　月　16　日

六、依種類繳交規費：

<table>
<tr><td colspan="4" align="center">商標規費清單(113年5月1日起生效)</td></tr>
<tr><td rowspan="6">註冊申請費</td><td rowspan="4">商標或團體商標</td><td rowspan="2">指定使用在第1類至第34類商品</td><td>同類商品中指定使用之商品在20個以下</td><td>每類新臺幣3,000元</td></tr>
<tr><td>同類商品中指定使用之商品超過20個</td><td>超過20個，每增加1個加收新臺幣200元</td></tr>
<tr><td rowspan="2">指定使用在第35類至第45類服務</td><td>--</td><td>每類新臺幣3,000元</td></tr>
<tr><td>指定使用在第35類之特定商品零售服務，超過5個</td><td>超過5個，每增加1個加收新臺幣500元</td></tr>
<tr><td>商標</td><td colspan="2">加速審查</td><td>每類加收新臺幣6,000元。</td></tr>
<tr><td colspan="3">團體標章或證明標章</td><td>每件新臺幣5,000元</td></tr>
<tr><td colspan="2">電子申請</td><td>--</td><td>每件減收新臺幣300元</td></tr>
</table>

第四章　商標法

註冊費		全部指定使用之商品或服務與電子申請系統參考名稱相同	每類再減收新臺幣300元
	商標或團體商標	--	每類新臺幣2,500元
	團體標章或證明標章	--	每件新臺幣2,500元
延展註冊申請費	商標或團體商標		每類新臺幣4,000元
	團體標章或證明標章		每件新臺幣4,000元
分割申請費	註冊申請案		按分割後增加之件數，每件新臺幣2,000元
	商標權、證明標章權或團體商標權	--	按分割後增加之件數，每件新臺幣2,000元
		於異議、評定或廢止案件處分前申請分割	加收新臺幣2,000元
其他申請費	變更註冊申請事項或註冊事項	--	每件新臺幣500元
		一變更申請案中同時申請變更多件相同事項	依變更案件數計算，每件新臺幣500元

減縮註冊商標所指定使用之商品或服務		每件新臺幣500元
授權或再授權登記	--	每件新臺幣2,000元
	一授權或再授權登記申請案中同時申請授權或再授權多件相同事項	依授權或再授權登記案件數計算，每件新臺幣2,000元
廢止授權或再授權登記		每件新臺幣1,000元
移轉登記	--	每件新臺幣2,000元
	一移轉登記申請案中同時申請移轉多件相同事項	依移轉登記案件數計算，每件新臺幣2,000元
質權設定登記		每件新臺幣2,000元
質權消滅登記		每件新臺幣1,000元
異議		每類新臺幣4,000元
評定		每類新臺幣7,000元
廢止		每類新臺幣7,000元
參加異議、評定或廢止		每件新臺幣2,000元

第四章　商標法

各種證明書件	每份新臺幣500元
查閱案卷	每件新臺幣500元
商標代理人登錄或異動登錄	每件新臺幣500元
補發或換發註冊證	每件新臺幣500元

辦理各類商標申請事項，應繳規費者，請以下列方式，擇一為之：

1.現金：限臨櫃繳納，不可郵寄。

2.轉帳(ATM、網路ATM、網路轉帳、行動支付)、電匯或至合作金庫銀行任一分行填寫「聯行存款憑條」存款繳納：請務必使用本局繳費單上提供之繳費帳號繳費，以利本局對帳。

3.票據：限即期票據(支票、匯票、銀行本票，票據上所載日期不可晚於送達本局日期)、受款人為「經濟部智慧財產局」並請記載「禁止背書轉讓」。

4.郵政劃撥：劃撥帳號00128177、戶名為「經濟部智慧財產局」，劃撥單通訊欄請加註「商標註冊申請案」、「申請人名稱」、「商標名稱」、「聯絡電話」等項目（俾便聯絡），本劃撥帳號請勿以電匯或轉帳方式辦理。寄件地址：臺北市大安區辛亥路二段185號3樓。

5.信用卡：以信用卡進行線上繳納規費，持卡人與e網通會員需為同一人。繳款人於e網通選擇繳費方式，輸入信用卡資料及3D驗證碼，經檢核成功即完成繳納程序。

6.約定帳戶扣繳：
(1)請依照**約定帳戶扣繳作業須知 (http://www.tipo.gov.tw/tw/cp-201-904891-8be60-1.html)**填妥「全國性繳費(稅)業務授權轉帳繳款申請書」寄送本局，由本局轉送開戶金融機構進行核印手續(請勿自行繳交至金融機構)。
(2)約定帳戶辦理時間約10個工作天(依各金融機構作業時間為準)，請於接獲本局電話及Email通知約定扣繳帳戶成功後，再依照「使用約定扣繳方式繳交各項規費」所列程序繳納規費。
(3)請依該**作業須知**選擇線上或紙本扣繳方式辦理各項規費之單次扣繳。

　　繳交規費可至 https://www.tipo.gov.tw/trademarks-tw/cp-537-860499-15903-201.html 參考。

七、商標之審查：

商標註冊之審查，應可包含：審查人員、審查基準、審查程序、行政救濟、核准階段、異議階段、評定階段、廢止階段、維護階段，以及法定時限等項說明：

1. 審查人員：

《商標法》第 14 條規定：「**商標專責機關對於商標註冊之申請、異議、評定及廢止案件之審查，應指定審查人員審查之。**」復謂「**前項審查人員之資格，以法律定之。**」可見，主管機關對於商標申請案之審查，係指定商標審查人員審查。而有關審查人員之資格，另以法律制定。

2. 審查基準：

審查人員之審查基準，乃依前述《商標法》第 29、30 條，法定不得註冊，以及第 32 條法定核准的規定辦理。前項核駁審定前，應將核駁理由以書面通知申請人限期陳述意見。指定使用商品或服務之減縮、商標圖樣之非實質變更、註冊申請案之分割及不專用之聲明，應於核駁審定前為之；而經核准審定之商標，申請人應於審定書送達後二個月內，繳納註冊費後，始予註冊公告，並發給商標註冊證；屆期未繳費者，不予註冊公告。

3. 審查程序：

商標審查程序大致可分為下列幾個階段：

A. 形式審查階段：

該階段即檢視各種申請文件，是否合於《商標法》及其《施行細則》之規定。其內容大致包含：審查各種書表，是否採用主管機關訂定的格式；各種申請書的撰寫、表格的填寫，以及圖式的製法是否符合規定；應檢送的證明文件是否齊備，是否具法律效力；申請日之認定；申請人的資格是否符合規定；代理人是否具備代理之資格與權限；有無依法繳納規費等。

第四章　商標法

基於實務作業,主管機關無法立即審查文件是否齊備,故不論申請人親自送件、電子方式申請,或是郵寄送件,主管機關皆先行收件,經資料建檔後,再交辦審查。程序審查時,如發現申請文件欠缺,或不符法定程式而得補正者,再通知申請人限期補正。申請人屆期補正,或未補正,或補正仍不齊備時,則視其應補正之申請文件種類,可能為行政處分以補正之日為申請日,或處分申請案不受理,或依現有資料逕行後續程序,或處分喪失優先權,或處分視為未寄存等。其補正期間,以不超過六個月為原則,即通知申請人限期四個月內補正,申請人無法依限補正而須展期者,應於屆期前聲明理由,申請展期,主管機關原則上准予展期 2 個月,但優先權補正資料,不得延展。意即所有補正期間自申請人提出申請之日起,以不超過六個月為原則,逾期未補正,則處分不受理。但於該不受理處分合法送達前補正者,主管機關仍應受理。[6]

B. 調查階段:

　　該階段係針對商標註冊之圖樣,調查其是否與其他商標,以及申請商標類別衝突,以確定該圖樣與類別符合《商標法》的規定。

4. 行政救濟:

　　行政救濟乃申請人,針對主管機關作成的處分不服者,所採取的法定措施。茲說明如下:

A. 申復:

　　《商標法》第 31 條規定:「**前項核駁審定前,應將核駁理由以書面通知申請人限期陳述意見。**」可見,審查人員在審定核駁商標註冊之前,會先寄發〝核駁理由先行通知書〞,給申請人再一次申復的機會。申請人須在法定時間內(通常國內二個月,國外三個月,兩者皆得申請延長一次),以書面申復理由書,向主管機關提出申復,該申復內容一般以

---

[6] 參見經濟部智慧財產權局:《現行專利審查基準介紹‧第一篇程序審查及專利權管理》,2025.01.07 上網。https://www.tipo.gov.tw/patents-tw/cp-682-870070-5036b-101.html。

補充說明或修正，以消弭審查人員的疑慮為主。

不過，依經驗而言，申請人若接到主管機關來文修正，代表審查委員認同該商標申請案，只要依審查委員的意見提出修正，其獲准商標的機會甚高；但如接到主管機關來文通知申請人，限期申復，則通常是該委員並不認同該申請案，基於法定程序要求申復而已，獲准的機會甚微，必須作適當的減縮，才有可能獲准。

B. 訴願：

依訴願法第一條規定：「**人民對於中央或地方機關之行政處分，認為違法或不當，致損害其權利或利益者，得依本法提起訴願。**」意即，商標申請案經主管機關確定不准商標註冊時，主管機關將會製作〝核駁審定書〞，寄發給申請人，申請人若不服裁定，可於收到該審定書次日起30日內，以書面訴願理由書，向經濟部訴願委員會提起訴願。

其訴願理由書除須記載，訴願人的姓名及住所，原行政處分機關，訴願請求事項，收受或行政處分的日期，以及受理訴願的機關外，並應將該核駁審定書的不當之處，具體指明。訴願委員受理此一訴願後，若認為訴願有理由，將會作成〝訴願決定書〞，撤銷原審定，並責由主管機關依該決定書指示，重新審查。若訴願委員會認為訴願無理由，則將駁回訴願。

C. 訴訟：

依行政訴訟法第四條規定：「**人民因中央或地方機關之違法行政處分，認為損害其權利或法律上之利益，經依訴願法提起訴願而不服其決定，或提起訴願逾三個月不為決定，或延長訴願決定期間逾二個月不為決定者，得向高等行政法院提起撤銷訴訟。**」可見，申請人如不服經濟部訴願委員會的裁定，可於收到訴願決定書，次日起二個月內，向高等行政法院，或智慧財產權法院提起告訴（以下簡稱受理法院）。

受理法院在受理告訴案件後，首先分發案件，再由受命法官寄發開庭通知書。開庭時，當事人必須備齊相關資料，準時出庭。一般而言，

第四章　商標法

準備程序大至有二次庭期，嗣後再開一次言詞辯論庭，受理法院即有可能宣判。如受理法院認為起訴有理由，則會依聲明分別為撤銷原處分與決定的判決，或因事證明確，而直接判決主管機關應作成申請人請求的行政處分。

申請人如再不服受理法院的裁定，可於收到判決書，次日起二十日內，再向最高行政法院提起告訴，這是最後一審（終審），其審理程序大至與上同。

D. 審查與救濟流程圖：

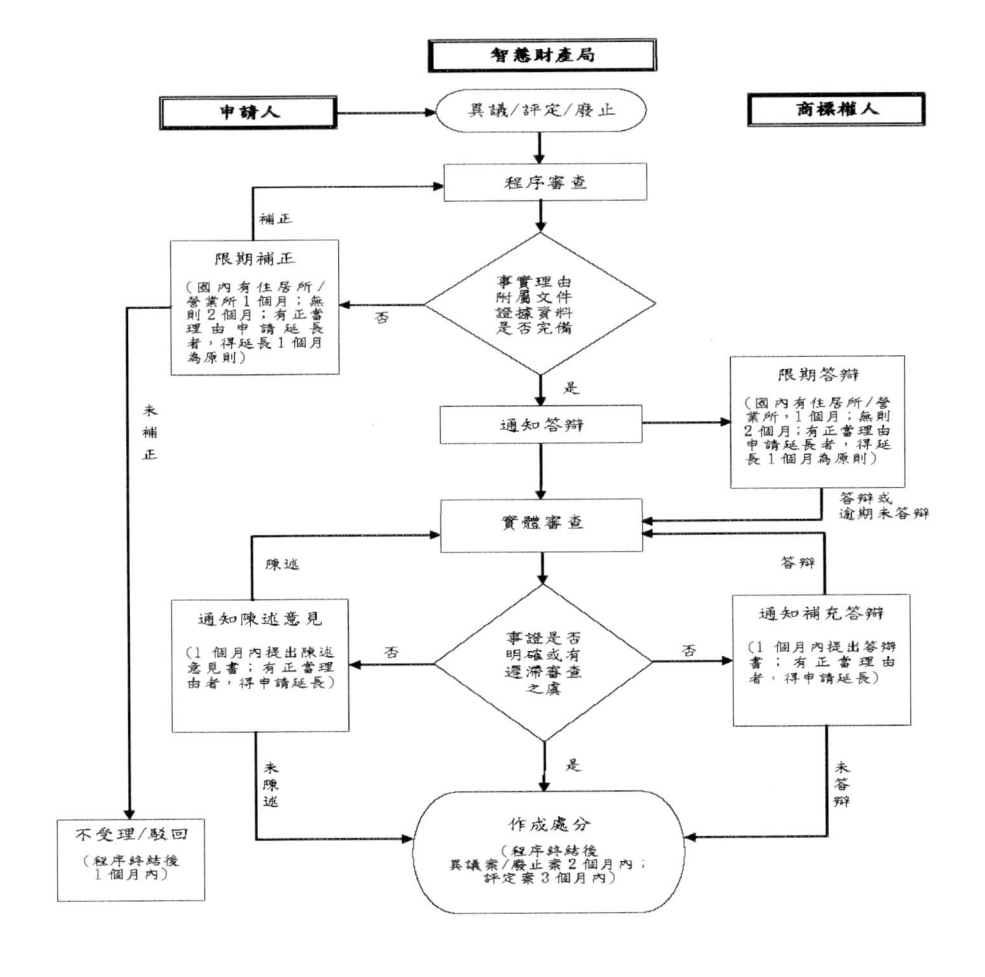

5. 核准階段：

該階段係審查委員，認為商標申請案無不予商標註冊之情事者，應予商標註冊的階段。依《商標法》第 32 條規定：「**商標註冊申請案經審查無前條第一項規定之情形者，應予核准審定。**」復謂：「**經核准審定之商標，申請人應於審定書送達後二個月內，繳納註冊費後，始予註冊公告，並發給商標註冊證；屆期未繳費者，不予註冊公告。**」

可見，只要不違反法定不予商標註冊的規定，並符合商標註冊要件，即可獲准商標權。並於審定書送達後二個月內，要繳納註冊費後，才會公告；如法定時間二個月內還未繳費者，就不予公告，其商標權自始不存在。繳完費後，即自公告之日起給予商標權，並發證書。

6. 異議階段：

該階段係有人認為該商標權，有違《商標法》的相關規定，均可於商標權期間內，向主管機關提起異議的階段。依《商標法》第 48 條規定：「**商標之註冊違反第二十九條第一項、第三十條第一項或第六十五條第三項規定之情形者，任何人得自商標註冊公告日後三個月內，向商標專責機關提出異議。**」意即，異議階段係有人認為該商標權，有違《商標法》的相關規定，均可於商標權期間內，向主管機關提起異議。由於商標權具有排他性之效力，為調和商標權人、利害關係人，或公眾之利益，《商標法》乃設"異議"之公眾輔助審查制度，該制度可藉由第三人，協助主管機關就公告的商標案再予審查，使商標之核准更臻於正確無誤。

又異議程序之產生，經常源於兩造當事人商標侵權之糾紛，異議人自然想藉此，對已授予商標權請求撤銷，以避免涉及侵害商標權。透過異議程序，撤銷對方商標是根本解決的方法，當對方商標權被撤銷後，該商標權即視為自始不存在，自然無所謂侵權情事。進行異議需要如下資料：

第四章　商標法

A. 異議證據：

必須具有公信力之公開資料，如商標資料、期刊、書報等皆可，其中當以商標資料最佳，若是內部資料較不利；該公開資料包含世界各國。

B. 異議理由書：

必須引用上述資料，並逐一比對其商標範圍，然後詳列異議理由，以及所依據的法條。

C. 程序追蹤：

依《商標法》第 49 條規定：**「商標專責機關應將異議書送達商標權人限期答辯；商標權人提出答辯書者，商標專責機關應將答辯書送達異議人限期陳述意見。」**意即，在異議審查期間，必須隨時留意對方，是否有對其異議理由進行答辯，如有須在商標專責機關的送達異議人限期陳述意見書，可再補充異議理由，以反駁其答辯意見。異議案經審查不成立者，任何人不得以同一事實及同一證據，再為異議。

7. 評定階段：

該階段係商標產生爭議時，由評定委員來審理，以解決紛爭。依《商標法》第 59 條規定：商標評定案件，由商標專責機關首長指定審查人員三人以上為評定委員來評定。

同法第 57 條規定：商標之註冊違反第 29、30 條之法定不得註冊者，利害關係人或審查人員得申請，或提請商標專責機關評定其註冊。其據以評定商標之註冊已滿三年者，應檢附於申請評定前三年，有使用於主張商品或服務之證據，或其未使用有正當事由之事證。所提出證據，應足以證明商標之真實使用，並符合一般商業交易習慣。

同法第 58 條規定：商標之註冊違反如下之一者：

A. 僅由描述所指定商品或服務之品質、用途、原料、產地或相關特性之說明所構成者。

B. 僅由其他不具識別性之標識所構成者。

C. 相同或近似於中華民國或外國之葡萄酒或蒸餾酒地理標示，且指定使用於與葡萄酒或蒸餾酒同一或類似商品，而該外國與中華民國簽訂協定或共同參加國際條約，或相互承認葡萄酒或蒸餾酒地理標示之保護者。

D. 相同或近似於他人同一或類似商品或服務之註冊商標或申請在先之商標，有致相關消費者混淆誤認之虞者。但經該註冊商標或申請在先之商標所有人同意申請，且非顯屬不當者，不在此限。

E. 相同或近似於他人著名商標或標章，有致相關公眾混淆誤認之虞，或有減損著名商標或標章之識別性或信譽之虞者。但得該商標或標章之所有人同意申請註冊者，不在此限。

F. 相同或近似於他人先使用於同一或類似商品或服務之商標，而申請人因與該他人間具有契約、地緣、業務往來或其他關係，知悉他人商標存在，意圖仿襲而申請註冊者。但經其同意申請註冊者，不在此限。

G. 有他人之肖像或著名之姓名、藝名、筆名、稱號者。但經其同意申請註冊者，不在此限。

H. 相同或近似於著名之法人、商號或其他團體之名稱，有致相關公眾混淆誤認之虞者。但經其同意申請註冊者，不在此限。

I 商標侵害他人之著作權、專利權或其他權利，經判決確定者。但經其同意申請註冊者，不在此限。

J. 自行變換商標或加附記，致與他人使用於同一或類似之商品或服務之註冊商標構成相同或近似，而有使相關消費者混淆誤認之虞者。經廢止其註冊者，原商標權人於廢止日後三年內，不得註冊、受讓或被授權使用與原註冊圖樣相同或近似之商標於同一或類似之商品或服務；其於商標專責機關處分前，聲明拋棄商標權者，亦同。

該等自註冊公告日後滿五年者，不得申請或提請評定。但屬惡意者，不受前項期間之限制。且同法第 61 條也規定：評定案件經處分後，任何人不得就同一事實，以同一證據及同一理由，申請評定。

8. 廢止階段：

該階段係商標權人的商標權被異議後，主管機關依法認為符合廢止商標權之規定，即會作出廢止的裁定，商標權人如有不服，可依法提起行政救濟。依《商標法》第 63 條規定：商標註冊後有下列情形之一，商標專責機關應依職權或據申請廢止其註冊：

A. 自行變換商標或加附記，致與他人使用於同一或類似之商品或服務之註冊商標構成相同或近似，而有使相關消費者混淆誤認之虞者。

B. 無正當事由迄未使用或繼續停止使用已滿三年者。但被授權人有使用者，不在此限。

C. 未依規定附加適當區別標示者。但於商標專責機關處分前已附加區別標示並無產生混淆誤認之虞者，不在此限。

D. 商標已成為所指定商品或服務之通用標章、名稱或形狀者。

E. 商標實際使用時有致公眾誤認誤信其商品或服務之性質、品質或產地之虞者。

廢止之事由僅存在於註冊商標所指定使用之部分商品或服務者，得就該部分之商品或服務廢止其註冊。

同法第 65 條也規定：商標專責機關應將廢止申請之情事通知商標權人，並限期答辯；商標權人提出答辯書者，商標專責機關應將答辯書送達申請人限期陳述意見。但申請人之申請無具體事證或其主張顯無理由者，得逕為駁回；但如無正當事由迄未使用或繼續停止使用已滿三年者，其答辯通知經送達者，商標權人應證明其有使用之事實；屆期未答辯者，得逕行廢止其註冊。

在這裡要特別注意第 66 條的規定：商標註冊後有無廢止之事由，適用申請廢止時之規定。其原因起於，法規會因時代環境、社會變遷等因素而產生變化，法規自然也要與時俱進。所以，申請廢止時要依當時法規的規定辦理。

9. 維護階段：

在商標維護階段，應注意以下事項：

A. 僅記所擁有之商標權僅為十年，到期後得申請延展，每次延展為十年，如不申請延展即終止商標權。但申請人非因故意，未於期限內繳費者，得於期限屆滿後六個月內，繳納二倍之註冊費。

B. 記得在產品上標示商標及其證號，以為商標權受不法侵害時，能證明侵害者的故意或過失。

C. 每次申請延展時，皆要繳納規費。

D. 記得如發現他人未經授權，而有侵權行為時，即可檢具相關證據，對侵權人發出請求排除侵害的存證信函，並要求損害賠償，如侵權人不予理會，或仍繼續侵權時，則應立即向智慧財產權法院提出告訴，並附帶損害賠償之請求，以避免請求權因自請求權人知有損害及賠償義務人時起，二年間不行使而消滅；自有侵權行為時起，逾十年者亦同，請求權時效屆滿，便無法保障自己的合法權益。

10. 法定時限：

依訴願法第二條規定：「人民因中央或地方機關對其依法申請之案件，於法定期間內應作為而不作為，認為損害其權利或利益者，亦得提起訴願；前項期間，法令未規定者，自機關受理申請之日起為二個月。」可見，主管機關應明確告知社會大眾，其商標審查的作業時間，並於該主管機關違反其作業時間內，仍未有初步結果之審定時，申請人可依法向主管機關，提出訴願。有關商標申請案之法定時限表如下：

備註：處理時限自收文日起算，但通知補正、申復、答辯期間或因其他正當事由緩辦之期間不計算在內。

商標各項申請案件處理時限表

序號	事項類別	處理期間
1	商標註冊申請案	八個月
2	商標權期間延展註冊申請案	二個月
3	商標授權及再授權登記申請案	一個月
4	商標授權（再授權）消滅登記申請案	一個月
5	商標權移轉登記申請案	二個月
6	分割商標註冊申請案	二個月
7	分割商標權案	二個月
8	註冊事項變更案	一個月
9	註冊商標商品減縮案	二個月
10	商標質權設定登記申請案	一個月
11	商標質權消滅登記申請案	一個月
12	商標註冊證補發或換發申請案	一個月
13	各種證明書申請案	一個月
14	廢止商標權申請案	六個月
15	商標異議案	五個月
16	商標評定案	六個月

八、商標權利之實施：

商標權利之實施，大至有：商標權人實施、商標授權實施二種。茲說明如下：

1. 商標權人實施：

商標申請權人取得商標權後，即可在一定期間內，享有排他性之標示使用權，以及為上述目的而進口之權，並可依法自行實施。

再者，商標權人不管是自行實施、授權實施，或特許實施，皆要注意以下問題：

A. 依《商標法》第 32 條規定，申請人非因故意，未於前項所定期限繳費者，得於繳費期限屆滿後六個月內，繳納二倍之註冊費後，由商標專責機關公告之。但影響第三人於此期間內申請註冊或取得商標權者，不得為之。

B. 同法第 39 條規定，商標授權非經商標專責機關登記者，不得對抗第三人；授權登記後，商標權移轉者，其授權契約對受讓人仍繼續存在；非專屬授權登記後，商標權人再為專屬授權登記者，在先之非專屬授權登記不受影響；專屬被授權人在被授權範圍內，排除商標權人及第三人使用註冊商標。第 40 條也規定，專屬被授權人得於被授權範圍內，再授權他人使用；但契約另有約定者，從其約定。而非專屬被授權人非經商標權人或專屬被授權人同意，不得再授權他人使用；再授權，非經商標專責機關登記者，不得對抗第三人；第 42、44 條又規定，商標權人以其商標權移轉、設定質權及質權之變更、消滅，非經商標專責機關登記者，不得對抗第三人。

C. 同法第 46 條亦規定，共有商標權之授權、再授權、移轉、拋棄、設定質權或應有部分之移轉或設定質權，應經全體共有人之同意。但因繼承、強制執行、法院判決或依其他法律規定移轉者，不在此限。

D. 有關商標權之核准、變更、延展、轉移、授權、拋棄，以及設定

質權及其他應公告事項，主管機關皆會依法公告在商標公報上。

2. 商標授權實施：

授權可分為："專屬授權"與"非專屬授權"兩種。所謂專屬授權：「指被授權人在授權範圍內，取得相當於智慧財產權權利人的地位，授權人將不得在授權範圍內自行利用該智慧財產權，或是再授權給第三人使用。」而非專屬授權：「指授權人在授權範圍內，可同時授權給多人使用，也包含自己實施。」商標權人可依法專屬授權，或非專屬授權他人實施，並收取適當之權利金。

九、商標權利之侵權：

所謂侵權：「係指在商標權存續期間，未經商標權人許可，私自標示在產品上，此即為侵權。」

商標之侵權可分為：侵權之類型、侵權之救濟、侵權之鑑定，以及商標權效力不及之事項等，茲分別說明如下：

1. 侵權之類型：

侵權之類型有："直接侵權（Directinfringement）"與"間接侵權（Indirectinfringement）"兩種。茲分析如下：

A. 直接侵權：

所謂直接侵權：「是指被控侵權人，經由商標侵權鑑定，符合其要件而使侵權成立時謂之。」

B. 間接侵權：

所謂間接侵權：「係指行為人實施的行為，雖不構成直接侵犯他人商標權，卻故意誘導、慫恿、教唆別人實施他人商標，進而發生直接侵權行為。」意即，行為人在主觀上有誘導或唆使別人侵犯他人商標權的故意，在客觀上有為別人直接侵權行為的發生，提供必要條件，但並未實施，則間接侵權行為不能成立。可見，侵權行為的實際發生，是構成

間接侵權最重要的要件。

2. 侵權之救濟：

依《商標法》第 69 條規定：商標權人對於侵害其商標權者，得請求除去之；有侵害之虞者，得請求防止之；商標權人對於因故意或過失侵害其商標權者，得請求損害賠償。

總的來說，商標權人對於其侵權之救濟有：民事責任與刑事責任二項說明：

A. 民事責任：

民事責任求償大致有：賠償損害請求權、排除侵害請求權、防止侵害請求權，以及銷毀請求權等四項說明：

a. 賠償損害請求權：

依《民法》第二百十六條規定：**「損害賠償，除法律另有規定或契約另有訂定外，應以填補債權人所受損害及所失利益為限；依通常情形，或依已定之計劃、設備或其他特別情事，可得預期之利益，視為所失利益。」**

可見，侵權行為之賠償損害請求權，乃在填補被害人之實際損害為原則，非給予更多的利益。因此，損害賠償必須有實際損害為成立要件，無損害自無賠償之理。但如實際損害之金額，確屬難於證明者，法院應依侵害情節，審慎酌定賠償金額，使與被害人之實際損害相當。被害人並可依《商標法》第 71 條規定，從下列方式，擇一計算損害賠償金額：

(a). 依上述之《民法》第二百十六條規定，請求損害賠償。如不能提供證據，以證明其損害時，商標權人得就其實施商標權，通常可獲得之利益，減除受害後實施同一商標權所得之利益，以其差額為所受損害。

(b). 依侵害人因侵害行為所得之利益計算。如侵害人不能就其成本，或必要費用舉證時，以銷售該項物品全部收入為所得利益。

(c). 就查獲侵害商標權商品之零售單價一千五百倍以下之金額。但

所查獲商品超過一千五百件時，以其總價定賠償金額。

(d). 以相當於商標權人授權他人使用所得收取之權利金數額為其損害。

前項賠償金額顯不相當者，法院得予酌減之。

b. 排除侵害請求權：

意指商標侵權行為已發生，商標權人依法請求排除其侵害謂之。也就是說，當商標權人知悉，或發現有他人侵害其商標權時，即可依法請求侵害人停止侵害行為。

c. 防止侵害請求權：

意指商標侵權行為雖未發生，但有侵害之虞慮，商標權人可依法請求防止其侵害謂之。也就是說，當商標權人知悉，或發現他人有侵害其商標權之虞慮時，即可依法請求防止其侵害行為。

排除侵害與防止侵害，不以主觀之是否故意或過失為考量，亦不問商標權是否有受損，只要侵權行為已發生，或對侵權行為有虞慮者，即可依法請求。

d. 銷毀請求權：

意即商標權人為上述請求權時，對於侵害商標權的物品或從事侵害行為的原料器具等，得依法請求銷燬或其他必要之處置。

e. 申請海關查扣：

依《商標法》第 72 條規定，商標權人對輸入或輸出之物品有侵害其商標權之虞者，得申請海關先予查扣。該項申請，應以書面為之，並釋明侵害之事實，及提供相當於海關核估該進口物品完稅價格或出口物品離岸價格之保證金或相當之擔保；海關受理查扣之申請，應即通知申請人，如認為符合前項規定而實施查扣時，應以書面通知申請人及被查扣人。被查扣人得提供第二項保證金二倍之保證金或相當之擔保，請求海關廢止查扣，並依有關進出口物品通關規定辦理；查扣物經申請人取得

法院確定判決，屬侵害商標權者，被查扣人應負擔查扣物之貨櫃延滯費、倉租、裝卸費等有關費用；不屬侵害商標權者，該等費用則由申請人支付，以及賠償被查扣人因查扣或提供第七十二條第四項規定保證金所受之損害。

B. 刑事責任：

刑事責任有：未經同意之使用商標權與販賣、陳列、輸出入者二項說明：

A. 未經同意之使用商標權：依《商標法》第 95 條第一項規定，未得商標權人或團體商標權人同意，有下列情形之一者，處三年以下有期徒刑、拘役或科或併科新臺幣二十萬元以下罰金：

a. 於同一商品或服務，使用相同之註冊商標或團體商標者。

b. 於類似之商品或服務，使用相同之註冊商標或團體商標，有致相關消費者混淆誤認之虞者。

c. 於同一或類似之商品或服務，使用近似於其註冊商標或團體商標之商標，有致相關消費者混淆誤認之虞者。

B. 販賣、陳列、輸出入者：同法第二項規定，意圖供自己或他人用於與註冊商標或團體商標同一商品或服務，未得商標權人或團體商標權人同意，為行銷目的而製造、販賣、持有、陳列、輸出或輸入附有相同或近似於註冊商標或團體商標之標籤、吊牌、包裝容器或與服務有關之物品者，處一年以下有期徒刑、拘役或科或併科新臺幣五萬元以下罰金。

第四章　商標法

第六節　《商標法》之案例

本單元之案例，列舉民事判決案例與刑事判決案例做說明：

一、民事判決案例：

案例一

113120102 有關「SIEGWERK」侵害商標權之財產權爭議（商標法§5、§68 §69）（智慧財產及商業法院113年度民商訴字第8號民事判決）

爭點：於網站上販售真品並標示他人商標，是否構成「商標使用」或商標權侵害之認定

系爭商標

SIEGWERK

註冊第 01905869 號
第 21 類：「壺；玻璃罐；麵包屑盤；家用麵包籃；毛巾架；毛巾環；衛生紙架；玻璃製容器；瓦製容器；盤；食物保溫容器；玻璃製球狀容器；小玻璃瓶；廚房用量杯；水壺；水瓶；熱水瓶；陶瓷製容器」商品。

註冊第 01905886 號
第 21 類：「壺；玻璃罐；麵包屑盤；家用麵包籃；毛巾架；衛生紙架；玻璃製容器；瓦製容器；盤；食物保溫容器；玻璃製球狀容器；小玻璃瓶；廚房用量杯；水壺；水瓶；熱水瓶；陶瓷製容器」商品。

註冊第 01905887 號
第 21 類：「壺；玻璃罐；麵包屑盤；家用麵包籃；毛巾架；衛生紙架；玻璃製容器；瓦製容器；盤；食物保溫容器；玻璃製球狀容器；小玻璃瓶；廚房用量杯；水壺；水瓶；熱水瓶；陶瓷製容器」商品。

案例二

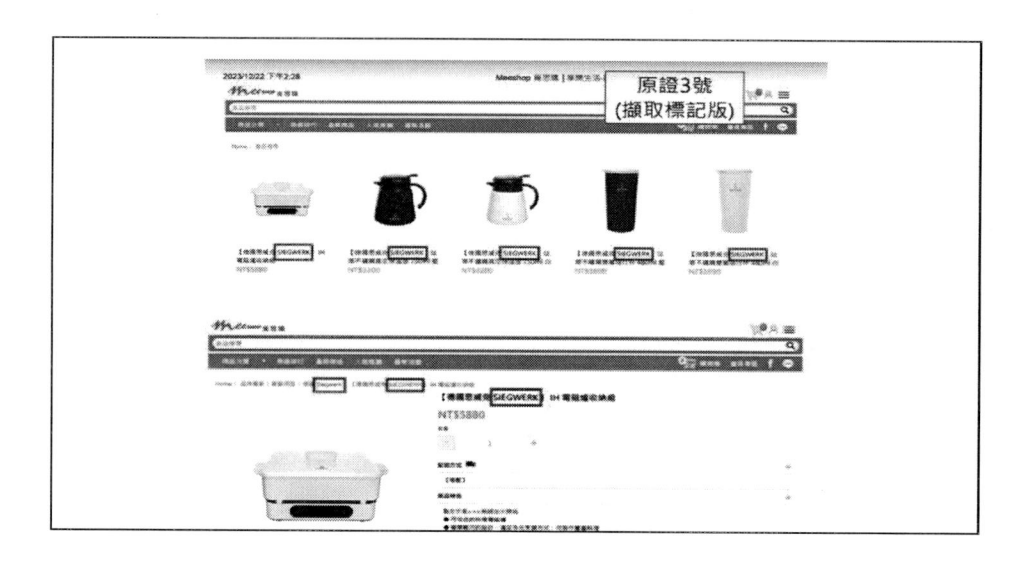

相關法條：商標法第 5 條、第 68 條、第 69 條。

案情說明

　　原告以上開所示文字或圖樣向經濟部智慧財產局申請商標註冊，經智慧局核准取得第 01905869、01905886、01905887 號商標（合稱系爭商標），迄今均仍在商標專用期限內。原告於民國 111 年間授權被告保瀚數位行銷有限公司（下稱保瀚公司）得於其經營之「覓思購」網路購物平台（網址：https://www.meeshop.com.tw/，下稱系爭網站）銷售 SIEGWERK 相關商品，而被告貝里斯商保瀚國際數位行銷有限公司台灣分公司（下稱貝商保瀚公司）負責提供銀行帳戶供系爭網站購買商品之消費者付款。原告於 112 年 10 月 25 日以律師函通知被告保瀚公司終止授權，並告知不得再使用系爭商標。然原告發現被告 2 公司在系爭網站使用與系爭商標相似如附表紅框標示所示之文字，足致相關消費者混淆誤認，構成商標法第 68 條第 1、2 款規

定侵害商標權之行為，被告 2 公司顯係共同故意侵害原告系爭商標之商標權，原告自得依商標法第 69 條第 1、2 項規定請求被告 2 公司排除、防止侵害，及依商標法第 69 條第 3 項、民法第 184 條第 1 項前段、第 185 條第 1 項規定請求被告 2 公司連帶給付新臺幣（下同）165 萬元損害賠償本息。被告 2 公司前開侵權行為，分別屬其法定代理人即被告李○鋒、林○君之執行業務範圍，故依公司法第 23 條第 2 項規定，請求被告李○鋒與被告保瀚公司，被告林○君與被告貝商保瀚公司連帶賠償責任等語。

被告答辯，被告 2 公司與訴外人香港商寶融有限公司（下稱寶融公司）為關係企業，原告為在臺灣地區推展 SIEGWERK 品牌之商品，與被告保瀚公司負責人即被告李○鋒洽談合作事宜，被告保瀚公司應允投入廣告成本為 SIEGWERK 品牌之保溫壺、隨行杯、湯鍋等商品於臺灣地區推展行銷，原告則同意以獨家授權及承諾最優價格方式提供商品，110 年 12 月 27 日原告與寶融公司簽立「SIEGWERK 專案授權產品生產暨銷售合約」，由寶融公司出面向原告及原告指定之製造商訂購商品後，再由被告 2 公司透過貿易公司進口商品在臺銷售，被告貝商保瀚公司並無參與經營系爭網站。嗣於 112 年間，原告與寶融公司因就合約貨款結算事宜產生爭議，原告於 112 年 10 月 25 日以律師函單方終止與寶融公司間之前開合約，並通知被告 2 公司不得再繼續使用系爭商標。原告非法終止不生效力，且依上開合約第 2 條第 7 項規定 SIEGWERK 相關商品於專案活動結束後，寶融公司有權銷售與去化商品庫存，無銷售時間之限制。**又被告保瀚公司在系爭網站所使用「德國思威克 SIEGWERK」均為敘述性之說明文字，非屬商標使用等語，資為抗辯。**

判決主文
原告之訴及假執行之聲請均駁回。
訴訟費用由原告負擔。

智慧財產權之理論與實務

〈判決意旨〉

一、 被告保瀚公司在系爭網站為附表紅框所示之文字,並非商標之使用,無商標法第68條第1款規定侵害原告商標權之情形:

(一) 按商標之使用,指為行銷之目的,而有下列情形之一,並足以使相關消費者認識其為商標:一、將商標用於商品或其包裝容器。二、持有、陳列、販賣、輸出或輸入前款之商品。三、將商標用於與提供服務有關之物品。四、將商標用於與商品或服務有關之商業文書或廣告;而以數位影音、電子媒體、網路或其他媒介物方式為之者,亦同,商標法第5條第1項、第2項分別定有明文。是以商標法第5條所規定之商標使用,可歸納為三要件:1.使用人係基於行銷商品或服務之目的而使用;2.需有使用商標之行為;3.需足以使相關消費者認識其為商標。**所稱「需足以使相關消費者認識其為商標」,意指不論該條第1項或第2項所示之情形,客觀上均足以使相關消費者認識其為商標,才具有商標的識別功能,達到商標使用之目的**。又判斷是否作為商標使用,應綜合審酌其平面圖像、數位影音或電子媒體等版(畫)面之前後配置、字體字型、字樣大小、顏色及設計**有無特別顯著性**,並考量其**使用性質**是否足使消費者藉以區別所表彰之商品或服務來源,暨其**使用目的**是否有攀附商標權人商譽之意圖等客觀證據綜合判斷,而商標法第68條之侵害商標權,是以「使用」商標為要件,若符合上開商標使用之定義,即屬侵權。

(二) 被告保瀚公司有於系爭網站、社群媒體上使用如附表所示之「SIEGWERK」字樣,為兩造所不爭執,而被告保瀚公司於系爭網站、社群媒體所販賣或行銷之產品為原告所生產、出售予寶融公司之真品,業據被告保瀚公司陳述在卷,原告對此亦無表示爭執,依被告保瀚公司上開使用情況,**可知被告保瀚公司固有使用原告已註冊系爭商標之「SIEGWERK」文字**,

然被告保瀚公司所販賣之商品既為原告所生產之商品，而原告商品品牌名稱即為「SIEGWERK」，是被告保瀚公司使用該等名稱尚屬對於商品品牌名稱之說明，以說明其所販售之商品係該品牌之真品；又觀諸附表所示網頁使用該等字樣之方式，「SIEGWERK」前大多有加註「德國思威克」等文字，出現之內容大多係介紹該品牌之歷史及公益特色或產品名稱，且所使用「SIEGWERK」之字體大小與前後文字大小、字型、顏色均一致，並無特別突出而可供消費者識別其為商標之處，僅供觀看之消費者得以藉瞭解其所販賣、行銷商品係何品牌之說明，自難認係屬商標之使用。

二、刑事判決案例：

案例一

113120201有關工具圖案等違反商標法案件（商標法§95③）(智慧財產及商業法院 112 年度刑智上易字第 10 號刑事判決)

爭點：二商標均使用常見的工具圖案作為構圖元素之一，是否構成商標近似？有無侵害商標權之虞？

本案商標

附件1(系爭商標)

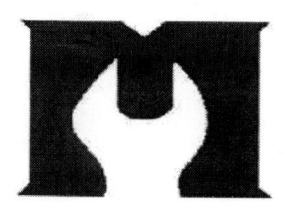

註冊第 01359382 號
第 7 類：手提電鑽、氣動螺絲鎖緊器、磁力虎鉗等商品。
第 8 類：萬能鉗、鉗子、扳手、起子等商品。
第 9 類：扭力測試計、電子扭力測試計。

附件 2(被告使用附件 4 所示圖樣左側之扳手圖樣)

附件 3

第四章　商標法

案例二

註冊第 01387309 號
第 8 類：鐵絲剪、鉗、扳手、起子等商品。

HETOK

附件 4（被告使用）

MHETOK

MHETOK

相關法條：商標法第 95 條第 3 款

案情說明

　　檢察官起訴認被告劉○德涉犯商標法第 95 條第 3 款於同一商品使用近似於註冊商標之商標，有致消費者混淆誤認之虞之罪嫌。原審審理後，經臺灣臺中地方法院 110 年度智易字第 56 號刑事判決被告無罪。

　　臺灣臺中地方檢察署檢察官不服，就原審提起上訴。

判決主文

上訴駁回。

<判決意旨>

一、 被告於其擔任代表人之集圓科技工業股份有限公司製造、販售與系爭商標（即附件1）指定商品相同之金屬手工具及電子型錄上，使用印有如原判決附件4所示圖樣行銷商品，然觀諸原判決附件4所示圖樣之整體圖樣，分別係以「墨色四方型為底，中間反白」或「白色四方型為底，中間墨色」之扳手圖樣，結合對應黑底白字或白底黑字之「HETOK」英文字母而成，對照系爭商標係以墨色「M」英文字母為底，中間為反白之扳手圖樣，其整體構圖不同，且原判決附件4所示圖樣所結合之英文字母「O」內側係經特殊設計之齒輪狀，具有相當識別性；復參照瞬豐公司實際使用系爭商標之照片及網路報導截圖，可知瞬豐公司係同時使用系爭商標並結合其公司名稱日文拼音即「MATATAKITOYO」之英文字母，並未單獨使用系爭商標，顯見系爭商標之商業強度遠低於原判決附件4所示圖樣，堪認相關消費者不致誤認二者為同一或有關聯之來源，而產生混淆誤認之虞。

二、 另被告在接獲瞬豐公司寄發之侵權通知後，雖仍繼續使用原判決附件4所示圖樣，並向智慧局申請註冊商標，然被告上開所為係遵循專利商標事務所之建議而為，亦難認被告主觀上有何違反商標法之故意。

三、 檢察官上訴意旨雖指摘原判決並未以其附件4所示圖樣左側之扳手圖形與系爭商標為近似與否之比對，然商標權人取得商標權之範圍，以註冊公告之商標圖樣及指定使用之商品或服務為準，而**判斷商標是否構成近似，應自消費者角度，整體觀察商標之圖樣，此乃因商標在商品或服務上呈現在消費者眼前係整體圖樣，並非割裂為各部分後分別呈現，即應就商標整體在外觀、觀念或讀音等方面加以觀察，是否達到可能誤認之近似程度**。系爭商標係以墨色、高對比之扳手圖樣為設計主軸，於上

第四章　商標法

方設計缺口、並於圖形四角略作延伸，使其整體外觀呈現瞬豐公司日文拼音字首「Ｍ」之英文字母形狀，**原判決附件 4 所示圖樣雖有使用扳手圖形，然扳手圖形為常見之手工具外型，使用於扳手商品，相關消費者無需想像或思考，即可理解到其與商品本身形狀間之關聯性，極易視為指定商品之說明**，而我國以扳手圖形作為商標圖樣之一部，申請註冊於與系爭商標所指定商品類別重疊且現存有效者所在多有，此有智慧局商標圖形近似檢索結果列印資料 1 份在卷可參，自難僅以單純之扳手圖形作為消費者區辨商品來源之標示；再者，原判決附件 4 所示圖樣結合之英文字母所占比例遠遠高於扳手圖形，且其中「Ｏ」之英文字母內側呈現齒輪狀之特殊設計，已有可資區別之差異，自難認原判決附件 4 所示圖樣左側之扳手圖形屬於相關消費者較為關注或事後留存印象作為其區別商品來源之重要標識。

四、檢察官上訴意旨另主張：縱令以原判決附件 4 所示圖樣與系爭商標為近似與否之比對，原判決附件 4 所示圖樣左側之扳手圖樣係商標之主要部分，考量系爭商標指定商品性質屬於平價之普通日常消費品，消費者之普通注意程度較低，更容易令相關消費者產生近似之印象云云。惟查，被告雖於與系爭商標指定商品相同之金屬手工具及電子型錄上，使用印有如原判決附件 4 所示圖樣行銷商品，然**經本院整體觀察，原判決附件 4 所示圖樣與系爭商標圖樣之相似處僅在與商品形狀重要特徵相去不遠之扳手圖形，使用於扳手類手工具產品，性質上僅屬傳達或標示與扳手等金屬手工具商品相關之描述性標識**，而原判決附件 4 所示圖樣之整體外觀呈現給相關消費者之視覺感受、讀音顯有不同，以異時異地隔離與通體觀察，難認與系爭商標構成近似，而依一般社會通念及市場交易情形，實難認具有普通知識經驗之相關消費者，看到原判決附件 4 所示圖樣之瞬間，可能產生與系爭商標權人之商品為同一來源或二者間存有授權、

加盟等相當關係之印象,而產生混淆誤認之虞,亦無從認定被告主觀上有何侵害他人商標權之故意。

五、 綜上所述,原判決所為論斷,未違背證據法則、經驗法則或論理法則,並無檢察官上訴意旨所指違誤,應予維持。

第五章 著作權法

第一節　著作權法之概念
第二節　著作權法之起源
第三節　著作權法之立法
第四節　著作權法之內容
第五節　著作權法之實務
第六節　著作權法之案例

本單元係針對《著作權法》之概念、起源、立法、內容，以及實務等相關問題，說明如下

第一節 《著作權法》之概念

所謂"著作"，係指屬於文學、科學、藝術或其他學術範圍之創作。而"著作權（Copyright）"，則指著作完成所生之著作人格權，包括公開發表權、姓名表示權與禁止不當修改權等三種權利，以及著作財產權，包括重製權、公開口述權、公開播送權、公開傳輸、公開上映權、公開演出權、公開展示權、散布權、改作權、編輯權與出租權等權利。而經由法律一定的程序，制定一套規範來保護我們的著作權者，即是"《著作權法》（CopyrightLaw）"。

著作權，是著作權人對其作品所專有的權利。它要保障的是思想的表達形式，而不是保護思想本身，因為在保障著作財產權，此類專屬私人之財產權利益的同時，尚須兼顧人類文明之累積與知識、資訊的傳播。其中之演算法、數學方法、技術或機器的設計，均不屬於著作權所要保障的對象。

著作權是有期限的權利，在一定期限後，著作財產權即失效，而歸於公有領域，任何人皆可自由利用。在著作權的保護期間內，即使未獲作者同意，只要符合"合理使用"的規定，亦可利用。此規定皆在平衡著作人與社會對作品進一步使用之利益。

第五章　著作權法

第二節　《著作權法》之起源

著作權，俗稱版權。世界上第一部《著作權法》，是英國於公元 1709 年 12 月 12 日，所制定的《安娜女王法令(An act for the encouragement of learning, by vesting the copies of printed books in the authors or purchasers of such copies, during the time therein mentioned)》，並於 1710 年 4 月 10 日施行，開始保護作者的權利與出版者的權利。1791 年，法國頒布《表演權法》，也開始重視保護作者的表演權利。1793 年又頒布《作者權法》，作者的精神權利得到進一步的重視。

19 世紀後半葉，日本融合大陸法系的《著作權法》中的作者權，以及英美法系中的著作權，制定了日本〝《著作權法》〞，而採用了〝著作權〞這個稱呼。

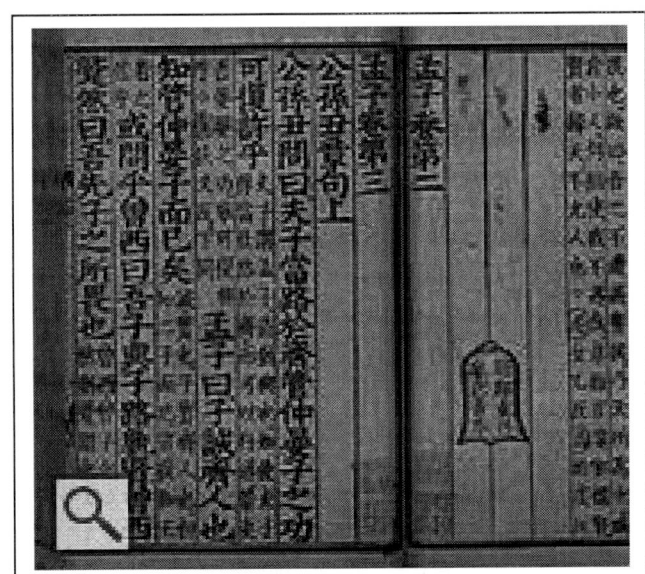

中國已知有〝版權〞一詞，始於宋朝。在雕版印刷術成熟的宋代，因沿襲寫本而記刊印者姓名或時地的〝刊語〞，在圍以邊框形成如木戳一般之後時間，此戳記就被稱為〝牌記〞或〝木記〞，以上均後人稱呼，是刊語的進一步發展，多見於坊刻或私刻，有宣示版權的意

元旴郡覆刊宋廖氏世綵堂本
（圖片來源：故宮博物院）

義。到了明清二代，印書興盛，坊肆刻書的牌記又以書名頁的樣式呈現，這種牌記有部分會用彩色紙張印刷，以便達到醒目的效果。也有部分牌記有時也像一篇刻書題記，甚至帶有推銷性質的廣告文字，有時還會刊

刻一些「**不許翻刻**」的字樣，最常見的一句話就是：「**版權所有，敢有翻印，千里必究**」，但這種警語在沒有智慧財產權的保障下，只不過是嚇嚇人罷了。[7]

中國最早使用〝著作權〞一詞，始於清宣統二年（1910 年）所制定的《大清著作權律》，也是中國歷史第一部的《著作權法》律。該法律共分五章，分別是：「通例、權利期限、呈報義務、權利限制、附則」，共計 55 條的條文。涵蓋了版權的概念、作品的範圍、作者的權利、取得版權的程序、版權的期限和版權的限制等。作者可以終身享有版權，離世後繼承人可繼續享受 30 年；對於合理使用、合作作品、委託作品、口頭作品、翻譯作品等的問題也都有規定。當時的承辦單位為民政部，負責申請註冊事宜，享有版權的作品並發出相關的執照。

中華民國建立時，《大清著作權律》根據中華民國大總統於民國元年（1912 年）3 月命令，通告〝暫行援用〞，生效期被延長至 1915 年。後來，北洋政府也根據此法來制定《北洋政府《著作權法》。

---

[7] 見《古籍一院藏圖書珍本展.牌記與廣告》，網址：https://web.archive.org/web/20200722060609/http://www.npm.gov.tw/exh98/books_archives/ch_02_5.html，2025.01.21 上網。

第五章　著作權法

第三節　《著作權法》之立法

　　我國《著作權法》，制定於民國 17 年 5 月 14 日，國民政府制定公布全文共 40 條條文。後為因應時代的變遷與實務的需要，復於：

民國 33 年 4 月 27 日國民政府令修正公布；
民國 38 年 1 月 13 日總統令修正公布；
民國 53 年 7 月 10 日總統令修正公布；
民國 74 年 7 月 10 日總統令修正公布；
民國 79 年 1 月 24 日總統令修正公布；
民國 81 年 6 月 10 日總統令修正公布；
民國 81 年 7 月 6 日總統令修正公布；
民國 82 年 4 月 24 日總統令修正公布；
民國 87 年 1 月 21 日總統令修正公布；
民國 90 年 11 月 12 日總統令修正公布；
民國 92 年 7 月 9 日總統令修正公布；
民國 93 年 9 月 1 日總統令修正公布；
民國 95 年 5 月 30 日總統令修正公布；
民國 96 年 7 月 21 日總統令修正公布；
民國 98 年 5 月 13 日總統令修正公布；
民國 99 年 2 月 10 日總統令修正公布；
民國 103 年 1 月 22 日總統令修正公布；
民國 105 年 11 月 30 日總統令修正公布；
民國 108 年 5 月 1 日總統令修正公布；
民國 111 年 5 月 4 日總統令修正公布；
民國 11 年 6 月 15 日總統令修正公布。

　　前後共修 21 次之多，以成現行之 117 條的條文。

　　《著作權法》是否該如《專利法》，也引起很大爭議。但我國是世界貿易組織（WTO）的成員，自應受《與貿易有關之智慧財產權協定》的規定，會員至少應對具有商業規模而故意仿冒商標或侵害著作權之案件，訂定刑事程序及罰則。救濟措施應包括足可產生嚇阻作用之徒刑及（或）罰金，並應和同等程度之其他刑事案件之量刑一致。

　　基此，《著作權法》在我國仍未除罪化，保持民事責任與刑事責任。當然，《著作權法》不該除罪化，但刑事訴訟權係屬公權利對不法者之追究，不該由著作權私人掌控，藉以取得不當賠償。

第四節 《著作權法》之內容

縱觀《著作權法》之內容，所揭櫫者應可歸納為如下幾點來做說明：

一、意義及種類：

著作權之意義及種類，如下說明：

1. 著作權之意義

A. **著作**：依《著作權法》第 3 條第 1 款規定，指屬於文學、科學、藝術或其他學術範圍之創作。

B. **著作人**：依《著作權法》第 3 條第 2 款規定，指創作著作之人。

C. **著作權**：依《著作權法》第 3 條第 3 款規定，指因著作完成所生之著作人格權及著作財產權。

2. 著作之種類：

A. **採法定主義**：依《著作權法》第 5 條規定，本法所稱著作，例示如下：

　a. 語文著作；
　b. 音樂著作；
　c. 戲劇、舞蹈著作；
　d. 美術著作；
　e. 攝影著作；
　f. 圖形著作；
　g. 視聽著作；
　h. 錄音著作；
　i. 建築著作；
　j. 電腦程式著作。

前項各款著作例示內容，由主管機關訂定之。

第五章　著作權法

　　B. **衍生著作**：依《著作權法》第 6 條規定，就原著作改作之創作為衍生著作，以獨立之著作保護之；衍生著作之保護，對原著作之著作權不生影響。

　　C. **編輯著作**：依《著作權法》第 7 條規定，就資料之選擇及編排具有創作性者為編輯著作，也就是一般出版社所謂的"版權"，以獨立之著作保護之；編輯著作保護，對其所收編著作之著作權不生影響。

　　D. **表演著作**：依《著作權法》第 7 條規定，表演人對既有著作或民俗創作之表演，以獨立之著作保護之；表演之保護，對原著作之著作權不生影響。

二、立法之宗旨：

　　《著作權法》第一條規定：「**為保障著作人著作權益，調和社會公共利益，促進國家文化發展，特制定定本法。本法未規定者，適用其他法律之規定。**」該條文係《著作權法》全部規定之指導原理，使著作權制度之本質明確化，同時亦為《著作權法》之解釋適用的基本方針。其立法意旨，可分為下列三點：

　　1. 著作人權益之保障；

　　2. 社會公共利益之調和；

　　3. 國家文化發展之促進：私人法益保障過甚則妨礙國家公共利益之促進，故必有公私利益之調和，以免保護個人而妨礙國家之文化發展：因此，它有：

1. 時間之限制：

　　該項期間之長短，各國《著作權法》規定各有不同，惟以終身加 50 年者為多。我國《著作權法》規定著作財產權，原則上存續於著作人之生存期間及其死亡後 50 年。例外有存續至著作公開發表後 50 年：

　　A. 別名或不具名之著作；

B. 法人為著作人之著作；

C. 攝影、視聽、錄音、電腦程式及表演著作。

2. 標的之限制：

下列情形，不得為著作權之標的：

A. 憲法、法律、命令或公文；

B. 中央或地方機關就前款著作作成之翻譯或編輯物；

C. 標語及通用之符號、名詞、公式、數表、表格、簿冊或時曆；

D. 純為傳達事實之新聞報導所作成之語文著作；

E. 依法令舉行之各類考試試題及其備用試題。

3. 事務之限制：

有一定正當之理由，可適度利用他人之著作。例如：第 44 至 65 條之情形：

A. 依《著作權法》第 4 條規定，外國人之著作合於下列情形之一者，得依本法享有著作權。但條約或協定另有約定，經立法院議決通過者，從其約定：

B. 於中華民國管轄區域內首次發行，或於中華民國管轄區域外首次發行後 30 日內在中華民國管轄區域內發行者。但以該外國人之本國，對中華民國人之著作，在相同之情形下，亦予保護且經查證屬實者為限。

C. 依條約、協定或其本國法令、慣例，中華民國人之著作得在該國享有著作權者。原則採相互主義，對不予我國國民著作權保護之外國者，我國亦不保護該國國民之著作。

4. 強制授權之限制：

他人基於必須利用著作之一定正當理由，可申請主管機關准許對著作財產權人支付或提存一定使用報酬後，就其著作加以翻譯或重製，例如：伯恩公約（巴黎修正條款）附屬書第 1 至 3 條、世界著作權公約（巴

第五章　著作權法

黎修正條款）第 5 條至第 5 條之 4、日本《著作權法》第 67 條至第 70 條，以及南韓 1987 年《著作權法》第 49 及第 50 條規定是。我國《著作權法》第 69 條亦有規定。

三、主管機關及其主管事宜：

依《著作權法》第 2 條規定：主管機關為經濟部；著作權業務，由經濟部指定專責機關辦理；其主管事項依主管機關之主管事項，至少包括：

1. 訂定著作之例示內容；
2. 許可得利用他人著作之盲人機構或團體；
3. 廣播或電視播送之目的，所為錄音錄影之錄製物，其保存處所之指定；
4. 許可音樂著作強制授權之申請；
5. 制定音樂著作強制授權申請許可，及使用報酬辦法；
6. 撤銷音樂著作強制授權之許可；
7. 辦理製版權之登記；
8. 許可著作權仲介團體之組成；
9. 設置著作權審議及調解委員會；
10. 訂定著作權審議及調解委員會組織規程，及爭議調解辦法；
11. 訂定《著作權法》第 87 條之一 1 第 1 項第 2 款及第 3 款之一定數量；
12. 制定申請海關查扣著作物及製版物辦法；
13. 訂定行政機關處理著作權相關案件申請規費標準；
14. 提供民眾閱覽本法修正施行前著作權或製版權之註冊簿或登記簿；以及
15. 收受法院有關著作權訴訟之判決書。

四、取得及權利存續期間：

著作權之取得及權利存續期間，有以下說明：

1. 著作權之取得：

著作權之取得，有本人之著作、聘僱人員之著作，以及推定之取得，茲說明如下：

A. 本人之著作：

著作權於著作人完成著作時，即享有著作權，包括著作人格權及著作財產權。採自動生效制，並不以登記為要件，且《著作權法》於民國87年1月23日公布實施取消自願登記之相關業務，如有人主張著作權時，其應自負舉證責任；同法第 10 條規定：**「著作人於著作完成時享有著作權。但本法另有規定者，從其規定。」** 至於保護範圍：依法取得之著作權，其保護僅及於該著作之表達，而不及於其所表達之思想、程序、製程、系統、操作方法、概念、原理、發現。

B. 聘僱人員之著作：

a. 受僱及公務員完成著作者：依《著作權法》第11條規定：受雇人於職務上完成之著作，以該受雇人為著作人，但契約約定以雇用人為著作人者，從其約定。依前項規定，以受雇人為著作人者，其著作財產權歸雇用人享有；但契約約定其著作財產權歸受雇人享有者，從其約定。

b. 受聘完成著作者：依《著作權法》第12條規定：出資聘請他人完成之著作，除前條情形外，以該受聘人為著作人，但契約約定以出資人為著作人者，從其約定。依前項規定，以受聘人為著作人者，其著作財產權依契約約定歸受聘人或出資人享有；未約定著作財產權之歸屬者，其著作財產權歸受聘人享有；依前項規定著作財產權歸受聘人享有者，出資人得利用該著作。

C. 推定之取得：

依《著作權法》第13條規定：在著作之原件或其已發行之重製物上，或將著作公開發表時，以通常之方法表示著作人之本名，或眾所周知別名者，推定為該著作之著作人；前項規定，於著作發行日期、地點及著作財產權人之推定，準用之。

第五章　著作權法

2. 權利存續期間：

A. 一般著作權：依《著作權法》第 30 條規定，著作財產權除本法另有規定外，存續於著作人之生存期間及其死亡後 50 年。著作於著作人死亡後 40 年至 50 年間首次公開發表者，其著作財產權之期間，自公開發表時存續 10 年。

B. 共同著作人：依《著作權法》第 31 條規定，共同著作之著作財產權，存續至最後死亡之著作人死亡後 50 年。

C. 別名或不具名著作人：別名著作，或不具名著作之著作財產權，其存續期間至著作公開發表後 50 年，但可證明其著作人死亡已逾 50 年者，其著作財產權消滅；前項規定，於著作人之別名為眾所周知者，不適用之。

D. 法人著作人：法人為著作人之著作，其著作財產權存續至其著作公開發表後 50 年，但著作在創作完成時起算 50 年內未公開發表者，其著作財產權存續至創作完成時起 50 年。

E. 影音表演人：攝影、視聽、錄音及表演之著作財產權，存續至著作公開發表後 50 年；前條但書規定，於前項準用之。

F. 期間之計算：以該期間屆滿當年之末日為期間之終止。

繼續或逐次公開發表之著作，依公開發表日計算著作財產權存續期間時，如各次公開發表能獨立成一著作者，著作財產權存續期間自各別公開發表日起算。如各次公開發表不能獨立成一著作者，以能獨立成一著作時之公開發表日起算；前項情形，如繼續部分未於前次公開發表日後 3 年內公開發表者，其著作財產權存續期間自前次公開發表日起算。

五、著作權之內容：

著作權之內容，可分著作人格權與著作財產權，前者不得讓與或繼承，後者則可。

1. 著作人格權之內容：

著作人格權之內容，包含下列三項：

A. 即公開發表權：

所謂公開發表權，係著作人就其著作享有是否公開發表，以及如何公開發表之權利。依《著作權法》第 15 條規定：**「著作人就其著作享有公開發表之權利。」**該所謂"公開發表"，即指權利人以發行播送上映口述演出展示，或其他方法向公眾公開提示著作內容。在著作人格權中之"公開發表權"，僅限於"尚未"發表之著作，如著作已經公開發表，則第三人利用加以發表，至多僅係著作財產權侵害之問題，而非著作人格權之侵害。

B. 姓名表示權：

該權是指在其作品上，有具名與不具名之權利；具名不限于本名，別名亦可。

C. 禁止醜化權：

該權乃禁止他人以歪曲、割裂、竄改，或其他方法改變作品之內容、形式或名目，致損害其名譽之權利。

D. 公開發表權之例外：

依《著作權法》第 15 條規定：有下列情形之一者，推定著作人同意公開發表其著作：

a. 著作人將其尚未公開發表著作之著作財產權，讓與他人或授權他人利用時，因著作財產權之行使或利用而公開發表者。

b. 著作人將其尚未公開發表之美術著作，或攝影著作之著作原件，或其重製物讓與他人，受讓人以其著作原件或其重製物公開展示者。

c. 依學位授予法撰寫之碩士、博士論文，著作人已取得學位者。

前項依學位授予法第 2 條規定，學位分為學士、碩士、博士三級。其中碩士、博士學位須撰寫論文。著作人既已提出博、碩士論文並通過

第五章 著作權法

口試取得學位，已有一定之程度，為方便後來研究者，以利國家學術發展，自不宜再主張公開發表權。

E. 聘僱著作之例外：

受雇人依法為著作人，其著作財產權歸雇用人享有，此時受雇人雖為著作人，但依《著作權法》第15條但書之規定，受雇人不得享有著作人格權中之公開發表權。

2. 著作財產權之內容：

所謂"著作財產權"，即著作人或法人取得著作財產權之人，對於屬於文學、科學、藝術或其他學術範圍之創作，享有獨占的利用與處分之類似物權之特殊權利。依著作權第22～29條之著作財產權包含下列權利：

A. 重製權：

所謂"重製權"，即指以印刷、複印、錄音、錄影、攝影、筆錄或其他方法有形之重複製作權利。於劇本、音樂著作或其他類似著作演出或播送時予以錄音或錄影；或依建築模型建造建築物，亦屬之。

B. 公開口述權：

所謂"公開口述權"，係以言詞或其他方法，向公眾傳達著作內容之權利。

C. 公開播送權：

所謂"公開播送權"，即指基於公眾接收訊息為目的，以有線電、無線電或其他器材，藉聲音或影像向公眾傳達著作內容之權利。由原播送人以外之人，以有線電或無線電將原播送之聲音或影像向公眾傳達者，亦屬之。

D. 公開上映權：

所謂"公開上映權"，即指以單一或多數視聽機或其他傳送影像之方法，於同一時間向現場或現場以外一定場所之公眾傳達著作內容之權利。

E. 公開演出權及傳輸權：

所謂"公開演出出權及傳輸權"，即指以演技、舞蹈、歌唱、彈奏樂器或其他方法，向現場之公眾傳達著作內容之權利。以擴音器或其他器材將原播送之聲音或影像，向公眾傳達者，亦屬於公開演出。

F. 公開展示權：

所謂"公開展示權"，即指以陳列或其他類似方法，向現場之公眾傳達著作內容之權利。公開展示無須有利用人口述、表演或以機械方法傳達著作內容之過程，僅單純將著作原件或重製物陳列即可。

G. 改作編輯權：

所謂"改作編輯權"，係指就原著作加以整理、增刪、組合或編排而產生新著作之權利。

H. 移轉所有權之方式散布權：

所謂"移轉所有權之方式散布權"，指不問有償或無償，將著作之原件或重製物提供公眾交易或流通之權利。

I. 出租權：

所謂"出租權"，係指將物租予他方使用收益而收取租金行為之權利。

J. 輸入權：

所謂"輸入權"，即自國外進口物品之權利。實務上，自大陸地區將著作之重製物，輸入臺灣地區，亦屬此之輸入（法務部八十二年六月十四日法（82）律字第一一八二八號函）。

K. 例外規定：

依《著作權法》第87條之1規定，設有如下例外：

a. 為供中央或地方機關之利用而輸入。但為供學校或其他教育機構之利用，所輸入或非以保存資料之目的，而輸入視聽著作原件或其重製物者，不在此限。

b. 為供非營利之學術、教育或宗教機構保存資料之目的,而輸入視聽著作之原件或一定數量重製物,或為其圖書館借閱或保存資料之目的,而輸入視聽著作以外之其他著作原件或一定數量重製物,並應依第48條規定利用之。

c. 為供輸入者個人非散布之利用,或屬入境人員行李之一部分,而輸入著作原件或一定數量重製物者

d. 附含於貨物、機器或設備之著作原件或其重製物,隨同貨物、機器或設備之合法輸入而輸入者,該著作原件或其重製物於使用或操作貨物、機器或設備時不得重製。

e. 附屬於貨物、機器或設備之說明書或操作手冊,隨同貨物、機器或設備之合法輸入而輸入者。但以說明書或操作手冊為主要輸入者,不在此限。

六、著作之合理使用:

人類文明恃智慧之傳承,宏觀面、傳播面愈大,經驗之累積愈快,故科技文明日新月異,時時出陳推新,成就富饒便利之生存環境。但著作人或著作團隊,投入大量資金取得成果,如果人人得擷取其善果,坐享其成,則將無人再投入創作,故有《著作權法》以保護之。

然而過甚保護,係將造成社會進化之阻力,勢必權衡公私利益,是著作權允許他人之合理使用,茲列舉如下:

1. 一般性合理使用:

依本法第 65 條規定:著作之合理使用,不構成著作財產權之侵害。著作之利用是否合於規定,或其他合理使用之情形,應審酌一切情狀,尤應注意下列事項,以為判斷之基準:

A. 利用之目的及性質,包括係為商業目的或非營利教育目的。

B. 著作之性質

C. 所利用之質量及其在整個著作所佔之比例

D. 利用結果對著作潛在市場，與現在價值之影響著作權人團體，與利用人團體就著作之合理使用範圍達成協議者，得為前項判斷之參考。在協議過程中，得諮詢著作權專責機關之意見。

2. 加註後得使用：

依《著作權法》第 64 條的規定，利用他人著作者，應明示其出處，且該就著作人之姓名或名稱，除不具名著作或著作人不明者外，應以合理之方式為之。

3. 專業性合理使用：

依《著作權法》第 52 條的規定，為報導、評論、教學、研究或其他正當目的之必要，在合理範圍內，得引用已公開發表之著作。

4. 合理之重製：

依《著作權法》第 43～48 條的規定，合理之重製，包含：

A. 公部門之立法、行政目的之所需：

中央或地方機關，因立法或行政目的所需，認有必要將他人著作列為內部參考資料時，在合理範圍內，得重製他人之著作。但依該著作之種類、用途及其重製物之數量、方法，有害於著作財產權人之利益者，不在此限。

B. 司法程序用途：

專為司法程序使用之必要，在合理範圍內，得重製他人之著作。

C. 教育所需：

依法設立之各級學校及其擔任教學之人，為學校授課需要，在合理範圍內，得重製以公開發表之著作。

第五章 著作權法

D. 教科用書：

為編製依法令應經教育行政機關審定之教科用書，或教育行政機關編製教科用書者，在合理範圍內，得重製、改作或編輯他人已公開發表之著作。

E. 圖書館等文教機構：

供公眾使用之圖書館、博物館、歷史館、科學館、藝術館或其他文教機構，於下列情形之一，得就其收藏之著作重製之：

a. 應閱覽人供個人研究之要求，重製已公開發表著作之一部分，或期刊或已公開發表之研討會論文之單篇著作，每人以一份為限。

b. 基於保存資料之必要者。

c. 就絕版或難以購得之著作，應同性質機構要求者。

F. 公開發表著作摘要之重製：

中央或地方機關、依法設立之教育機構或供民眾使用之圖書館，得重製下列已公開發表之著作所附之摘要：

a. 依學位授與法撰寫之碩士、博士論文，著作人已取得學位者。

b. 刊載於期刊中之學術論文。

c. 已公開發表之研討會論文集或研究報告。

G. 政府機關或公法人之著作利用：

以中央或地方機關或公法人之名義公開發表之著作，在合理範圍內，得重製、公開播送或公開傳輸。

H. 非營利之重製：

供個人或家庭為非營利目的，在合理範圍內得利用圖書館及非供民眾使用之機器重製已公開發表之著作。

I. 感官障礙之用：

已公開發表之著作，得為視覺障礙者、學習障礙者、聽覺機能障礙者或其他視、聽覺認知有障礙者以點字、附加手語翻譯或文字重製之。以增進視覺障礙者、學習障礙者、聽覺機能障礙者或其他視、聽覺認知有障礙者福利為目的，經依法立案之非營利機構或團體，得以錄音、電腦、口述影像、附加手語翻譯或其他方式利用已公開發表之著作，專供視覺障礙者、學習障礙者、聽覺機能障礙者或其他視、聽覺認知有障礙者使用。

J. 考試之試題：

中央或地方機關、依法設立之各級學校或教育機構之辦理各種考試，得重製已公開發表之著作，供為試題之用。但已公開發表之著作如為試題者，不適用之。

5. 傳播之合理使用：

依《著作權法》第 49、55、56 條的規定，傳播之合理使用，包含：

A. 時事報導之利用：

以廣播、攝影、錄影、新聞紙、網路或其他方法為時事報導者，在報導之必要範圍內，得利用其報導過程中所接觸之著作。

B. 非營利目的之演出：

非以營利為目的，未對觀眾或聽眾直接或間接收取任何費用，且未對表演人支付報酬者，得於活動中公開口述、公開播送、公開上映或公開演出他人已公開發表之著作。

C. 影音之製作：

廣播或電視，為公開播送之目的，得以自己之設備錄音或錄影該著作。但以其公開播送業經著作財產權人之授權或合於本法規定者為限。

前項錄影物除經著作專責機關核准保存於指定之處所外，應於錄音或錄影後六個月內銷燬之。

七、網路利用之免責規定：

依《著作權法》第 90 條之 4～8 的規定，網路利用之免責規定，包含：

1. 網路提供者之免責規定：

符合下列規定之網路服務提供者：

A. 以契約、電子傳輸、自動偵測系統或其他方式，告知使用者其著作權或製版權保護措施，並確實履行該保護措施。

B. 以契約、電子傳輸、自動偵測系統或其他方式，告知使用者若有三次涉有侵權情事，應終止全部或部分服務。

C. 公告接收通知文件之聯繫窗口資訊。

D. 執行第三項之通用辨識或保護技術措施。

2. 連線服務提供者之免責事由：

有下列情形者，連線服務提供者，對其使用者侵害他人著作權或製版權之行為，不負賠償責任：

A. 所傳輸資訊，係由使用者所發動或請求。

B. 資訊傳輸、發送、連結或儲存，係經由自動化技術予以執行，且連線服務提供者未就傳輸之資訊為任何篩選或修改。

3. 快速存取服務提供者之免責事由：

有下列情形者，快速存取服務提供者，對其使用者侵害侵害他人著作權或製版權之行為，不負賠償之責任：

A. 未改變存取之資訊。

B. 於資訊提供者就該自動存取之原始資訊為修改、刪除或阻斷時，透過自動化技術為相同之處理。

C. 經著作權人或製版權人通知其使用者涉有侵權行為後，立即移除

或使他人無法進入該涉有侵權之內容或相關資訊。

4. 資訊儲存服務提供者之免責事由：

有下列情形者，資訊儲存服務提供者對其使用者侵害他人著作權或製版權之行為，不負賠償責任：

A. 對使用者涉有侵權行為不知情。

B. 未直接自使用者之侵權行為獲有財產上利益。

C. 經著作權人或製版權人通知其使用者涉有侵權行為後，立即移除或使他人無法進入該涉有侵權行為之內容或相關資訊。

5. 搜尋服務提供者之免責事由：

有下列情形者，搜尋服務提供者對其使用者侵害他人著作權或製版權之行為，不負賠償責任：

A. 對所搜尋或連結資訊涉有侵權不知情。

B. 未直接自使用者之侵權行為獲有財產上利益。

C. 經著作權人或製版權人通知其使用者涉有侵權行為後，立即移除或使他人無法進入該涉有侵權行為之內容或相關資訊。

八、著作權之保護：

對於著作權之侵害，其責任有民事及刑事之責，著作權人得依法請求救濟：

1. 民事責任：

依《著作權法》第 84、85、88、89 條的規定，民事責任之救濟有：

A. 著作權之權利人對於侵害其權利者，得請求排除之，有侵害之虞者，得請求防止之。

B. 著作人格權之侵權救濟，著作人為前項請求時，對於侵害行為作成之物，或專供侵害所用之物，得請求銷燬或為其他必要之處置。侵害

著作人格權者，負擔損害賠償責任，雖非財產上之損害，被害人亦得請求表示著作人之姓名或名稱，更正內容或為其他回復名譽之適當之處分。

C. 侵害著作財產權或製版權之救濟，負損害賠償之責任。數人共同不法侵害者，連帶負賠償責任。

D. 判決之登報，被害人得請求侵害人負擔費用，將判決書內容全部或一部登載新聞紙、雜誌。

2. 刑事責任：

依《著作權法》第 91、92、93、95、96 條的規定，刑事責任之救濟有：

A. 擅自重製之處罰：

擅自以重製之方法侵害他人之著作財產權者，處三年以下有期徒刑、拘役，或科或併科新臺幣七十五萬元以下罰金。

意圖銷售或出租而擅自以重製方法侵害他人之著作財產權者，處六月以上五年以下有期徒刑，得併科新臺幣二十萬元以上二百萬元以下罰金。

以重製於光碟之方法犯前項之罪者，處六月以上五年以下有期徒刑，得併科新臺幣五十萬元以上五百萬元以下罰金。

B. 以擅自轉移所有權之方法，散布著作者原件或其重製物者：

擅自以移轉所有權之方法，散布著作元件或其重製物，而侵害他人之著作財產權者，處三年以下有期徒刑、拘役，或科或併科新臺幣五十萬元以下罰金。

明知係侵害著作財產權之重製物，而散布或意圖散佈而公開陳列或持有者，得併科新臺幣七萬元以上七十五萬元以下罰金。

犯前項之罪，其重製物為光碟者，處六月以上三年以下有期徒刑，得併科新臺幣二十萬元以上二百萬元以下罰金。犯前二項之罪，經供出其物品來源，因而破獲者，得減輕其刑。

C. 公開侵害著作財產權：

擅自以公開口述、公開播送、公開上映、公開演出、公開傳輸、公開展示、改作、編輯、出租之方法侵害他人之著作財產權者，處三年以下有期徒刑、拘役、或科或併科新臺幣七十五萬元以下罰金。

D. 侵害著作人格權違反強制授權之侵害：

有下列情形之一者，處二年以下有期徒刑、拘役，或科或併科新臺幣五十萬元以下罰金：

a. 侵害第 15 條至第 17 條規定之著作人格權者。

b. 違反第 70 條規定者。

c. 以第 87 條第 1 項第 1 款、第 3 款、第 5 款或第 6 款方法之一侵害他人之著作權者。但第 91 條之 1 第 2 項及第 3 項規定情形，不在此限。

d. 違反第 87 條第 1 項第 7 款規定者。

e. 侵害著作人格權及製版權，違反第 120 條規定者，處一年以下有期徒刑、拘役，或科或併科新臺幣二萬元以上二十五萬元以下罰金。

f. 未銷毀修改重製程式及利用他人著作財產權未註明出處。違反第 59 條第 2 項或第 64 條規定者，科新臺幣五萬元以下罰金。

g. 有下列情形之一者，處一年以下有期徒刑、拘役，或科或併科新臺幣二萬元以上二十五萬元以下罰金：

(a). 違反第 80 條之一規定者。

(b). 違反第 80 條之二第 2 項規定者。

第五章　著作權法

第五節　《著作權法》之實務

依《著作權法》第 10 條規定:「**著作人於著作完成時，即享有著作權。**」也就是說，《著作權法》係採創作保護主義，又稱〝著作權自動產生原則〞。而所謂〝創作保護主義〞，係指創作人於作品完成時起，只要具有原創性，著作權就自動即時產生保護，使著作人享有著作權中的著作人格權及著作財產權。

可見，著作權的取得，與同屬智慧財產權的專利權、商標權、積體電路電路布局保護法與營業祕密法等不同，它們要取得專有的權利，必須經過申請或註冊，由主管機關的審核與核准。但《著作權法》不用履行這一些程序，只要創作完成，其作品即自動受到保護。

所以，在《著作權法》之實務中，應注意如下幾點:

一、侵權責任:

侵害著作財產權有:民事責任與刑事責任;民事責任屬告訴乃論，受害當事人必須提告法院才受理;不提告法院則才受理。刑事責任原則上也是告訴乃論，只有在意圖銷售或出租目的之下，製造盜版〝光碟〞，或者散布盜版〝光碟〞，才是公訴罪，不待受害當事人主張權利，檢察官知道可能有犯罪事實，就可以主動展開偵查，犯罪證據充足就會向法院提起訴訟。

告訴乃論只要原告撤銷告訴，檢察官或法院就不會再受理。而公訴罪不可以撤告，但仍可以跟被害人達成和解，和解有利於展現犯後積極彌補的良好態度，檢察官會依犯罪情節輕重，以及犯後態度酌情給予公訴罪起訴、不起訴，或緩起訴的處分。

二、舉證責任:

依民事訴訟法第 277 條，或刑事訴訟法第 161 之規定，舉證責任原

則上係由當事人主張有利於己之事實者，就其事實有舉證之責任，而被告人則無舉證之責任。但法律另有規定，或依情形顯失公平者不在此限。

著作權並不以公開發表為前題，只要著作人之創作完成時即受到保護，縱不公開發表，也不影響其權利。但著作人在發生侵權時，必須舉證。公開發表，不管是報章雜誌，出版、播放等，皆有明確的時間；沒有公開發表，則無明確時間。因此，著作人要舉證就顯得困難。目前有許多創作者會考慮透過各種方式來保留證據，以利事後證明自己是著作權人，以及創作日期。如：以存證信函寄、法院公證或民間公證、寄存於特定組織或民間機構等方式。

三、侵權要件：

侵權構成要件，在於〝四項必備〞，〝一項沒有〞。也就是〝四必一無〞五項要件，才能構成侵權：

1. 必須是人類精神力作用的成果：

《著作權法》的保護對象，是人類精神文明的智慧成果，因此必須是有人類精神力灌注其中所完成的作品才受保護，否則即不成為「創作」。什麼是創作，什麼是非創作，其分界線在於如：應用繪圖軟體 Photoshop，所繪出有意義的圖片，其中之〝意義〞，即是人類精神灌注其中的活動；應用照相機，所拍攝的相片，如何取景、角度等，也都是人類精神灌注其中的活動等，皆是創作。如：應用 AI 所完成的作品，以及測速器自動攝影的照片等，均非創作。

2. 必須經由表達而外顯：

《著作權法》所要保護，乃是創作的結果必須以客觀化之表達形諸於外，而能讓人類感官所能感受得知其內容者，才給予保護；至於仍停留在抽象思想階段，如：某人構思想撰寫一本〝傳記小說〞，其內容大綱不管如何安排，都僅止於發想未曾口述或撰文分享人知，則是不受保護。

再者，受著作權保護的對象，僅限於客觀化的表達本身，而不及於

第五章　著作權法

藉由表達所傳達的思想，如：《宇宙論》，受保護的對象是作者以文字闡述宇宙構成的知識，並以語文所完成的作品，而不及於其所傳達的英・霍金（StephenWilliamHawking，1942 年～2018 年）宇宙爆炸理論等的思想內涵。

3.必須獨立創作且具有創作性：

所謂〝獨立創作(independentcreation)〞，著重於作品由著作人自行完成，只要非抄襲或複製他人既有著作即可，並不要求新穎性。因此，若有不同作者個別獨立完成相似度極高，或雷同的作品，因兩者均為獨立創作，故皆受到《著作權法》的保護，此即所謂的〝平行創作〞。

而所謂〝創作性(creativity)〞，依美國《著作權法》上之**「美感不歧視原則(ThePrincipleofaestheticnon-discrimination)」**，不得將著作品質列入考量。因此，只要具有最低程度的創意，則可認為作者的精神作用已達到相當程度，足以表現其個性或獨特性，就可以受到保護。

美是主觀的感受，不是客觀的評斷。它會因個人的閱歷、教育、環境等因素，而產生不同的體悟，對美不同的看法。也會隨著光陰的流轉，產生不同的變化，誠如赫拉克利圖斯（Herakleitos,544～484B.C.）所說：**「濯足流水，水非前水。」**採取低度標準，意在尊重不同獨立個體的美感差異，以自我克制的開放態度，為各種可能性保留最大發展空間。當然，如沒有意義之令人難以識別作者個性者，則無保護之必要。

4.必須屬於文學、科學、藝術或其他學術範圍：

《著作權法》的保護對象，限於文學、科學、藝術或其他學術範圍，此要件是相對於實用性，強調創作必須具有〝文藝性〞與〝學術性〞；也就是，是否具應用價值在所不論，如：一支精美的手機，只可被認定為新式樣而劃歸《專利法》保護，但非屬文學、科學、藝術或學術之範圍。當然，如果其製作技術或設計圖樣，以文字或圖形具體表達者，仍可以受到《著作權法》的保護，但不包括所蘊含的技術思想。

原則上，符合上述四要件即為我國《著作權法》所保護的作品，但

如屬於〝一項沒有〞。也就說，下列有幾項的作品，是要排除在《著作權法》所保護的範圍：

　　A. 憲法、法律、命令或公文。此處的公文包括公務員於職務上草擬之文告、講稿、新聞稿及其他文書。

　　B. 中央或地方機關就前款憲法、法律、命令或公文等著作所作成的翻譯物或編輯物。

　　C. 標語及通用的符號、名詞、公式、數表、表格、簿冊或時曆。

　　D. 單純為傳達事實之新聞報導，所作成的語文著作。

　　E. 依法令舉行的各類考試試題，以及其備用試題。

　　構成以上〝四必一無〞的五項要件，即是明確侵權。但在實務上的認定，還是有爭議。因此，要經過侵權鑑定程序，才能定案。

四、侵權鑑定：

　　所謂〝鑑定(Identification)〞，係使該領域的專家學者，或有特別知識經驗的第三人，就鑑定情事陳述或報告他的判斷意見，以作為法院判斷事實的法定證據資料。第三人可以是自然人，也可以是法人機關。著作權侵害之鑑定，是著作權爭議案件的核心，所牽涉議題的範圍非常廣，內容也更多元複雜。當然，越複雜的案件越容易受到其他外力因素，產生誤判的結果。如何使爭訟回到《著作權法》的本質，是很重要的事情。以下是侵權鑑定的相關事宜。

1. 鑑定機關：

　　智慧財產局，雖是《著作權法》的主管機關，對《著作權法》所生疑義有解釋之權責，但著作權係屬私權，應由司法機關本其權責審查認定。然司法機關並無專業人才，只能委託專業機關，包含公家單位或私人機構來鑑定，並採雙盲方式進行，以避免因人情關係而有所偏執。如：財團法人中華工商研究院，即是奉司法院（八八）院臺廳刑一字第○○七

第五章 著作權法

七四號函的鑑定機構。

2. 鑑定程序：

鑑定程序分為：爭議鑑定與侵權鑑定等兩個階段。第一階段成立侵權的可能，才會有第二階段的侵權鑑定，茲說明如下：

A. 爭議鑑定階段：

爭議產生的情況很多，今只列舉容易產生爭議的幾點，大致如下：

a. 編輯著作： 依資料之選擇與編排，具有創作性者，即受到《著作權法》的保護，但如蒐集到有著作權的資料，要取得原著作人的授權，即沒有侵權問題；若無創作性的編排著作，就不受到《著作權法》的保護，未取得有著作權資料的原著作人授權，即有侵權的可能。

b. 重製著作： 就原著作，經由印刷、複印、錄音、錄影、攝影、筆錄或其他方法有形之重複，未經原著作人許可即擅自重製著作者，就有侵權的可能。

c. 衍生著作： 就原著作衍生的著作，也就是改作之創作，具有創作性者，即受到《著作權法》的保護，但要取得原著作人的授權，即沒有侵權問題；若無創作性者，即有可能是重製著作，就不受到《著作權法》的保護，未取得原著作人的授權，即有侵權的可能。

然必須說明，在《著作權法》上，"衍生作品"與"原作品"是兩個獨立著作的關係，自然也受到《著作權法》的保護。但《著作權法》第六條又規定：「**對原著作之著作權不生影響。**」可見，衍生著作要取得原著作人的授權，否則即侵害到原著作權人之改作權。利用衍生著作的第三人，也必須同時取得原著作人與衍生著作人的授權。如翻譯作品、小說改編成電影等，皆為改作之衍生著作。

d. 著作權標的： 不是《著作權法》法定所要保護的標的，自然與《著作權法》無關，沒有爭議問題；但是《著作權法》法定所要保護的標的，如有爭議則需鑑定著作物具不具有創作性，有即受到《著作權法》的保護；無即不受到《著作權法》的保護，但沒有侵權問題。

e. 合理使用：依《著作權法》法定合理使用的範圍，自然沒有侵權問題。如有爭議則需鑑定使用之目的及性質，使用之質量與其結果，對著作潛在市場與現時價值之影響程度，來判斷是否有侵權的可能。

B. 侵權鑑定階段：

　　侵權鑑定，必須藉由專業分析方能確定，其要確認的事項有如下幾點：

　　a. 原告之著作，是否為《著作權法》要保護的標的？

　　b. 被告是否有使用原告的著作？是重製還是改作。

　　c. 原告之著作權保護期，是否已屆滿？

　　d. 原告之著作，是否為未互惠保護的著作？

　　e. 被告是否僅止於觀念之引用？

　　f. 依兩者之間接觸的可能，如看到或聽到等，來確認是否為平行創作？因"英雄所見略同"在我們生活中，是經常會發生的巧合。

　　g. 被告使用原告之著作，是否為合理使用？

　　h. 在處理構想與表達時，不可分離、無從區隔，或表達方法只有一種，或極為有限時，思想與表達合併，則亦不構成侵權行為，此即"思想與表達合併原則（The merger doctrine of idea and expression）"。

　　i. 在無從避免而必須使用某些事件、角色、布局，以及布景等素材。縱然該事件、角色、布局或布景之表達方式，與其他作品相似，但因為處理該主題所不可或缺，或是一種標準的處理方式，即不構成侵權行為，此即"必要場景原則（Necessary scenario principle）"。

　　j. 違背善良風俗者：如色情 A 片，是否也受到《著作權法》的保護？在《著作權法》並無明文規定，但該法第 1 條規定：「**為保障著作人著作權益，調和社會公共利益，促進國家文化發展，特制定本法。**」從其立法之目的來看，旨在保障個人或法人智慧之創作，使作品能為大眾所利用，進而促進文化健全發展，既要"文化健全發展"，對於違反該旨意者，

第五章 著作權法

自然不受《著作權法》的保護,明矣!

更何況,我國《專利法》第 24 條與《商標法》第 30 條,皆有「**妨害公共秩序或善良風俗者。**」不予核准的規定。在司法運作的常規上,自然也會被引用而成立。

k．抄襲著作者:在《著作權法》中,並沒有〝抄襲〞一詞,但它所指向的著作,是《著作權法》中的〝重製〞或〝改作〞。全篇照抄即重製,參考思想及表達方式,加以翻修,使其具有創作性即是改作。重製自然違反《著作權法》,但改作雖也受該法的保護,然如上所述,也要取得原著作人的授權,否則即侵害到原著作權人之改作權。可見,抄襲著作只要成立,不管是重製或改作,皆違反《著作權法》。

所以,抄襲著作是否違反《著作權法》的判斷標準,在於〝接觸〞及〝實質相似〞二個要件上。其中之接觸,係指有看過、聽過、參考、下載等原著作的可能,可能即為違反《著作權法》,無可能即為平行著作,沒有違反該法,並也受到該法的保護;而實質相似則指與原著作非常雷同,然〝雷同〞一詞雖很抽象,卻可從〝質〞和〝量〞作為認定依據。質乃作者的創作理念,量乃相同敘述文字多寡的相同。該依據在實務中,創作理念一詞也是很抽象,難有一個明確的標準;而量化雖科學,但學術界慣用的〝文字比對系統〞,僅能比對相同文字,無法判斷相似文字,只要將敘述文字倒置或錯位,該系統即無法辨識,故常引起爭議。還好!認定是否重製或改作他人著作,是一個〝事實認定〞的問題,在爭議案件中,只有負責審理該案件的法官,才有權加以認定。

在學術中,構成抄襲不僅是違反《著作權法》,也違反學術倫理,除要負民事賠償責任,甚至是刑事責任外,其抄襲著作還要被取消,如博士論文抄襲,雖已拿到博士學位,依然會被取消其資格,此乃因違法,所以自始不存在。縱重製或改作行為,獲得著作財產權人的同意,雖沒有違法,但仍違反學術倫理,依舊以抄襲論處。而自我抄襲的著作,在學術中依舊不被容許,仍以抄襲論處。在非學術中,如係〝專屬授權〞於出版社等公開發表出版,有違反《著作權法》的問題;如係〝非專屬

授權"，則沒有違反該法的問題。至於投稿於期刊，則依其徵稿辦法處理。

　　學術中，對於抄襲的認定，大致初步是以"文字比對系統"，比對其文字的相似度，整篇文章超過 30%者，即有抄襲的可能，需再單獨檢測每一個來源，如果都低於 5%時，一般不會被認為是抄襲，不會再往下追查。其中之合理使用的引文多寡，將直接影響到檢測的百分比，更是來源檢測的重點。所以學生提出口考論文時，學校會要求先通過比對系統的比對，超過 30%的相似度，則不核准口考。

　　然用這種方式來確認抄襲的構成，筆者認為有兩大缺點：

　　(a).只要懂得比對系統的原理，乃一段對一段的比較，文字對文字的比較，文字相同、位置相同者，才會被記錄其相似度，只要將敘述文字倒置或錯位，該系統即無法辨識。因此，該方式容易取巧，只要對著比對系統所列出相似度的段落，將"如果"改成"也許"等用語，意思一樣，比對系統卻無法檢出；或將"牛頓發現的地心引力"，倒置或錯位成"發現地心引力的牛頓"，意思一樣，文字也相同，只有位置不同，比對系統即無法正確檢出。

　　(b).事實陳述，不應該列為抄襲，如以"魯迅是紹興人"，不管用"魯迅出生於紹興"、"紹興是魯迅的故鄉"、"紹興人的魯迅"等表達文字，意思一樣，文字也大致相同，但這是事實陳述，應沒有抄襲問題，也不需要註明資料來源。因原著作人不會天生就知道魯迅是紹興人，一定是從別人的文獻資料獲知，任何人來寫都是一樣的結果。

五、司法判決：

　　依《民法》第 184 條所規定的三種侵權行為：一為故意或過失不法侵害他人權利；二為故意以背於善良風俗的方法加損害於他人；違反保護他人的法律。可見，著作權上的侵權行為，乃屬第三種違反保護他人法律的《著作權法》。所以，只要經過侵權鑑定的程序，而符合侵權要件，侵權行為即會成立，必須負民事賠償責任，甚至是刑事責任而被判刑。

第五章　著作權法

　　在實務中，侵權成立如僅限於民事賠償責任，大都會以司院判決為依歸，因法官乃跟據《著作權法》上的罰則，並參酌當事人的經濟條件加以量罰，其判決有法有據且大致合理，總比受害人的漫天喊價來得客觀。如還帶有刑事責任，雖可易科罰金，但為避免被判刑而留下紀錄跟隨一輩子，大都會選擇庭外和解，縱要面對受害人有持無恐的漫天喊價，也只能隱忍下來。如此，便失去司法所要堅持的公平正義，實有待改善。當然，如能比照專利法除罪化，該問題即能迎刃而解。

　　其中，著作權法原則上並不處罰過失侵權行為，除盜版光碟或銷售盜版光碟是〝公訴罪〞外，也就是〝非告訴乃論罪〞，其他都屬於〝告訴乃論罪〞，必須著作權人提出告訴，司法單位才會受理，當事人可以庭外和解，便可撤回告訴狀。

　　值得注意的是，侵權與違約的效果不同，意即以違約方式達到侵害著作權之效果。前者侵權有刑事責任；後者違約無刑事責任。因此，在實務中的侵權，如能朝向違約處理，是再好不過的事情。

第六節 《著作權法》之案例

本單元之案例，列舉案例與判例兩個部分做說明：

一、案例：

該部分，以我們日常生活中，最常見的著作權爭議或侵權的問題，茲列舉如下：

案例一：著作權與著作物所有權之區別[8]

問題：

甲與乙在網路上結交為親密之男女朋友，每日以電子郵件寫情書給對方，後來雙方因故斷交，甲為洩恨，乃將乙寫給他的情書，全部上載至網站上，由於乙當初所寫內容極為親密，甲之上載行為造成其困擾，乙能否向甲主張該等郵件之著作權？

解答：

著作權與著作物所有權乃不同之權利，所謂著作物係指著作重製物，例如書籍即為語文著作之重製物，著作物與一般物品一樣，均有所有權，所以若你買到一本書，該本書之所有權即歸你所有。至於著作權則係指著作權人所享有之重製、公開播送、改作等專有權利，其與著作物所有權自有所區別。享有著作物所有權並不等於享有著作權，此即所謂著作權與著作物所有權分離原則。

案例中乙寫給甲之電子郵件，由於當初確係自願寫給甲，並無要回意思，依《民法》規定，此應已構成贈與，所以乙並無權向甲要回該等郵件，不過乙當初並無將該等郵件著作權轉讓給甲，依據著作權與著作物所有權分離原則，乙仍享有該等郵件之著作權，而甲將該等郵件上載

---

[8] 引至陸義淋：《著作權案例彙編》，智慧財產權局，網址：https://www.tipo.gov.tw/copyright-tw/cp-420-855955-55015-301.html，2025.02.04 上網。

第五章　著作權法

至網站之行為，係屬著作財產權中之重製行為，由於甲並未享有著作權，所以甲之上載行為已侵害乙之著作權，乙可依著作權法訴追甲之侵權行為。

案例二：圖形著作之重製、改作與衍生著作問題[9]

問題：

陳明依 A 公司所設計之圖形著作仿製成立體物後，再予以拍攝製作成目錄或廣告單。試問該行為，是否侵犯著作權？

解答：

1. 本案例之情形可兩階段加以討論：一是陳明將 A 公司所設計的圖形著作仿製成立體物的行為。二是陳明將該仿製的立體物拍攝後製作成目錄或廣告單的行為。

2. 陳明將 A 公司所設計的圖形著作仿製成立體物，是否構成著作權法所製之重製或改作，應視其轉變後之具體情況而定為決定依著作權法第 3 條第 1 項第 5 款所稱「重製」係指，以印刷、複印、錄音、錄影、攝影，或其他方法直接、間接、永久或暫時之重複製作而言。依著作權法第 3 條第 1 項第 11 款所謂「改作」係指，以翻譯、編曲、改寫、拍攝影片或其他方法就原著作另為創作。故而，如果在立體物上以立體形式單純性質再現平面圖形著作之著作內容者，為著作權法所稱之「重製」；如果轉變後之立體物，雖然對原平面圖形著作之內容有所變動，但仍然保有原著作之重要特徵時，應屬「改作」。又如果依圖施工所製成之立體物的表現形式未能再現原平面設計圖之內容時，則可能是屬於不受著作權法所保護的「實施」行為。

3. 陳明將該立體物予以拍攝後，製作成目錄或廣告單依著作權法第 3 條第 1 項第 5 款所稱「重製」，應該包括以照相或攝影方法所為之重複製作而言。因此將立體物以攝影或照相方式轉變成平面圖的行為，是有可能

---

[9] 引至張懿云：《著作權案例彙編》，智慧財產權局，網址：https://www.tipo.gov.tw/copyright-tw/cp-420-855955-55015-301.html，2025.02.04 上網。

構成重製權之侵害。但是如果該立體製成品未再現 A 公司原圖形著作之內容，而屬於「實施」行為，即無違反著作權之情事，此時該立體製成品並非 A 公司著作權效力之所及。故而將之拍攝所製成之目錄或廣告單，即無侵害 A 公司著作權之虞。

案例三：在餐廳播放 CD 是否侵害音樂著作的著作權[10]

問題：

甲創作完成一首歌的歌詞及歌曲，授權乙唱片公司錄成ＣＤ唱片，丙經營餐廳，為使餐廳氣氛良好，爰購買乙錄製的ＣＤ並播放給其顧客聽，試問丙的行為有否侵害甲的音樂著作及乙錄音著作的著作財產權？

解答：

歌詞歌曲係屬音樂著作，依據著作權法第 26 條第 1 項、第 3 項分別規定，「著作人除本法另有規定外，專有公開演出其語文、音樂或戲劇、舞蹈著作之權利。……錄音著作經公開演出者，著作人得請求公開演出之人支付使用報酬。」而著作權法第 3 條第 1 項第 9 款規定，公開演出指以演技、舞蹈、歌唱、彈奏樂器或其他方法向現場公眾傳達著作內容。丙向其顧客播放唱片公司錄製的ＣＤ，係屬公開演出音樂著作及錄音著作之行為。其公開演出音樂著作之部分，除合於著作權法第 44 條至第 65 條合理使用規定外，應徵得音樂著作權人之同意或授權，否則即屬侵害音樂著作之公開演出權。至於公開演出錄音著作部分無須於事前取得授權，也不致發生侵害公開演出權的問題，不過利用時，著作權人得依本法第 26 條之規定請求利用人支付使用報酬（應付費而未付費只屬《民法》「債」之關係，尚不致發生「侵權」之法律效果）。

---

[10] 引至陸義淋：《著作權案例彙編》，智慧財產權局，網址：https://www.tipo.gov.tw/copyright-tw/cp-420-855955-55015-301.html，2025.02.04 上網。

第五章 著作權法

案例四：可否使用他人所用過的著作名稱來命名自己所作的視聽著作[11]

問題：

　　假設某公司所發行的電影錄影帶「魔戒」頗為賣座，而其他公司欲將相同的名稱、用在自家錄影帶或其他著作之上，是否會侵害著作權？

解答：

　　就別人使用過的著作名稱，如果自己想要拿來作為自己著作的名稱，究竟會不會違法呢？這其實牽涉到「著作名稱」到底受不受著作權保護的問題。而關於這個問題，我國著作權法並沒有直接的明文規定可以作為判斷的依據，故僅能參考外國立法例、學說及我國著作權主管機關的見解加以推論。就著作的名稱（例如：書名，歌唱專輯名稱等）是否有著作權……美國的著作權局是抱持否定的看法。美國著作權局的行政規則有如下的規定：「下列為不受著作權保護之標的：單字（Words）、短詞（ShortPhrases）（例如：人名、著作標題〔Titles〕及標語〔Slogans〕）等。」針對著作名稱是否受到著作權保護的問題，我國著作權主管機關的看法與美國相仿。根據著作權原主管機關內政部著作權委員會的見解，著作之名稱僅係一名詞，與著作權法第 3 條第 1 項第 1 款所稱著作（係屬文學、科學、藝術或其他學術範圍之創作）之定義不符，故認其不受著作權之保護（參見內政部著作權委員會所編印之「認識著作權」第 3 冊，第 31 頁）。至於目前主管著作權的經濟部智慧財產局，也認為『著作名稱本身並無著作權可言，不同之著作取用相同之名稱，尚非著作權法所不許。』（參見經濟部智慧財產局民國 92 年智著字第 0920004297-0 號函）。

　　不過，就算著作名稱因為不具「原創性」、或是被認為係「著作不可分之一部分」，而使得其無法獨立地受到著作權的保障，也並不表示被抄襲書名的作者毫無其他法律救濟途徑可循。在日本、德國、英國及美國的司法實務上，也都與法國的作法相同，允許作者以「不正當競爭」的

---

[11] 引至葉茂林：《著作權案例彙編》，智慧財產權局，網址：https://www.tipo.gov.tw/copyright-tw/cp-420-855955-55015-301.html，2025.02.04 上網。

理由，阻止他人抄襲其書名。德國的不正當競爭法（類似於我國之「公平交易法」）第 16 條即規定：任何人於商業活動中，使用他人合法使用過之作品「特殊命名」（Special Designation），作為自己印刷作品之命名，而足以造成公眾之混淆者，應受行政之處罰。依此規定，只要作品之名稱特殊（Distinctive），而他人所使用的相同或類似名稱，可能使得社會大眾產生混淆（Likelihood of Confusion，例如：誤以為兩件作品皆為同一人所出版，或是誤以為後出版之著作係獲得前一著作之出版者之支援或贊助（sponsor）），即可禁止他人使用相同或近似之書名於出版品上。我國公平交易委員會在處分「抄襲書名」的立場上，亦採取與美、英、德、日等相同的見解。在民國 81 年就「新腦筋急轉彎」一書抄襲「腦筋急轉彎」一書之檢舉案作成處分時，公平交易委員會即援引公平交易法第 20 條第 1 項第 1 款的規定，認為在「新腦筋急轉彎」出版前，「腦筋急轉彎」已出版 12 集，其總銷售量超過了 120 萬本，已達「相關大眾所共知的程度」；而「新腦筋急轉彎」一書只在「腦筋急轉彎」加上一個「新」字，不僅名稱類似，且其所採取的幽默式漫畫問答集格式、書籍開本以及前頁為問題、後頁為答案的編輯形式，亦與「腦筋急轉彎」相仿，故對涉及抄襲行為的出版商加以處分。

綜合上述，如果作者所用之著作名稱頗能表現出其個性、獨特性，縱使不受著作權保護，但如其著作因十分暢銷，而已達「相關公眾所共知」之程度時，或許仍可援引公平交易法第 20 條第 1 項第 1 款之規定，以禁止其他類似著作的作者使用易與其發生混淆之著作名稱。

案例五：抄襲別人的創意或妙點子也算侵害著作權嗎？如何判斷有沒有抄襲別人的美術著作呢[12]

問題：

「莉莉」為飾品設計製造公司，在千禧年設計出一系列「粉蝶舞春」的髮飾，在女用髮夾、髮圈、項鍊、戒指上，綴以薄紗狀半透明的蝶翼

---

[12] 引至謝銘洋等：《著作權案例彙編》，智慧財產權局，網址：https://www.tipo.gov.tw/copyright-tw/cp-420-855955-55015-301.html，2025.02.04 上網。

為裝飾,廣受少淑女族群的喜愛,「美美」也是設計製造同一類商品的公司,認為這種創意有值得借鏡之處,於是也在他原已生產的現有飾品上,加上了蝴蝶、蜜蜂等裝飾,不過蝴蝶造型另經設計,與「莉莉」所製造的異其品味,也頗受市場歡迎。「莉莉」公司於是不甘示弱,想到今年是千禧年,於是又推出「2000」系列,走前衛、現代簡潔風格的金屬髮飾,將數字 2000 作藝術變化,開同業風氣之先;「美美」不久也緊跟著推出「2000」系列,標榜展現千禧年世界大同的理念,以「浪漫民族風」的紫色、駝色為主要色調,也是在 2000 這個數字串上作美術字型的設計。

　　「莉莉」老闆見其創意一再被使用,市場也被瓜分,積存不滿已久,有一天逛夜市時竟發現地攤小販「佳佳」竟在叫賣「莉莉」出產的髮飾,並立有廣告標語「專櫃貨大清倉」、「蝴蝶夢」、「銀色千禧」等字樣,走近細看才發現無論材質、黏製,都不及自己公司的產品,蝴蝶的形狀較為簡陋,不過形態顏色都很相近、飛舞的姿勢也差不多,旁邊也裝飾用的小花配置也很像,「銀色千禧」系列更是一模一樣,只有材質是劣等金屬而已。「莉莉」老闆終於忍無可忍,憤而狀告「美美」、「佳佳」侵害其著作權。「美美」主張公司設計師只是擷取「莉莉」公司的創意而已,自己也是花了很多心血投資在新飾品的研發和製作上;「佳佳」則辯稱,她從來沒有看過這些髮飾,蝴蝶是常見的昆蟲,為什麼只有「莉莉」可以用蝴蝶做髮飾?而且今年大家都趕 2000 年的流行熱,「銀色千禧」純屬巧合。請問「美美」和「佳佳」的抗辯有沒有道理呢?

解說:

　　1.著作權法上有區分「觀念」和「表達」,只有「表達」才受保護,抄襲別人的創意並不會構成著作權的侵害我國著作權法第 10 條之 1 規定:「依本法取得之著作權,其保護僅及於著作之表達,而不及於其所表達之思想、程序、製程、系統、操作方法、概念、原理、發現。」為什麼著作權法保護的是「表達」而不保護「觀念」呢?從我國法院常引用的一段話,可以看出來:因為「著作權法所保護者為著作之原創性,如著作人在參考他人之著作後,本於自己獨立之思維、智巧、匠技而推陳出新創造出另一獨立創作,該作仍不失為原創性,並不因其曾經受他人

創作之影響而有差異，否則不僅拘束創作人之思維、構想，亦將嚴重影響文藝美術之發展。」我們知道人類社會中，生活莫不深受文化、環境等種種因素的影響，所以還沒有表達出來的觀念固然不受保護，一旦把觀念表達出來以後，受保護的也是「表達」的這一部份，所蘊含的創意或妙點子，仍然可以被其他人所參考、使用，以此再創作出其他的作品，這樣文化才能累積、豐富，而不會變成被少數人所壟斷，造成社會文明很難有進步的空間。

2.觀念和表達的區分……我國法院在實務上雖然也承認這個區別的概念，常常會在判決中引用這一段話：「著作權法所保護者乃觀念、構想等之表達方式，非觀念構想之本身，著作如係確出於著作人獨立創作之結果，其間並無抄襲之情事，縱或有雷同或相似，各人就其著作均享有著作權。」但是這也只是很抽象的說明而已，在具體個案的適用上是有困難的，所以我們不得不尋求一些比較法上行之有年的法理，來區別觀念和表達。美國法的相關論述都是用「idea」與「expression」來作為兩個對照的用語。而觀念與表達的區分理論與基準，是從美國法上 1879 年著名的 Baker v. Selden 案開始發源，以後的判決也不斷地加以引用，再加上法官、學者的闡釋，於是逐漸形成一系列可以在實務上運作的法則，例如減除測試法、抽象測試法、模式測試法、整體概念及感覺測試法等等，甚至在電腦程式的領域裡，還有更精細、更專門的區別標準，不過在判斷一般著作構想與表達如何區別的時候，仍然以「抽象測試法」為最受美國實務與學說所接受的主要方法。簡單來說，抽象測試法就是把系爭事件逐一抽離，隨著抽離事件的增加，會產生漸趨抽象性或普遍性的「模式」，這種模式是可以適用於任何其他的作品的，當超過一定的界限後，這種普遍性或抽象性的表現就屬於公共財產，並不是著作權法所保護的範圍。例如，在一部愛情小說裡，「甲喜歡乙，乙卻喜歡丙」；或是「甲乙兩人原本互相看不順眼，卻因緣際會而相知進而相愛」，這都是一種具有普遍性的「模式」，是任何一部小說都可能、也可以使用到這種最粗略的架構，也不會因為有某作家使用了這個普遍性的模式去寫作後，別人用相同的模式就會侵害他的著作權。另外我們還要注意的是，

第五章　著作權法

在使用這種方法來比對兩個作品時，所篩選比較的模式或特徵，還要達到合理的細微層次，再判斷其共同模式是否具有普遍性，這樣才能決定是否構成表達的侵害。還有呢，如果兩個作品間雖然只有少量無足輕重的細節相同，雖然這些相同的地方已經特殊到可以看得出這是抄襲的結果，但是過於少量的複製恐怕仍然不是著作權法所保護的標的，必須有相當數量的模式或較有意義的段落相同，才會構成表達的侵害。至於一些無法加以解構的著作，例如美術著作、圖形著作、多媒體著作等，則通常用「整體觀念及感覺測試法」加以判斷，就是說把兩個著作拿來，整體性地加以觀察後所得到的觀感，或著作所給人的意境，都是屬於表達的範圍，不過我們還是可以運用抽象測試法的精神，來處理美術著作在觀念和表達上的區分。

　　在本題中，由於髮飾等等應該是屬於美術著作，在判斷上我們先用整體觀念及感覺測試法來觀察。從題意中顯示，「美美」所作的蝴蝶、蜜蜂飾品，在風格上與「莉莉」的作品大異其趣，整體看來應屬於不同的表達方式，所以可以給觀察者不一樣的感受；另外，由於「蝴蝶」是大自然裡原本就存在的生物，所以採用蝴蝶、蜜蜂等昆蟲來作為物品的裝飾，可以說只是一種創意或點子而已，人人都可以使用，而蝴蝶有牠通常既定的形態，例如觸角、身體、翅膀的大致比例和通常搭配等等，除了重大「變種」的情形之外，任何人使用「蝴蝶」的形象作為素材，都會受限於一定的範圍，也就是說畫起來都是讓人一眼就看出那是「蝴蝶」的形狀，但是在很多抽象性質以外的具體表現，就有很多的空間提供各式各樣的表達形式了。換句話說，「莉莉」的作品受保護的部份，應該是「如何把蝴蝶應用在飾品上，蝴蝶的姿態、顏色和其他藝術性的表現」，而不是「把蝴蝶用在髮飾上」這一部份。也有法院作這樣子的表示：「…況蝴蝶乃大自然界普遍存在之動物，其種類繁多，高達數以百萬種，任何人均得取材於此一大自然無盡之寶藏予以獨立創作，並作不同之表達。矧且著作權法所保護者乃著作物之『原創性』，亦即觀念之表達方式，其範圍不及於『觀念』本身，諸如前述，殊不能因有人以蝴蝶此一觀念作為創作題材，嗣後即禁止任何人再以蝴蝶作為創作之對象。因此以蝴

智慧財產權之理論與實務

蝶作為觀念,並無獨佔排他權利,人人均得自由利用,法無禁止之理。」使用數字「2000」也是同樣的道理,在千禧年用「2000」這一字串作為設計的素材,只能認為是一種觀念或創意,「2000」這樣一個通用的數字組合或表現也不可以被任何人所獨占,所以「2000」系列飾品所可以受到保護的,應該是「如何把一串簡單的數字做成具有藝術性、有特色的表達方式」。

3. 判斷著作抄襲的要件──接觸與實質近似所以,現在我們已經可以釐清,在這個案例中,「莉莉」的蝴蝶和 2000 作品,能夠受著作權法保護的「表達」到底是到什麼樣的程度,也就是蝴蝶髮飾和 2000 髮飾如何地、用什麼姿態、形式、方法來呈現美感,傳遞藝術訊息等等一些很具體的表達,再來我們才能判斷「美美」和「佳佳」對於「莉莉」受保護的著作表達部份有沒有抄襲。在著作權侵害的判斷上,構成著作抄襲的兩大要件,是「接觸」和「實質近似」。接觸是一種法律上的事實,在訴訟上被告通常都會抗辯沒有接觸,不過這一點可以用直接證據和情況證據的方法來證明,例如在本案中,由於「莉莉」的作品在市場上已經流通一段時間,有一定的銷售量和知名度,很容易就可以認定「佳佳」對於系爭著作曾經有過接觸。在實質近似的判斷上,由於美術著作的呈現方式和人的視覺感官具有密切的關係,所以法院通常是把兩個著作拿來作整體的觀感和細部的觀察,以它們對人的視覺發生什麼樣的「作用」來評價是否實質近似。例如在一個也是以蝴蝶圖作為化妝品包裝的圖樣的案子裡,法院認為「復查被告某甲印製使用在其生產之多層式化粧盒上如附圖六所示蝴蝶圖案,明顯無觸鬚設計,與告訴人嘉美公司獲有美術著作權如附圖一及附圖三所示蝴蝶圖案以及其成品上所使用如附圖四所示蝴蝶圖案,並非完全相同,其非有形複製及完全之抄襲,至為明灼。至於附圖七所示蝴蝶圖案固然帶有觸鬚,惟有關蝶翼部分之設計與附圖一、三所示蝴蝶圖案之蝶翼部分,仍有差異。」

在另一個以熊主婦圖為圖案的事件中,法院則判斷「於審理時詳予比對自訴人取得美術著作財產權之圖樣(即附表一Ａ)及被告所製作之『熊主婦圖』圖樣之內容,除將附圖一之圍裙中左圖草莓圖案更改外,其

餘有關熊之頭、眼、耳朵、嘴部之造形完全相同，又衣服之層次、配件亦同一，另整個圖樣均有棒碗、湯匙、蝴蝶結等編牌圖樣，且又完全相符，況經本院前審將前揭二圖樣送由輔仁大學織品服裝學系鑑定結果亦認定：『熊主婦圖（附圖二）經鑑定雖為一般繡線手法，但除將附圖一Ａ之圍裙右圖草莓圖畫圖樣極具相似，顯而易見確有抄襲重製之情事』等語」，還有一個小沙彌的案例中，法院認為「再參以告訴人所提出之雙方所產製之小沙彌照片與真偽品對照表所示：(1)合十小沙彌，『偽品』除座墊不同並多一木魚外，其餘臉部表情，整體構造，色彩幾乎與『真品』相同(2)挑水小沙彌，除沙彌臉部表情稍有不同，『真品』沙彌臉朝上，『偽品』臉朝下外，其他整體構造，色彩分布亦幾乎相同(3)讀經書小沙彌除『偽品』多一疊書籍，其他亦幾乎相同(4)說狗小沙彌，除沙彌顏色稍有深淺不同外，餘亦幾乎相同(5)砍柴小沙彌，除沙彌臉部造形，柴擺放位置有高低之不同外，其餘造形亦屬幾乎相同(6)戲鳥小沙彌除鳥的擺放位置小沙彌臉部表情不同外，其餘造形亦屬幾乎相同。若謂僅係『既存內容』相同即能達此實質相似之程度，未免過於巧合，似此，亦可證諸被告確有接觸告訴人之著作物」。所以在本案中，對於「美美」和「佳佳」的作品，也可以經由詳細的比對程序來加以判斷，例如蝴蝶的觸角長度、彎度、翅膀的配色、飛揚的姿態、甚至蝴蝶於周邊花草的關係、花瓣葉面等等細部表現等等。因此，「美美」所提出「觀念抄襲並不構成著作權侵害」的抗辯應該可以成立，而「佳佳」就可能難逃抄襲與侵害著作權的認定了。

案例六：何謂戲劇著作？戲劇著作與劇本著作，區別何在[13]

問題：

作家林允中為嘗試寫作不同種類作品，遂改行編寫劇本，未料劇本不受青睞，因此一直沒有機會把劇本製作成為戲劇播出。作家退而求其次，乾脆把該劇本再改寫為小說，直接出版以賺取稿費。某日一位節目

---

[13] 引至雷憶瑜：《著作權案例彙編》，智慧財產權局，網址：https://www.tipo.gov.tw/copyright-tw/cp-420-855955-55015-301.html，2025.02.04上網。

智慧財產權之理論與實務

郭製作人在書店發現該小說引人入勝，遂找張導演將小說改編為劇本，並製作成連續劇在電視臺播出。該小說家某日忽然發現他的作品竟然已經改編成為戲劇節目，遂提出告訴。該連續劇郭製作人及張導演，是否已經侵害了作家的著作權？

解說：

　　1.「戲劇著作」之意義戲劇著作，係指以身體之動作，富含感情將特定之劇情表演出來。依內政部於民國 81 年 6 月 10 日公布之內政部臺(81)內著字第 8184002 號公告「著作權法第五條第一項各款著作內容例示」第 2 項第 3 款之規定，所謂戲劇、舞蹈著作，包括舞蹈、默劇、歌劇、話劇及其他之戲劇、舞蹈著作。

　　2. 戲劇著作與劇本著作之區別所謂「劇本著作」，原則上是將戲劇中所有的對白、敘述以文字表現出來，其目的與樂譜一樣，都是為了提供表演者表演之用。而劇本雖然是文字，但著作的本質，是為了將連貫的劇情，藉由聲音、影像及動作的配合，在觀眾之前表演。……我國著作權法於民國 74 年修正時，即於修正理由中說明劇本係屬於「文字著述」，而屬於語文著作之一種，因而不再另於著作權法中再以劇本著作保護。

　　3. 未獲得授權不得將他人語文著作表演為戲劇著作作家林允中在第 1 次寫出劇本時，他就享有這個劇本的語文著作權，之後，當他再次將那份劇本改寫為小說的時候，他又再次享有另一個衍生著作的語文著作權。也就是說，林允中在二次創作之後，擁有劇本以及小說的著作權。依著作權法第 26 條第 1 項之規定，著作人除本法另有規定外，專有公開演出其語文、音樂或戲劇、舞蹈著作之權利。因此，就林允中所為的小說創作，僅有林允中有權利自己或授權別人改編的專屬權利。郭製作人發現林允中的小說引人入勝，此時郭製作人應該作的事情是與林允中聯繫，獲得林允中的授權，才能夠找張導演將小說內容改變以戲劇型態方式演出。因為郭製作人及張導演並未獲得林允中之首肯，即擅自將林允中之小說改作，二人皆已侵害了林允中的著作權，而違反著作權法第 92 條的規定。

第五章　著作權法

案例七：攝影著作的合理使用[14]

問題：

A 報記者在偶然的情形下獨家拍攝到美國總統獨自到中國餐館用餐的照片，國內其他媒體如要刊登或播出該照片，是否須經 A 報之同意？如不經 A 報同意，直接翻拍 A 報上所刊登的照片，會不會侵害著作權？

解說：

使用者付費乃著作權法的基本原則，然如果徹底貫徹此一原則，則不免發生妨礙資訊流通之弊端，為調和社會公益，著作權法第 44 條以下設有對著作權人權利之限制。著作權法第 52 條規定：「為報導、評論、教學、研究或其他正當目的之必要，在合理範圍內，得引用已公開發表之著作。」至於著作之利用是否屬於合理利用之範圍，依同法第 65 條規定，應審酌一切情況，尤應注意下列事項，以為判斷標準：

一、利用之目的及性質，包括係為商業目的或非營利教育目的。

二、著作之性質。

三、所利用之質量及其在整個著作所占之比例。

四、利用結果對著作潛在市場與現在價值之影響。

在本案例中，由於美國總統到中國餐館用餐的照片具有新聞性，其他媒體欲刊登或播出，顯然是為了報導的目的，而 A 報既已取得獨家優先刊登之優勢，在其刊登該照片後，其他媒體或可依據著作權法第 65 條第 2 項所定各項合理使用之判斷標準，主張引用該照片做相同的報導，且對 A 報日後利用該照片之價值，應無明顯不利之影響，以構成合理使用。然需注意，合理使用因其概括性之規定，需由司法機關依個案適時為審酌認定。另外，如果其他媒體係為報導其他新聞事件，而有使用美國總統照片之必要，則是否能不經 A 報同意，即使用本案例中之照片，

---

[14] 引至郭明怡：《著作權案例彙編》，智慧財產權局，網址：https://www.tipo.gov.tw/copyright-tw/cp-420-855955-55015-301.html，2025.02.04 上網。

則顯有疑問。因為在此種情況下,可能會被認為所報導的新聞事件與本案例之照片並無直接關連性,且 A 報對於美國總統之各式檔案照片有授權他人使用之利益,因此較難認為其他媒體之使用行為符合合理使用之要件。

另需注意,即使符合合理使用之要件,媒體在引用他人著作時,依著作權法第 64 條之規定,應明示其出處,否則仍係違反著作權法之行為。所謂明示出處,係指以合理方式表示著作人之姓名或名稱。據此,在本案例中,其他媒體如要轉載 A 報有攝影著作之照片,在轉載時須標明該照片來源,方屬合法。

案例八:利用或參考他人相同的創意,而錄製自己的錄音著作時,是否會因為抄襲他人的創意而有侵害著作權之虞[15]

問題:

前一陣子,某家國內知名唱片公司推出了所謂的「水晶音樂」,以電腦合成的技術,彈奏出類似敲打水晶而成的樂曲聲,據說具有洗滌心靈、安撫情緒的作用,而在市場上造成了極大的轟動。假設現在有另一家業者打算利用相同的創意,錄製自己的水晶音樂專輯時,會不會因為抄襲他人的創意而有侵害著作權之虞呢?

解答:

依照著作權理論,所謂的「點子」、「觀念」(idea)或「概念」(concept),是創作者想透過其作品表達的一種思想或意念;而所謂「觀念的表達」(expression of idea),則是創作者藉由各種媒介或途徑,將其心中的中心思想或觀念加以闡明。舉個例子來說:古今中外都流行著「自古紅顏多薄命」和「情侶往往因命運的作弄而無法結合」的觀念,而不同的作者在作品中對於這兩個觀念的詮釋和說明,有時竟會不約而同地出現類似的情節或結局。中國的梁山伯與祝英臺雖較莎士比亞筆下的「羅

---

[15] 引至葉茂林:《著作權案例彙編》,智慧財產權局,網址:https://www.tipo.gov.tw/copyright-tw/cp-420-855955-55015-301.html,2025.02.04 上網。

第五章 著作權法

密歐與茱麗葉」多了「女扮男裝」的情節，但故事中都出現了聰明美麗的女主角「紅顏薄命」的情節，致使有情人無法結合的悲劇結局。如果著作權法連觀念（idea）都加以保護，就極可能會發生因為少數人獨佔了某些觀念、想法，而造成其他人無法利用相同的觀念創作之情形。這即是著作權不保護觀念，而保護「觀念之表達」的最主要原因。我國著作權法為了釐清上述的法理，特別在第 10 條之 1 中規定：「依本法取得之著作權，其保護僅及於該著作之表達，而不及於其所表達之思想、概念……」，其原因即在於此。此外，需要特別注意的是，著作權法雖然保護「觀念的表達」，但就該「觀念的表達」，並未像專利法般賦予創作人一項排他的權利。相反地，只要創作並非抄襲而得，著作權理論並不禁止他人獨立創作類似或完全相同的著作；而且只要該類似或相同的著作也具備了原創性，則不論其創作完成之先後順序如何，該兩個著作皆能受到著作權法的保護。

在本例題中，利用電腦合成如敲打水晶般聲音的音樂，只是一種創作的概念或點子而已，因此，首先想到這個點子的唱片公司並無法阻止他人也利用相同的點子來創作。所以，就算有另一家業者打算利用相同的創意來錄製自己的水晶音樂專輯時，也不會因為抄襲他人的創意而有侵害著作權之虞。

案例九：販賣建築著作之照片是否合理使用[16]

問題：

某甲看到乙建築師設計之某棟建築物極為富麗堂皇且甚具創意，乃將之拍照後印製成新年月曆販賣，其是否侵害該棟建築物之著作權？

解說：

按著作權法第 3 條第 1 項第 5 款規定，重製係指以印刷、複印、錄音、錄影、攝影、筆錄或其他方法直接、間接、永久或暫時之重複製作。

---

[16] 引至張靜：《著作權案例彙編》，智慧財產權局，網址：https://www.tipo.gov.tw/copyright-tw/cp-420-855955-55015-301.html，2025.02.04 上網。

所謂攝影，一般也俗稱拍攝、照相或拍照，而著作權法上之攝影著作，大抵都是指照片，此可參照內政部於 81 年 6 月 10 日所訂定公布「著作權法第五條第一項各款著作內容例示」之規定。乃攝影也者，在著作權法上係用為動詞，攝影著作才是名詞，一如重製之為動詞，重製權或重製物則係名詞。在本題中，某甲就乙建築師所設計之建築物予以拍照，是否屬對建築著作的一種重製行為？而重製所得之照片，是否即為建築著作的重製物，此均有待進一步探討。乃某甲就其拍照所得之照片，是否得主張其為有別於乙建築師建築著作之另一種新的攝影著作，而得另享有著作權？還是僅係原先建築著作之重製物，而不得享有著作權？此誠非可一概而論，以下應分述之：

其一：如果某甲僅係以照相機對著乙建築師之建築物拍照，而未施以任何之創意，即不具原創性時，則某甲之照片不得稱之為攝影著作，而僅係建築物之重製物，某甲之拍照行為即屬擅自重製之行為，因為並未經乙之同意（此處假設乙建築師為其所設計建築物之著作人或著作財產權人），某甲自不得主張享有攝影著作之著作權，但某甲是否不法侵害乙建築著作之重製權？答案應作否定，容後述之。

其二：如果某甲於拍攝乙建築師設計之建築物時，施以一定程度之創意，使得所拍出來的照片具有與建築物不同之原創性，則某甲的照片即屬攝影著作，而係該建築物之衍生著作，即得享有著作權。這是因著作權法第 6 條第 1 項規定：「就原著作改作之創作為衍生著作，以獨立之著作保護之。」而某甲之拍攝行為合乎著作權法第 3 條第 1 項第 10 款所規定之改作：「指以翻譯、編曲、改寫、拍攝影片或其他方法就原著作另為創作」，即以拍攝照片之其他方法另為創作故也。

惟因著作權法第 6 條第 2 項復規定：「衍生著作之保護，對原著作之著作權不生影響。」乃乙建築師之建築物為原著作，其所享有建築著作之著作權，不受某甲得主張其照片即攝影著作之為衍生著作得受著作權保護之影響。但是某甲未經乙之同意，所為之此種改作行為，是否構成著作權法第 92 條之擅自改作？答案亦應係否定。依我國著作權之相關規定，某甲之行為除合於著作權法第 63 條第 2 項：「依第 46 條及第 51 條

規定得利用他人著作者,得改作該著作」之規定,得以視之為「合理使用」,而不構成著作財產權之侵害(著作權法第 65 條第 1 項參照),例如純係個人基於非營利之目的而以改作之手法拍攝後自行收藏之外,某甲之行為是否涉及不法侵害,應推著作權法第 58 條之規定尤為關鍵。該條規定:「於街道、公園、建築物之外壁或其他向公眾開放之戶外場所長期展示之美術著作或建築著作,除下列情形外,得以任何方法利用之:一、以建築方式重製建築物。二、以雕塑方式重製雕塑物。三、為於本條規定之場所長期展示目的所為之重製。四、專門以販賣美術著作重製物為目的所為之重製。」

因此某甲就乙建築師享有著作財產權之建築著作,未經乙之同意或授權,擅自拍攝照片後並印製成新年月曆販賣,不論某甲有無施以創意,亦即不管某甲之行為究係屬改作還是重製,也不問所拍攝出來的究係乙建築著作之重製物還是衍生著作,某甲既依著作權法第 58 條之規定「得以任何方法利用之」,均合乎合理使用而不構成對乙建築物著作財產權之侵害,某甲自既不負著作權法第 91 條第 2 項之「意圖銷售而擅自以重製之方法侵害他人之著作財產權」刑責,亦不負同法第 92 條之「擅自以改作之方法侵害他人之著作財產權」刑責,更不負同法第 88 條第 1 項侵害著作財產權之民事賠償責任,以其完全合法也。此亦所以電影攝影師可以到全世界各地拍攝各地之建築著作,再加以剪輯成一部電影並得公然發行販售,而不管該等建築著作有無著作財產權之原因。

又必須附帶一提的是,依照著作權法第 64 條規定,依第 46 條、第 51 條、第 58 條規定利用他人著作者,應明示其出處,而明示出處時,就著作人之姓名或名稱,除不具名著作或著作人不明者外,應以合理之方式為之。如漏未明示出處,且屬故意者,將有著作權法第 96 條刑罰之適用,利用人不得不慎。

智慧財產權之理論與實務

案例十：網路上所謂的「共享軟體」(shareware)、「免費軟體」(freeware)、「公共軟體」(publicdomainsoftware)或「沒版權的軟體」,是不是就沒有著作權問題提供共享軟體的註冊碼的人有法律責任嗎？覺得某電腦軟體的功能不甚好用，能不能自己動手修改，讓它功能更強？可不可以將共享軟體上的權利人名稱或是它的授權條款拿掉？如果共享軟體上有做技術控制，能不能予以破解、進而將破解後的軟體提供他人[17]

問題：

　　電腦程式設計師慕容復已經好久沒有工作產出了，最近他混在網路上，發現了幾個號稱是「共享軟體」、「免費軟體」、「公共軟體」或「沒版權的軟體」的電腦程式都寫的很不錯，有些很好用、而有些如果稍加修改、增訂一下功能，就應該可以是很好賣錢的軟體。慕容復決定從「共享軟體」中，拿一個叫「西夏程式設計工具軟體」的軟體，來對「免費軟體」中的一個「大燕圖像處理軟體」做修改，希望做出一個功能強大的圖像處理軟體。

　　然而「西夏程式設計工具軟體」是「共享軟體」，只能試用30天，30天期滿後如果不去向「西夏」的權利人付費20美元註冊取得註冊碼，就無法繼續使用。慕容復在使用「西夏程式設計工具軟體」30天期滿時，對「大燕圖像處理軟體」的修改工作還沒完成，他就到BBS上求助，結果有一個叫做「CrackerKing」的網友提供給他「西夏程式設計工具軟體」的註冊碼，讓他可以不受限制的繼續使用「西夏程式設計工具軟體」來修改「大燕圖像處理軟體」。試問網路上的這些「共享軟體」、「免費軟體」、「公共軟體」或「沒版權的軟體」的電腦程式是不是沒有著作權問題？

解說：

---

[17] 引至陳錦全：《著作權案例彙編》,智慧財產權局,網址：https://www.tipo.gov.tw/copyright-tw/cp-420-855955-55015-301.html,2025.02.04 上網。

第五章　著作權法

1.「共享軟體」、「免費軟體」、「公共軟體」或「沒版權的軟體」不一定就是沒有著作權：對許多人而言，網路已經是生活的一部分，網路上的豐富資源常常令人一上網就捨不得離開，尤其在網路上有許多網頁和 FTP 站中都有各式各樣的軟體可以下載，於是軟體的「抓抓樂」是很多學生宿舍生活裡的重要活動。對網路上這些所謂的「共享軟體」、「免費軟體」、「公共軟體」或「沒版權的軟體」的下載行為是不是就沒有問題呢？下載行為是著作權法意義下的重製行為，而重製是著作財產權人的專屬權利，如果未經權利人授權、又沒有可以主張合理使用的情形，就會構成著作權侵害。在討論下載網路上的「共享軟體」、「免費軟體」、「公共軟體」或所謂的「沒版權的軟體」行為之前，我們要先來看什麼叫做「共享軟體」、「免費軟體」、「公共軟體」和「沒版權的軟體」：

(1)共享軟體：

　　所謂「共享軟體」，是指電腦程式的著作權人將其軟體讓人試用一段期間，試用期滿之後，該軟體基於著作權人當初的技術控制設定，會無法繼續使用，要向著作權人註冊取得註冊碼，將當初的技術控制設定解除，才能繼續使用。而向著作權人註冊的代價，有可能是付費，也有可能是為一定行為（例如應著作權人要求，捐款至特定慈善機構取得收據為證明；要求寄 1 張使用人所在國家的風景明信片；告訴著作權人使用後的意見等）。

　　……共享軟體的著作權人對其軟體享有完整的著作權（包括公開發表權、姓名表示權和禁止不當變更權三種「著作人格權」，和重製權、公開播送權、公開傳輸權、以移轉所有權方式之散布權、改作權、編輯權和出租權七種「著作財產權」），只是共享軟體的著作權人同意他的共享軟體在一段期間之內可以讓人試用而不構成著作權侵害而已。試用在著作權法上的意義就是「授權」，也就是共享軟體的著作權人對該軟體的使用者做了「附期間限制的授權」。而究竟使用者在共享軟體的試用期間內能做什麼？則要看試用期間內的授權利用範圍而定。共享軟體的授權利用範圍規定通常是放在一開始執行或安裝之前出現的授權契約之中，有的則是放在一個叫做「readme.txt」的檔案中。至於授權的內容則各個

智慧財產權之理論與實務

軟體不太一樣：

（一）通常共享軟體都會「允許」使用者供個人利用的重製，也通常都「不允許」使用者以該共享軟體做營利行為。

（二）通常共享軟體都「不允許」使用者變更或刪除著作權人的姓名、權利聲明、權利標示和授權範圍的相關訊息。

（三）「有些」共享軟體「不允許」使用者繼續散布該軟體的重製物；「有些」共享軟體「允許」使用者將該共享軟體重製後做非營利的散布或以酌收重製成本（通常指所附著的光碟的成本）的方式散布，但「不允許」被放在網路上散布；「有些」共享軟體則「允許」使用者用任何方式散布該軟體。

（四）「有些」共享軟體會「不允許」使用者修改程式碼，要求散布該軟體的重製物時，必須保持內容完整；「有些」共享軟體則會「允許」使用者修改程式碼，但必須通知著作權人、且必須將著作權人的原來版本與使用者所修改後的版本做說明後一起散布。

共享軟體試用期滿，就表示授權期間結束，此時，使用人除非依照該共享軟體的規定向著作權人註冊，否則就應該停止使用。多半放上網路的共享軟體設有技術限制，試用期間一到，該軟體就自動將功能凍結(disable)，讓使用者想用也無法用，但後來有些使用者憑著對該軟體結構的了解，破解出該共享軟體的「註冊碼」，甚至可以做出所謂的「註冊機」（也是一種電腦程式），只要將該軟體的序號輸入，就可以運算出適用於該軟體的註冊碼。利用這種「註冊碼」和「註冊機」，使用者就可以破解該共享軟體的試用期間限制。各種共享軟體的「註冊碼」和「註冊機」常常可以在網路新聞論壇(newsgroup)的駭客版中找到，許多使用者在使用共享軟體試用期間屆滿時，會向網路新聞論壇中的其他網友求助，或以搜尋引擎例如雅虎中文和Google尋求共享軟體的「註冊碼」和「註冊機」在網路上可能的下落。

(2) 免費軟體：

所謂「免費軟體」，是指電腦程式的著作權人將其軟體免費讓人利

用，它和「共享軟體」不同之處在於「共享軟體」有試用期間的限制，而「免費軟體」沒有。免費軟體和共享軟體一樣，也是很好的介紹軟體產品的方式，可以增加該軟體的使用者、提升市場占有率，也可以透過使用者的使用心得回饋，讓軟體的缺點得以改進、功能得以提升，所以也有不少軟體在上市之前的測試階段會以免費軟體的方式在網路上提供測試版。

和共享軟體一樣，免費軟體的著作權人對其軟體也享有完整的著作權，包括公開發表權、姓名表示權和禁止不當變更權三種「著作人格權」，和重製權、公開播送權、公開傳輸權、以移轉所有權方式之散布權、改作權、編輯權和出租權七種「著作財產權」，只是免費軟體可以讓人免費使用不必付費而已，在著作權法上的意義就是「授權使用者免費使用」。至於在免費之外，究竟免費軟體的使用者能做什麼？還是要看個別免費軟體的授權利用範圍而定。一般而言，免費軟體的授權利用的範圍做法和共享軟體差不多。

(3) 公共軟體：

所謂「公共軟體」，是指電腦程式的著作財產權期間已經屆滿、或著作權人拋棄該軟體的著作財產權，因而使得該軟體處於公眾都可以使用的狀態。由於「著作人格權」不能拋棄，也沒有期間屆滿的問題（著作人活著的時候享有著作人格權、死後的著作人格利益還當作和活著的時候一樣給予保護），所以公共軟體的著作財產權雖然已經消滅而人人可以自由利用，著作人格權卻仍然不能侵害。

「公共軟體」和「共享軟體」與「免費軟體」不同之處在於「公共軟體」沒有著作財產權，只有著作人格權，而「共享軟體」與「免費軟體」則都有完整的著作人格權和著作財產權。所以，要利用「公共軟體」時，要注意不去侵害該軟體的三種著作人格權。

(4) 沒版權的軟體：

「版權」這個常常可以在早期出版的書的封裏或封底內頁上看到「版權所有，翻印必究」----的詞，是以前對「著作權」一詞的用語。什麼

是「沒版權的軟體」呢？其實這不是精確的法律用語，而是一般網友對一個他「認為」該軟體並未享有著作權的通俗說法，事實上，這種認知可能並不精確，也就是說，網友所認知的「沒版權的軟體」不見得就真的不受我國著作權法保護。在網路新聞論壇上和電子佈告欄上，就常常可以看到有些人誤以為「共享軟體」和「免費軟體」就是「沒版權的軟體」，也有網友誤以為到處都可以抓得到的軟體或是沒有做著作權標示的軟體就是「沒版權的軟體」。

至於哪些是真正「沒有著作權的軟體」？請參照例題 8 所述不受我國著作權法保護之著作來判斷，此處不再贅述。簡單的說，在我國加入世界貿易組織之後，沒有受到我國著作權法保護的電腦程式著作並不多，讀者不妨都先當成所有的電腦軟體都受我國著作權法保護。

2. 利用網路上的「共享軟體」、「免費軟體」和「公共軟體」要注意授權範圍：在利用網路上的各種軟體的時候，比較安全的方式是，所有在網路上出現的軟體，都先把它當作是有著作權的軟體。尤其是有一些知名的商業軟體，千萬不要因為它被放上網路就以為它沒有權利。其次，要注意該軟體有沒有授權契約、權利聲明或「readme.txt」檔案之類的文件，從這些文件的內容中，再去判別它的性質是屬於何種軟體，並在這些文件所允許的範圍內來活動。如果有需要做超過這些文件允許範圍的行為、或對是否在這些文件允許範圍內有疑義的時候，都應該用最保留的態度先不做，或是去徵詢著作權人的意見，或向著作權人請求就所想做的行為直接授權，才能確保使用者的利用行為不致構成侵害。

3. 提供共享軟體的「註冊碼」與「註冊機」的法律問題：接著要討論的是，那些提供註冊碼或註冊機來幫助使用者破解共享軟體的使用期間限制的人，難道沒有問題嗎？……我國著作權法在民國 93 年修法時，增訂了第 80 條之 2，就是在處理像提供註冊碼或註冊機這類對「技術保護措施」(TechnologyProtectionMeasure;TPM) 進行破解行為的問題。國際上所稱的「技術保護措施」在我國著作權法第 80 條之 2 條文中稱為「防盜拷措施」，這是立法委員在審議著作權法修正草案時自做主張改的名詞，在原本著作權法主管機關提出的修正草案條文中，用的是和國際上

第五章 著作權法

一致的「技術保護措施」一詞。關於「技術保護措施」有兩方面要注意：（一）我國著作權法保護哪幾種「技術保護措施」，（二）我國著作權法禁止對何種「技術保護措施」做哪些行為及違反時之責任。

(1)我國著作權法所保護的「技術保護措施」的種類：

首先要提醒的是，大家可不要被現行法的「防盜拷措施」一語給誤導了，「防盜拷措施」並不是只管防止他人盜拷（未經授權擅自重製）的措施，在93年法第3條第1項第十八款中對「防盜拷措施」所做的定義為「防盜拷措施：指著作權人所採取有效禁止或限制他人擅自進入或利用著作之設備、器材、零件、技術或其他科技方法」，所以，93年法要保護的「防盜拷措施」有兩類，一類是「禁止或限制他人『擅自進入』著作之設備、器材、零件、技術或其他科技方法」另一類則是「禁止或限制他人『擅自利用』著作之設備、器材、零件、技術或其他科技方法」。換言之，著作權人所採取的「技術保護措施」不論是用來控制別人接觸（Access）其著作，還是用來控制別人利用（包括11種著作財產權之利用）其著作，都是93年法「防盜拷措施」要保護的對象。所以千萬不要看到法條用語是「防盜拷措施」，就以為只有破解「控制他人擅自重製」的技術保護措施才違法，其實我國著作權法所保護的「防盜拷措施」包括「控制他人擅自接觸著作之技術保護措施」和「控制他人擅自利用（11種著作財產權的利用）著作之技術保護措施」在內。

(2)我國著作權法對「技術保護措施」所禁止之行為與違反時之責任：

我國著作權法對「技術保護措施」之禁止行為主要分為兩種類型，一是所謂的「規避行為」，二是所謂的「準備行為」。「規避行為」是對技術保護措施直接做破解、繞道規避的行為，而在做「規避行為」時，有可能不須藉助規避裝置或軟體工具即可進行「規避行為」，也有可能須藉助規避裝置或軟體工具的幫助才能進行，提供規避裝置或軟體工具、使人可以藉以進行規避的行為就稱為「準備行為」，例如製造、輸入、或以出借、出租、讓與、各種方式提供規避裝置或軟體工具的行為，都是「準備行為」。比較複雜的是，我國著作權法的禁止行為包括：（一）對「控制他人擅自接觸著作之技術保護措施」進行「擅自破解、破壞或以其他

方法規避之行為」。（二）對「所有類型的技術保護措施有破解、破壞或規避功能的設備、器材、零件、技術或資訊」進行「製造、輸入、提供公眾使用或為公眾提供服務之行為」。換言之，我國著作權法只禁止對「控制他人擅自接觸著作之技術保護措施」進行規避行為，對「全部類型的技術保護措施」則都禁止進行準備行為。

在違反技術保護措施規定時之責任方面，對「控制他人擅自接觸著作之技術保護措施」進行規避行為時，其法律責任只有第90條之3的民事損害賠償責任；對「全部類型的技術保護措施」進行準備行為時，除第90條之3的民事損害賠償責任之外，還有第96條之1的刑事責任，可以處1年以下有期徒刑、拘役或科或併科新臺幣2萬元以上25萬元以下罰金。以下說明我國著作權法對技術保護措施之禁止行為的規範：

（2-A）禁止對「控制他人擅自接觸著作之技術保護措施」進行規避行為：93年法第80條之2第1項規定：「著作權人所採取禁止或限制他人擅自進入著作之防盜拷措施，未經合法授權不得予以破解、破壞或以其他方法規避之。」本項是對所謂「規避行為」（circumvention act）的規範，包括「破解、破壞或以其他方法規避」之行為。本項所稱之「進入」即指「接觸」，所以本項所保護的「技術保護措施」僅限於「控制他人擅自接觸著作之技術保護措施」，所禁止的行為是對此種技術保護措施做擅自破解、破壞或以其他方法規避之行為。

換言之，本項是禁止對「控制他人擅自接觸著作之技術保護措施」進行「擅自破解、破壞或以其他方法規避之行為」，例如著作權人在他的電腦程式著作上採取密碼控制的技術保護措施禁止他人擅自接觸該電腦程式著作之內容時，如果對該密碼控制的技術保護措施做破解、破壞或規避之行為，就會違反本項規定，依第90條之3有民事上的損害賠償責任；如果是對「控制他人擅自利用（11種著作財產權的利用）著作之技術保護措施」，進行擅自破解、破壞或以其他方法規避之行為，則不受本項規範所限制，例如著作權人在他的電腦程式著作上採取防止利用人對該電腦軟體進行重製行為的技術保護措施禁止他人擅自重製該電腦程式著作時，如果對該禁止他人擅自重製的技術保護措施做破解、破壞或規

第五章 著作權法

避之行為,並不會違反本項規定,但是在破解之後,再下一階段對該電腦程式著作進行重製行為時,將依著作權法關於重製行為之規定處理,也就是此時的重製行為就不是技術保護措施的問題了,而是在對沒有技術保護措施的著作進行重製行為的情形,自然應該依一般著作被重製的情形處理。

除了對電腦軟體破解有專業知識的人之外,一般著作利用人並不具備破解技術保護措施的能力,因而會仰賴對電腦軟體破解有專業知識之人對技術保護措施進行破解、破壞或規避,才有利用被技術保護措施所保護的著作的機會。進行破解、破壞或規避行為之人,即為第 80 條之 2 第 1 項的規範對象,而其所破解、破壞或規避的對象必須是「控制他人擅自接觸著作之技術保護措施」。而當一個附有技術保護措施的電腦程式著作上的技術保護措施被破解、破壞或規避之後,就處於光溜溜沒有被技術保護的狀態下,其後對該電腦程式著作所進行的行為,就悉依著作權法對電腦程式著作之規定來處理了。

(2-B) 禁止對「全部類型的技術保護措施」進行準備行為:第 80 條之 2 第 2 項規定:「破解、破壞或規避防盜拷措施之設備、器材、零件、技術或資訊,未經合法授權不得製造、輸入、提供公眾使用或為公眾提供服務。」本項是對「準備行為」的規範,包括「製造、輸入、提供公眾使用或為公眾提供服務」之行為。所適用的技術保護措施是「全部類型的技術保護措施」,包括「控制他人擅自接觸著作之技術保護措施」和「控制他人擅自利用(11 種著作財產權的利用)著作之技術保護措施」。

換言之,對所有類型的技術保護措施有破解、破壞或規避功能的設備、器材、零件、技術或資訊,都禁止進行製造、輸入、提供公眾使用或為公眾提供服務之行為。例如電腦程式著作之著作權人在其軟體上採取密碼控制接觸的技術保護措施,而某甲提供有破解、破壞或規避該密碼控制功能的設備、器材、零件、技術或資訊時,就違反本項規定,而有第 90 條之 3 的民事賠償責任,同時有第 96 條之 1 第 2 款的刑事責任,而利用某甲提供的設備、器材、零件、技術或資訊而對某甲的破解密碼控制工具實際進行破解、破壞或規避行為之人,就違反第 80 條之 2 第 1

智慧財產權之理論與實務

項規定，而有第 90 條之 3 的民事賠償責任。

又如電腦程式著作之著作權人在其軟體上採取控制重製的技術保護措施，而某甲提供有破解、破壞或規避該控制重製功能的設備、器材、零件、技術或資訊時，就違反本項規定，而有第 90 條之 3 的民事賠償責任，同時有第 96 條之 1 第 2 款的刑事責任。但進一步利用某甲提供的設備、器材、零件、技術或資訊而實際進行破解、破壞或規避行為之人，由於某甲的破解控制重製之工具是去規避「控制他人擅自利用（11 種著作財產權的利用）著作之技術保護措施」，所以沒有違反第 80 條之 2 第 1 項規定的問題，只有當他更進一步對破解重製控制後的電腦程式著作進行著作權法對電腦程式著作保護之規定時，才會有著作權侵害的問題。

(3) 我國著作權法對「技術保護措施」禁止行為的例外規定：

為了避免著作權人將其著作都以技術保護措施保護起來，讓一般著作利用人沒有依合理使用之規定利用著作的機會，同時避免因為對技術保護措施予以保護而影響到國家安全、妨礙網路安全與加密科技之研究與進步、對資訊自由流通造成負面影響，並避免著作權人以技術保護措施將有著作權之著作與著作財產權期間屆滿之著作綁在一起享受著作權法對技術保護措施之保護，我國著作權法於第 80 條之 2 第 3 項規定有 9 款不適用第 1 項與第 2 項規定之情形，包括：「一、為維護國家安全者。二、中央或地方機關所為者。三、檔案保存機構、教育機構或供公眾使用之圖書館，為評估是否取得資料所為者。四、為保護未成年人者。五、為保護個人資料者。六、為電腦或網路進行安全測試者。七、為進行加密研究者。八、為進行還原工程者。九、其他經主管機關所定情形。」並於第 4 項中規定上述各款之內容，由主管機關定之，並定期檢討。主管機關智慧局於 93 年法修正之後已經委託學者就技術保護措施進行研究做成研究報告，不過智慧局對第 80 條之 2 第 3 項規定的 9 款內容則尚未做規範。

4. 修改共享軟體等電腦程式著作的法律問題：如前所述，不論是「共享軟體」、「免費軟體」、「公共軟體」或「沒版權的軟體」，都不一定就是

第五章 著作權法

沒有著作權。如果這些軟體是有著作權的電腦程式著作,則對它們進行修改,會依情形不同而有進一步的著作權問題。如果覺得某電腦軟體的功能不甚好用,而自己動手修改,讓它功能更強,雖然不致構成侵害「禁止不當改變權」,但是會涉及對該共享軟體的改作權侵害。如果將共享軟體上的權利人名稱拿掉,會涉及著作人格權中的姓名表示權侵害的問題。將共享軟體上的權利人名稱和授權條款拿掉,還會進一步涉及權利管理電子資訊的問題。

民國 92 年法新增權利管理電子資訊的定義規定,並對移除或變更權利管理電子資訊之行為予以禁止,也對移除或變更之後的利用行為做了進一步規範。92 年法第 3 條第 1 項第 17 款規定:「權利管理電子資訊:指於著作原件或其重製物,或於著作向公眾傳達時,所表示足以確認著作、著作名稱、著作人、著作財產權人或其授權之人及利用期間或條件之相關電子資訊;以數字、符號表示此類資訊者,亦屬之。」因此,共享軟體的著作權人在其軟體上放有著作、著作名稱、著作人、著作財產權人或其授權人及利用期間或條件之相關電子資訊時,即為本款所定義權利管理電子資訊。共享軟體的授權條款就是一種權利管理電子資訊。

92 年法第 80 條之 1 第 1 項規定:「著作權人所為之權利管理電子資訊,不得移除或變更。」同條第 2 項規定:「明知著作權利管理電子資訊,業經非法移除或變更者,不得散布或意圖散布而輸入或持有該著作原件或其重製物,亦不得公開播送、公開演出或公開傳輸。」違反第 80 條之 1 規定時,有第 90 條之 3 的民事損害賠償責任,同時有第 96 條之 1 第 1 款的刑事責任,可以處 1 年以下有期徒刑、拘役或科或併科新臺幣 2 萬元以上 25 萬元以下罰金。因此,將共享軟體上所附的授權條款拿掉,是移除著作權人所為之權利管理電子資訊,會違反第 80 條之 1 第 1 項規定而有第 90 條之 3 的民事責任和第 96 條之 1 第 1 款的刑責。

共享軟體上所附的授權條款拿掉之後,又將該共享軟體進一步做下列行為時,則會違反第 80 條之 1 第 2 項規定而有第 90 條之 3 的民事責任和第 96 條之 1 第 1 款的刑事責任:(一)散布行為。(二)意圖散布而輸入該著作原件或其重製物之行為。(三)意圖散布而持有該著作原件或

其重製物之行為。(四)公開播送行為。(五)公開演出行為。(六)公開傳輸行為。

5. 本題解答：

(1) 慕容復下載「西夏」程式設計工具軟體和「大燕」圖像處理軟體部份：

「西夏」程式設計工具軟體是共享軟體，如果是該軟體的著作權人自行放上網路供大家試用，慕容復下載的行為應該就是已經得到該軟體著作權人授權的重製行為，將該軟體安裝在電腦中使用，安裝行為應該也是已經得到該軟體著作權人授權的重製行為。「大燕」圖像處理軟體是免費軟體，如果是該軟體的著作權人自行放上網路供大家免費使用，慕容復下載的行為和安裝在電腦中使用的行為，應該也是已經得到該軟體著作權人授權的重製行為。

(2) 慕容復以「西夏」程式設計工具軟體來修改「大燕」圖像處理軟體部份：

慕容復以「西夏」程式設計工具軟體來修改「大燕」圖像處理軟體，希望做出一個功能強大的圖像處理軟體。修改是一種改作的行為，而改作權是著作財產權的一種，改的結果就算是比原來的軟體功能強大，還是不影響它身為「改作」的性質。「大燕」圖像處理軟體雖然是免費軟體，仍然是一個有完整著作權的軟體，享有改作權，此時，慕容復要從該軟體的授權文件中判斷「大燕」軟體的著作權人是否允許使用人修改該軟體：(一)如果「大燕」軟體的著作權人允許使用人可以修改該軟體，慕容復修改的行為就不會有問題；(二)如果「大燕」軟體的著作權人沒有允許使用人修改該軟體，慕容復要修改「大燕」軟體來賣錢的行為又很難主張合理使用，就需要徵得「大燕」軟體的著作財產權人同意才能予以改作，否則會構成對「大燕」軟體的改作權侵害。

(3) 網友「CrackerKing」提供「西夏」的註冊碼給慕容復，和慕容復用註冊碼來解除「西夏」的使用期間限制部份：

「西夏」軟體在試用 30 天期滿之後會無法使用，所以「西夏」軟體

的著作權人是在該軟體上採取控制接觸（進入）的技術保護措施。網友「CrackerKing」提供「西夏」軟體的註冊碼給慕容復，讓慕容復可以在試用 30 天期滿之後繼續使用「西夏」軟體，「CrackerKing」的行為構成第 80 條之 2 第 2 項的準備行為（將具破解或規避「控制接觸之技術保護措施」功能之工具或資訊提供公眾使用之行為），而有第 90 條之 3 的民事賠償責任，同時有第 96 條之 1 第 2 款的刑事責任。慕容復將註冊碼用於「西夏」軟體，解除了該軟體的使用期間限制而繼續使用，構成第 80 條之 2 第 1 項的規避行為（擅自破解或規避「控制接觸之技術保護措施」之行為），而有第 90 條之 3 的民事賠償責任，同時有第 96 條之 1 第 2 款的刑事責任。

(4) 慕容復用「西夏」軟體當工具修改「大燕」軟體，涉及對電腦程式著作的改作行為：

　　慕容復用「西夏」軟體當工具修改「大燕」軟體之行為，縱使目的在使「大燕」的功能更強，仍涉及對「大燕」電腦程式著作的著作權人的改作行為，最好向著作權人取得改作權之授權。

(5) 在利用共享軟體、免費軟體、公共軟體時，還要注意技術保護措施和權利管理電子資訊的問題：

　　如果共享軟體、免費軟體、公共軟體之上，其著作權人有採取技術保護措施，或是附加權利管理電子資訊時，還要注意著作權法對技術保護措施和權利管理電子資訊的相關規範，這部份由於修法不久，對民眾而言尚屬新的內容，宜特別留意……。

二、判例：

思想與表達合併原則與必要場景原則

裁判字號：智慧財產法院 103 年度民著訴字第 5 號民事判決

裁判日期：民國 103 年 12 月 30 日

裁判案由：侵害著作權有關財產權爭議等

智慧財產法院民事判決　103 年度民著訴字第 5 號

原　　　告：盧建榮

訴訟代理人：魏千峯律師

複代理人：林耿葳律師

被　　　告：遠流出版事業股份有限公司

法定代理人：王榮文（董事長）

訴訟代理人：幸秋妙律師
　　　　　　胡中瑋律師

複代理人：張雅君律師

被　　　告：陳琮瑋

訴訟代理人：陳柏舟律師

上列當事人間侵害著作權有關財產權爭議等事件，經臺灣臺北地方法院 102 年度智字第 11 號裁定移送本院，本院於中華民國 103 年 11 月 25 日言詞辯論終結，判決如下：

　　　主文

原告之訴及其假執行之聲請均駁回。

訴訟費用由原告負擔。

第五章　著作權法

事實及理由

一、程序方面：

原告起訴後於民國 102 年 11 月 1 日具狀更正訴之聲明（臺灣臺北地方法院 102 年度智字第 11 號卷第 55 頁），嗣於 103 年 3 月 11 日對訴之聲明第 1 項利息起算日當庭減縮自 102 年 11 月 15 日起算（本院卷㈠第 96 頁之言詞辯論筆錄），而於 103 年 4 月 14 日具狀撤回訴外人陳文雄、訴外人陳玉榛之起訴，並更正訴之聲明（本院卷㈠第 106 頁），又於同年 7 月 4 日具狀追加備位聲明（本院卷㈠第 255 頁），次於同年 8 月 5 日當庭將先位聲明第 1 項及備位聲明第 2 項利息起算日減縮自 102 年 11 月 15 日起算（本院卷㈡第 85 頁之言詞辯論筆錄），再於同年 9 月 12 日具狀變更訴之聲明，並撤回備位聲明之請求（本院卷㈡第 93 頁），經被告等同意（本院卷㈡第 233 頁之言詞辯論筆錄）。因原告減縮及撤回不甚礙被告等之防禦及訴訟之終結，亦皆得被告等同意，與民事訴訟法第 255 條第 1 項第 1、2、7 款、第 262 條第 1 項規定相符，自應准許。

二、原告聲明求為判決：

㈠被告遠流出版事業股份有限公司（下稱遠流公司）、被告丙○○應連帶給付原告新臺幣（下同）100 萬元，及自 102 年 11 月 15 日起至清償日止按年息百分之 5 計算之利息。㈡被告遠流公司、被告丙○○應刊登附表一所示道歉啟事於蘋果日報、自由時報、聯合報及中國時報之全國版頭版報頭下一單位 1 日。第 1 項請求，原告願供擔保，請准予假執行。並主張：

㈠原告於 69 年 7 月間著作戰略家叢書「曹操─亂世之能人、野戰之天才、中國兵學之推廣者」一書（下稱系爭著作），並由聯鳴文化有限公司出版。訴外人陳文德竟於 80 年 1 月 1 日抄襲多處戰略家叢書之文字、圖表著成「曹操爭霸經營史㈠㈡㈢」共三冊（下稱被控著作 1），並由被告遠流公司出版，甚於 92 年間將三冊合為一冊出版「曹操爭霸經營史」（下稱被控著作 2），98 年間更發行電子書，供讀者付費

下載。經比對系爭著作與被控著作 1、2，共有 44 處文字（如附表所示）及 3 處圖（如附件 1 至 3 所示）相似或相同之處，被告等未經授權，進而出版販賣，顯已侵害原告之系爭著作。

(二)原告知悉上情後，旋於 100 年 1 月 14 日委任律師代為發函予被告遠流公司，告知其涉及侵害著作權一事，被告遠流公司於同年月 21 日回函告稱，陳文德於 99 年間已逝世，陳文德著作之著作管理事宜均交由陳文德侄子即被告丙〇〇處理，被告遠流公司願暫將陳文德著作下架回收。嗣後原告與被告遠流公司就侵害著作權損害賠償進行協商不成，遂提起本訴。爰依著作權法第 88 條第 1 項、第 3 項、第 89 條、《民法》第 184 條、第 185 條、第 197 條第 2 項及第 179 條規定，請求被告等連帶給付如訴之聲明之金額，並登報道歉。

三、被告遠流公司聲明求為判決：(一)駁回原告之訴，(二)願供擔保免為假執行。並抗辯：

(一)系爭著作與被控著作 1、2 間並不構成抄襲：

1. 系爭著作附圖 1 至 3 之地圖部分原告並非著作權人：(1)系爭著作附圖 1 至 3，原告稱其委請訴外人文化大學地理研究所博士陳文尚所繪，故事實上系爭著作附圖 1 至 3 之地圖之真正著作權人應為訴外人陳文尚，並非原告。(2)又系爭著作附圖 1 至 3 之地圖原創性顯有不足，觀察原告提出之附件 1 至 3，分別以「匡亭之戰」、「南皮之戰」、「柳城之戰」之事實為基礎所繪製，兩軍何處交戰、行軍路線、各戰場之交會點、各縣治、郡治之相對位置均是依事實所描繪，俱為歷史「事實」，基於事實不受著作權保護之法理，原告自無著作權可主張。(3)原告與陳文德著作間就地名之標示使用不同的字，例如附件 1 系爭著作稱「鄄城」，陳文德著作則使用「甄城」，恰好與陳文德著作中文字部分使用之「甄城」相符，且陳文德係以電腦繪出「匡亭之戰」、「南皮之戰」、「柳城之戰」之交戰過程，相比之下陳文德著作自是更為精確，兩者之視覺表達效果不相同，兩者之表達顯然並不相同。(4)縱認為系爭著作具有原創性而兩著作之間已具備

第五章　著作權法

實質近似,然而基於思想與表達合併原則,「匡亭之戰」曹操行軍路線即是從「鄄城」出發至「匡亭」,況且「匡亭之戰」之戰況史書上均有記載,根本不容他人任意改竄,基於同一觀念、背景事實之下,受到觀念及事實之侷限,並依據相同之歷史事實而繪製成地圖,當然僅有一種或有限的表現形式之方式,如著作權法限制該表現形式之使用,無異使思想為原告所壟斷,不只人類文化、歷史之發展將受影響,憲法上言論、講學、著作及出版自由之基本人權保障亦無由達成。是以,縱認為兩著作之間已具備實質近似,然基於思想與表達合併原則,並不構成著作權之侵害。

2. 比較附表編號 1 至 44 之之系爭著作與被控著作 1、2 文字部分,兩者並不相似:

(1) 原告雖屢稱訴外人陳文德抄襲原告之誤,將「閻忠」誤植為「審忠」云云,惟歷史上「閻忠」與「審忠」同為東漢時期之人,實際上根本不同人,各有其歷史記載,「閻忠」為東漢涼州人,曾勸皇甫嵩政變但不成功,此人亦善於識人,例如:賈詡少年時並不出名,僅有閻忠一人看穿其長才,並讚美賈詡有張良、陳平之奇,後於西元 189 年被涼州叛軍強行推為首領以取代王國,以此為恥,不久憤恨病死;而「審忠」官拜郎中,並於漢靈帝光和二年時,曾上書批判宦官,此有資治通鑑記載,訴外人陳文德非常清楚知悉「閻忠」、「審忠」根本為不同人,更可徵訴外人陳文德根本並非接觸參考系爭著作而創作。

(2) 比較編號 2、26、36,原告主張陳文德著作有「傀儡」、「周文模式」以及「世襲奴兵制」抄襲系爭著作。可見原告所謂之抄襲,其實是指思想、概念之抄襲,並非著作權法判斷抄襲之標準,而原告自始至終都是以其所提出之「非典型模式」評價被控著作。且原告所指被控著作 1、2 抄襲之處,包含「傀儡」、「周文模式」以及「世襲奴兵制」等等,均屬於通用之名詞或者是原創性過於低微,絕非屬於著作權法保護之客體。

(3)又兩著作僅止於構想、概念雷同，但表達並不相同者，例如附表編號 1、12、20、22、26、42；又兩著作相同之部分僅為事實部分者則為附表編號 7、8、12、13、16、17、18、19、20、29、30、31、32、34、39、40、41。又或者兩著作間具有共同來源，惟兩著作表達並不相同部分例如，附表編號 1、3、4、6、7、11、14、15、25、26、33、43 及兩著作均在描寫相同之歷史事實，而表達並不相同部分，例如附表編號 2、8、10、17、18、19、22、23、24、27、28、34、35、36、37、38、41。

(4)兩著作均參考引用史書上曾經記載之事實，基於該等事實性資料之性質，僅有極少或唯一之正確表達方式，依據著作權法之「合致」（merge）理論，被告譯文縱與原告譯文相似，仍不得謂被告有侵害著作權，此即著作權法之「合致」理論，並已為我國司法實務所承認。系爭著作與被控著作均參考引用史書上曾經記載之事實，基於該等事實性資料之性質，僅有一種或少數有限幾種之表現形式，依據著作權法「思想與表達合致理論」，被控著作縱與系爭著作相似，仍不得謂被控著作有侵害系爭著作之著作權，兩著作均為基於相同之思想下，而僅有一種或少數幾種之表現形式，原告不能享有著作權法之保障部分，例如附表編號 18、19、20、21、22、23、31、32、34、35、36、37、38。

(二)法人為法律上擬制之人格，並無實施侵權行為之能力，業經最高法院多數見解肯認在案，訴外人陳文德亦非被告遠流公司之董事或代表機關，原告主張被告遠流公司應負侵權行為之責顯無理由。

(三)原告並未舉證被告有何共同侵權行為之事證；訴外人陳文德依法已向被告遠流公司擔保其所提供之著作具有著作權及出版授與之權，且無違背著作權法、出版法及其他法規，被告單純相信陳文德之擔保，故無侵害他人之故意或過失；且被告公司事後知悉被控著作內容涉有侵權爭議，在未經過任何法院作出最終之判決之前，被告公司仍先將被控著作全面下架回收，是以根本不具侵權之故意或過失。

第五章　著作權法

(四)原告請求權早已罹於時效：

被控著作於 80 年即已出版、92 年再版，該著作問世將近 20 年期間，原告與訴外人陳文德同為歷史學者，專長皆為研究中國古代文化史，原告怎可能完全不知悉被控著作。又原告在侵權著作出版 20 年間毫無作為，等到訴外人陳文德去世滿百日後，才發函通知被告遠流公司指稱被控著作抄襲系爭著作，並在訴訟上要求百萬賠償金，原告 101 年 10 月 31 日所提出起訴狀早已自承本件時效已完成。

四、被告丙○○聲明求為判決：(一)駁回原告之訴；(二)願供擔保免為假執行。並抗辯：

(一)被控著作 1、2 與系爭著作並不相同：

1. 系爭著作僅 218 頁，惟被控著作則多達 802 頁，僅有該幾處相同，豈是抄襲？且歷史文獻本即多方參考，原告難道未曾參考歷史文獻？被告若與原告參考相同之文獻，則當然有會相同之處，但又豈能以幾處之雷同而證明其著作有抄襲之侵權情事？原告又謂訴外人陳文德於撰寫被控著作時，系爭著作尚於市場上流通，訴外人陳文德自有合理之機會與可能性接觸系爭著作，原告此種判斷方式，可稱為一網打盡法，以此標準，只要之在後出版者，必定接觸在前出版者，此種見解實不足採信。

2. 附件 1 至 3 系爭著作地圖所繪製之戰役圖，原告既自承該等圖表係委請文化大學地理研究所博士陳文尚所繪製，則著作人應為訴外人陳文尚，而非原告。

3. 就附表編號 1，系爭著作表達為「成敗的利害」，被控著作則為「政治利害」，二者之表達顯然不同，以原告前開標準，自然有所不同。又附表編號 6，系爭著作表達為「最後以不恥當傀儡而病死」，被控著作表達則為「不久卻發現自己祇是傀儡，遂憂憤以終」，前者表達為「病死」，後者表達為「憂憤」，天差地別，表達完全不同，亦無抄襲之問題。

4. 附表編號 11、26 等其餘原告所提出主張之部分，事實上原告係將其分散於著作數頁之部分截取，並將訴外人陳文德分散於數頁之相類部分截取，重新排列在一起，造成通篇都是雷同之假象，原告此舉反而證明需經動過手腳之後，二著作才有表達相類之問題，反之，若未經過剪接，即無表達相類之問題。被告再次重申，原告及被控著作為歷史之事實，本即有相當程度之相似性，今縱使再由第三人來寫關於曹操之生平，經參考各種史實之後，亦應是會出現諸多相類之部分，原告自不能將之相類部分剪接在一起而主張被告侵害其著作權。

5. 附表編號 22 系爭著作為「袁紹，他在人力、物力上具有優勢」，為原告對當時局勢之主觀判斷，然而，人力物力是否有優勢，為相對之概念，可與相較者客觀上評斷何者為優，何者為劣，怎會成為原告之「主觀判斷」？又例如，附表編號 34 系爭著作為「曹操任用將領之來源，係原告依主觀見解整理史料得來，並非歷史事實」，然而，歷史人物「任用將領之來源」，當然是歷史事實，如果不是歷史事實，難道是原告所無中生有？該等將領人物難道都是原告所獨創嗎？原告又主張「建安十六年以後關隴地區軍務，總是掌握在夏侯淵手中，到他陣亡為止」為原告整理史料得出之，更是難以想像，歷史上特定時間特定地區之軍務由誰掌握，就是一個確定之事實，怎會是原告所整理出？難道不經原告整理，該時間該地區之軍務就不是夏侯淵所掌握？可知原告空言此等歷史事實為其主觀見解，實不足採信。

6. 系爭著作之內容與被控著作 1、2 之內容並不相同，系爭著作為歷史事件並非原告所獨創，學者就歷史事件之評價或看法，難免有雷同之處，前開二者文字完全不同，縱有看法類似，又豈能認為抄違反著作權法？況「觀念」在著作權法上並無獨占之排他性，人人均可自由利用，源出相同之觀念或觀念之抄襲，並無禁止之理。且系爭著作與被控著作，許多部分都是講述一件歷史事件，僅以不同之表達方式敘述，若依原告標準主張此為侵害著作權之態樣，則任何人

第五章 著作權法

皆無法描述該歷史事件,因為不論如何,必然與系爭著作類似,豈能將歷史事件認定為原告所獨享之著作?而附件1至3系爭著作之地圖部分,其歷史地圖所顯示者,為歷史與地理,然此二者皆為客觀存在之事實,豈能由原告獨享著作權?

(二)被告丙〇〇非侵權行為人,亦無侵權之故意或過失:

1. 訴外人陳文德因並未留有子祀,被告丙〇〇為其姪子,代其繼續收取版稅,並用以支應訴外人陳文德祭祀事宜,此為基本人倫之正常表現。而被告所從事者,並非歷史著作之相關行業,加之該著作已發行20年皆無著作權之爭議,依著作權法第89條之1規定,被告丙〇〇自是因此認為該著作應無著作權侵害之問題,而被告遠流公司於接收原告通知侵權爭議訊息,立即下架,足認被告絕非故意或過失侵害原告之著作權而繼續收取版稅。

2. 至原告起訴主張被告丙〇〇與遠流公司共同侵權20餘年,實屬無稽,蓋縱認被告有確認著作有無侵權之義務而有過失,於被告承受版稅收取權利前,當然無共同侵權之問題,豈能全部認定為被告之賠償義務?

3. 被告丙〇〇僅繼受其著作之版稅收取權利,並未與訴外人陳文德依《民法》第301條規定,訂定承擔其侵權賠償義務之契約,則豈能由被告負賠償之責任?況依著作權法第36條第3項規定,原告既未舉證被告受讓侵害著作權之賠償義務,自應推定陳文德未就該義務讓與被告。

(三)原告請求賠償之依據應先予確定,始能調查證據:

1. 原告當無捨客觀交易上之損害而憑空抽象主張著作權法第88條第3項之理。

2. 原告主張損害之計算乃依著作權法第88條第3項計算之,然原告應先就該法第88條第2項第1款或同項第2款擇一主張,並具體舉證之,不易證明實際損害者,始能請求法院依侵害情節酌定賠償

額。原告起訴主張不易證明其實際損害額而請求法院酌定賠償 100 萬元，顯然是主張第 1 款，然依該款但書規定，即原告應先舉證所受損害，或舉證依通常情形可得預期之利益，減除侵害後行使同一權利所得利益之差額，為其所受損害，原告所受之損害，亦即其著作銷售量之消長，自有其出版公司銷售紀錄及給付原告之報稅扣繳憑證可資查證，原告主張不易證明其實際損害額，絕非事實，當無捨此等客觀交易上之金額而憑空抽象主張之理。

3. 如認被告丙○○應予賠償，由於被告丙○○乃承繼訴外人陳文德之版稅收取權利，則自應計算原告於訴外人陳文德死亡前，因該著作所獲得之利益，及因訴外人陳文德死亡後，系爭著作發行所獲得之利益，減除侵害後行使同一權利所得利益之差額，即為原告之實際損失額。

(四)縱認被告丙○○受讓著作財產權，亦應適用或類推適用著作權法第 87 條第 1 項第 6 款，並類推適用《民法》繼承之規定，限制其賠償責任：

1. 被告丙○○並非著作人，亦非該等著作領域之專家，並無判斷該等著作有無侵害著作權之能力，自應適用或類推適用著作權法第 87 條第 1 項第 6 款之規定，於被告「明知」此等著作為侵害著作權之物而散布者，始能視為侵害著作權。蓋受讓人一方面無從考證著作權是否抄襲，更無法預測可能面對之求償風險，既無故意或過失，自無課其賠償義務之理。

2. 依最新修正《民法》第 1148 條第 2 項規定，立法目的即在於避免繼承人承受無從得知、無法預測之被繼承人生前債務風險，致桎梏終生。被告並非該等著作領域之專家已如前所述，若僅因繼受版費收取權利而須面對數以萬倍之賠償風險，恐亦與前開修正之立法意旨所揭示之精神相違背，是故應類推適用前開繼承編之規定，以被告就該等侵權著作所收取版費之範圍為限，始負賠償責任，方符公平正義之法理。

(五)原告請求權已罹於時效：

第五章 著作權法

1. 原告主張其「沉浸在有關漢末、三國的史料堆，以及由現代學者所著三國史研究的書文等二手資料中，打滾超過十年以上」、「已知從政治學、歷史地理學，以及文學批評等三種治史工具與跨學科研究方法，在從事曹操的研究」，但被控著作於 80 年出版，至今已長達 20 餘年，若原告為專業沉浸在有關漢末、三國的史料堆之學者，不可能長達 20 年時間，不知道市面上有知名出版社出版關於「曹操」之著作。

2. 原告曾於 100 年 1 月 14 日委請王嘉寧律師發函予被告遠流公司，主張其著作受侵害，依著作權法第 89 條之 1 第 1 項規定，其賠償請求權因 2 年間不行使而消滅，原告至遲應於 102 年 1 月 13 日前提起本件訴訟，卻於 102 年 10 月 31 日始提起本件訴訟，其請求權自已消滅。

3. 被控著作完成於 80 年，著作權法第 89 條之 1 後段規定，則自 80 年起算 10 年，原告請求權之時效，於 90 年即行消滅，原告豈又能再於 102 年起訴主張之？

4. 訴外人陳文德於 99 年 8 月 25 日往生，原告得知訴外人陳文德死訊後，隨即於 100 年 1 月 14 日委請律師發函主張著作權。然而訴外人陳文德之著作已上市 20 年，為何原告選在訴外人陳文德往生後才主張權利？惟一之可能性就是「死無對證」，原告主張訴外人陳文德抄襲，然而，歷史事實著作本即多方參考前人之著作，訴外人陳文德究竟從何參考？為何有與原告相雷同之處？只有訴外人陳文德能說明，豈可能由第三人從無數之歷史資料中，找出相類處之同源出處？訴外人陳文德作古後，再也無人可提出反證，是故任由原告主張。而如前所述，連歷史上特定時間特定地區之軍務由誰掌握，原告都認為是原告之主觀見解，則依此標準，恐怕後人再也無法論及曹操之史實了。

㈥被告並無刊登道歉啟事之必要：

1. 縱認被控著作1、2因參考原告之著作而侵害著作權,然被告丙○○並非系爭著作之著作人,亦非與出版商洽談出版事宜之人,僅繼受訴外人陳文德收取版費之權利,被告並未受讓賠償義務,自亦無令被告登報道歉之理。

2. 系爭著作已發行20餘年,自訴外人陳文德死亡至今,原告與訴外人陳文德之著作,於市場上是否仍有大量之銷售,已非無疑,被控著作於訴外人陳文德死亡後,是否真有造成原告之損害,亦即被告丙○○於承受版稅以來,縱有侵權之情事,亦應只是造成原告些微之損害,則原告主張之道歉啟事謂「使盧氏損失重大」,恐非事實,自無刊登之必要。

五、經查下列事實,有各該證據附卷可稽,且為兩造所不爭執(本院卷㈠第97頁、卷㈡第86至87頁),自堪信為真實。

㈠原告於69年7月間著作戰略家叢書「曹操」(封面記載曹操亂世之能人、野戰之天才、中國兵學之推廣者)一書(即系爭著作),並由聯鳴文化有限公司出版。

㈡訴外人陳文德與被告遠流出版事業股份有限公司(即遠流公司)共同於79年12月1日簽訂「出版權授受契約」,於80年1月1日陳文德著成「曹操爭霸經營史㈠㈡㈢」共三冊(即被控著作1)並出版,甚於92年間將三冊合為一冊出版「曹操爭霸經營史」(即被控著作2),98年間更發行電子書,供讀者付費下載。

㈢原告於100年1月14日委任王嘉寧律師代為發函予被告遠流公司告知其涉及侵害著作權一事(原證3),被告遠流公司於100年1月21日回函告稱,訴外人陳文德於99年間已逝世,其著作之著作管理事宜均交由訴外人陳文德侄子即被告丙○○處理,被告遠流公司願暫將訴外人陳文德著作下架回收。

六、得心證理由:

㈠附表所示系爭著作與被控著作1、2欠缺實質近似性:

第五章　著作權法

1. 按著作權法所保障之著作，係指屬於文學、科學、藝術或其他學術範圍之創作，著作權法第 3 條第 1 項第 1 款定有明文。故除屬於著作權法第 9 條所列之著作外，凡具有原創性，能具體以文字、語言、形像或其他媒介物加以表現而屬於文學、科學、藝術或其他學術範圍之創作，均係受著作權法所保護之著作。而所謂「原創性」，廣義解釋包括「原始性」及「創作性」，「原始性」係指著作人原始獨立完成之創作，而非抄襲或剽竊而來；而「創作性」係指應達到一定程度內涵之創作，足以表現著作人之個性思想。故文學、科學、藝術或其他學術範圍之創作，非抄襲他人著作，而足以表達作者之個性或獨特性者，具有原創性，因此享有著作權，受到著作權法之保護。又按著作係指屬於文學、科學、藝術或其他學術範圍之創作，著作權法第 3 條第 1 項第 1 款定有明文。同法第 10 條之 1 規定：「依本法取得之著作權，其保護僅及於該著作之表達，而不及於其所表達之思想、程序、製程、系統、操作方法、概念、原理、發現。」因此，著作權之保護標的僅及於表達，而不及於思想、概念，此即思想與表達二分法。蓋思想、概念性質上屬公共資產，若將著作權保護範疇擴張至思想、概念，將無形箝制他人之自由創作，有失著作權法第 1 條所揭櫫「保障著作人著作權益，調和社會公共利益，促進國家文化發展」之立法目的。再查，思想或概念若僅有一種或有限之表達方式，則此時因其他著作人無他種方式或僅可以極有限方式表達該思想，如著作權法限制該等有限表達方式之使用，將使思想為原著作人所壟斷，除影響人類文化、藝術之發展，亦侵害憲法就人民言論、講學、著作及出版自由之基本人權保障。因此，學理上就著作權法發展出思想與表達合併原則（The merger doctrine of idea and expression），使在表達方式有限情況下，該有限之表達因與思想合併而非著作權保護之標的。因此，就同一思想僅具有限表達方式之情形，縱他人表達方式有所相同或近似，此為同一思想表達有限之必然結果，亦不構成著作權之侵害。是所謂「觀念與表達合併原則」，係指若某一「觀念」之「表達」極其有限，無法以不同「表達」呈現某一相同「觀念」時，「觀

念」與「表達」即已合一。這些有限的「表達」本身，由任何人完成，均會有相同之呈現，已不具著作權法所要保護的「創作性」，且若保護這些有限的「表達」，實質上會保護到其所蘊涵之「觀念」，故這些有限的「表達」不得受著作權法保護。再者所謂「必要場景原則」，則是對於「觀念與表達合併原則」之補充，其係指在處理特定主題之創作時，實際上不可避免地必須使用某些事件、角色、布局或布景，雖該事件、角色、布局或布景之「表達」與他人雷同，但因係處理該特定主題所不可或缺，或至少是標準之處理方式，故其「表達」縱使與他人相同，亦不構成著作權之侵害。例如，關於歷史事實之創作。又按所謂著作「抄襲」，其侵害著作權人之著作財產權主要以重製權、改作權為核心，原告必須證明被告有為有形的或無形的重製行為；對於後者如無直接證據，原告應舉證證明被告有「接觸」其著作，及被告著作之表達「實質類似」於原告著作之表達。若被告著作與原告著作「極度類似」到難以想像被告未接觸原告著作時，則可推定被告曾接觸原告著作。又所謂「實質類似」，指被告著作引用原告著作中實質且重要之表達部分，且須綜合「質」與「量」兩方面之考量。

2. 經查，被告遠流公司於 80 年 1 月 1 日、92 年經訴外人陳文德二次授權，出版侵權著作 1、2 等事實並不爭執，而系爭著作與被控著作 1、2 是否符合實質相似之要件，而構成重製侵害，仍要視兩者之內容是否構成實質相似以定之且該實質相似部分係其表達部分，且不違反前所述之「觀念與表達合併原則」及「必要場景原則」。

3. 經比對附表編號 1 至 44 所示著作內容，皆有出現於系爭著作與被控著作 1、2 之著作內，可認附表編號 1 至 44 所示著作皆真實存在，惟查：

(1)就系爭著作與被控著作 1、2 之比較結果如附表「有無實質近似」一欄所示，經核原告所主張之類似處，兩著作主題係分別對相同背景之三國歷史，做不同形式之描述方式，其中多處人名、地理名、時間名、狀態等相同為必然，因三國背景史料係有限的表達

第五章　著作權法

本身,由任何人完成,均會有相同之呈現,使在表達方式有限情況下,即敘述三國歷史有限之表達因與思想合併,已非著作權保護之標的,依「觀念與表達合併原則」,已不具著作權法所要保護的創作性,惟除前揭三國背景史料外,兩著作其餘用語、文字舖陳則全然不同,難認表達有何實質類似之處。

(2)且被控著作 1、2 已顯現作者即訴外人陳文德之個性或獨特性,雖被控著作 1、2 著作內容之陳述過程及配置,有許多部分內容與系爭著作有類似或相同之處,但係在處理特定三國歷史戰爭主題之創作時,實際上不可避免地必須使用當時事件、角色、布局或布景,雖該事件、角色、布局或布景之表達與系爭著作雷同,但因係處理該特定主題所不可或缺,或至少是標準之處理方式,故其表達縱使與系爭著作人相同,亦不構成著作權之侵害,且該部分的內容均屬於描述性質,且為眾所皆知之基礎史料,因描述對象相同均為三國史料,以三國之歷史背景包含人、事、時、地、物等為描述基礎,所以在描述字眼的選擇上受到歷背景的限制,而有相同或類似的用詞,故有小部分用語相同,依前所揭諸的「必要場景原則」,此部分的表達並不受著作權法保護,惟其餘文字及舖陳則迥異,是被控著作 1、2 與系爭著作間,尚不足認表達有何類似之處。

(3)綜上,系爭著作中僅如附表所示之歷史背景於被控著作 1、2 中有類似之表達,而該部分又受限於「觀念與表達合併原則」、「必要場景原則」而不受著作權法保護,且亦無證據顯示該部分為系爭著作之精髓所在,是綜合類似部分之「質」與「量」以觀,尚難認被控著作 1、2 著作與系爭著作構成實質類似,原告主張被控著作 1、2 抄襲系爭著作,尚嫌無據。

(二)附件 1 至 3 之系爭著作附圖 1 至 3 欠缺原創性:

1. 按當事人主張有利於己之事實者,就其事實有舉證之責任,民事訴訟法第 277 條定有明文。又按,我國著作權法係採創作主義,著作

人於著作完成時即享有著作權,然著作權人所享著作權,仍屬私權,與其他一般私權之權利人相同,對其著作權利之存在,自應負舉證之責任,故著作權人為證明著作權,應保留其著作之創作過程、發行及其他與權利有關事項之資料作為證明自身權利之方法,如日後發生著作權爭執時,俾提出相關資料由法院認定之。此外著作權法為便利著作人或著作財產權人之舉證,特於著作權法第 13 條明定,在著作之原件或其已發行之重製物上,或將著作公開發表時,以通常之方法表示著作人、著作財產權人之本名或眾所週知之別名,或著作之發行日期及地點者,推定為該著作之著作人或著作權人。所謂保留創作過程所需之一切文件,作為訴訟上之證據方法,例如美術著作創作過程中所繪製之各階段草圖。因此,著作權人之舉證責任,在訴訟上至少必須證明下列事項:㈠證明著作人身分,藉以證明該著作確係主張權利人所創作,此涉及著作人是否有創作能力、是否有充裕或合理而足以完成該著作之時間及支援人力、是否能提出創作過程文件等。㈡證明著作完成時間:以著作之起始點,決定法律適用準據,確定是否受著作權法保護。㈢證明係獨立創作,非抄襲,藉以審認著作人為創作時,未接觸參考他人先前之著作(最高法院 92 年度臺上字第 1664 號刑事判決參見)。

2. 著作權法第 5 條第 1 項第 6 款規定圖形著作係屬著作權法所保護之著作,而依內政部 81 年 6 月 10 日發布之「著作權法第 5 條第 1 項各款著作內容例示」第 2 點第 6 款規定:

「圖形著作:包括地圖、圖表、科技或工程設計圖及其他之圖形著作。」原告所提出如附件 1 至 3 所示之系爭著作附圖 1 至 3 地圖部分,係屬圖形著作,惟被告等抗辯系爭圖形著作並不具原創性或創作性等語。參諸前揭舉證分配原則,原告應就其系爭圖形著作之原創性或創作性積極事實舉證以實其說。茲論述如後:

(1)原告主張附件 1 至 3 之系爭著作附圖 1 至 3 戰役圖,係原告以清末民初楊守敬所著《歷代輿地沿革圖》為基底,並參以《三國志》等史料而選取製圖範圍,增刪地圖內之河川、都市後加上各戰役

第五章 著作權法

之行軍路線所繪製而成如附件1至3之系爭著作附圖1至3之「匡亭之戰」、「南皮之戰」、「柳城之戰」等3戰役圖云云。

(2)經查,原告雖提出證明,證明其完成附件1至3系爭著作附圖1至3地圖之源由,藉以證明系爭著作確係其所創作,並亦證明系爭著作完成時間。然就關於「證明係獨立創作,非抄襲,藉以審認著作人為創作時,未接觸參考他人先前之著作」部分,經查;①比較原證38郡縣圖與附件1系爭著作附圖1戰役圖(本院卷㈡第287頁),顯然系爭著作附圖1戰役圖乃依據《歷代輿地沿革圖》之歷史地圖所繪製而成,僅為原郡縣地圖之縮減版,並無獨立創作因素。②比較原證44郡縣圖與附件2系爭著作附圖2戰役圖(本院卷㈡第290頁),顯然系爭著作附圖2戰役圖乃依據《歷代輿地沿革圖》之歷史地圖所繪製而成,僅為原郡縣地圖之縮減版,並無獨立創作因素。③比較原證48郡縣圖與附件3系爭著作附圖3地圖(本院卷㈡第293頁),顯然系爭著作附圖3戰役圖乃依據《歷代輿地沿革圖》之歷史地圖所繪製而成,僅為原郡縣地圖之縮減版,並無獨立創作因素。(3)綜上可知,附件1至3之系爭著作附圖1至3地圖,僅為抄襲《歷代輿地沿革圖》歷史地圖之縮減內容版本,另外增加有如一般國中、高中教科書內之箭頭示意圖,顯然無法表達出原告獨立創作之高度,而該箭頭為一般普通受過高中地理或歷史教育之人,即可做出之畫作,非原告之獨立創作,不具有原創性、創作性,而不應認其具有排他性之效力。

㈢被控著作1、2未侵害原告之系爭著作:

按因故意或過失不法侵害他人著作財產權者,負損害賠償責任,著作權法第88條第1項前段定有明文,適用本規定,須著作權人之著作受他人不法侵害為前提,若無不法侵害他人著作或創作物非著作權法保護之著作,即不得依本規定請求損害賠償。經核原告指摘被告抄襲其如附表及附件1至3附圖所示等處,惟系爭著作內容均屬一般基礎歷史常識,或稍有研究之人即可得知,因被控著作1、2與系爭著作所描

述對象、時間、空間相同,所以在描述字眼的選擇上受到限制或重疊,相同或類似的用詞就難以避免,依上揭說明之「思想與表達合併原則」及「必要場景原則」,縱被告此部分表達方式有所相同或近似,此為同一思想表達有限之必然結果,尚難認被控著作抄襲原告之系爭著作。另附件1至3系爭著作附圖1至3,僅為一般性地圖不具原創性,自不得依著作權法請求排除侵害,故原告主張被控著作1、2及附件1至3被控著作附圖1至3侵害其上揭系爭著作財產權,尚嫌無據。

七、綜上所述,原告未能證明訴外人陳文德有抄襲系爭著作之侵害著作權行為,且附件1至3關於系爭著作附圖1至3部分並不具著作權法所定之原創性,則原告主張被告等侵害其著作財產權,依著作權法第88條第1項、第3項、第89條、《民法》第184條、第185條、第197條第2項及第179條規定,請求被告等連帶給付如訴之聲明之金額,並登報道歉,均無理由,應予駁回。原告之訴既經駁回,其假執行之聲請,亦失所附麗,併予駁回。

八、本件事證已臻明確,兩造其餘攻擊防禦方法,核不影響判決結果,爰不予一一論述,附此敘明。

據上論結,本件原告之訴為無理由,依智慧財產案件審理法第1條,民事訴訟法第78條,判決如主文。

中華民國103年12月30日

智慧財產法院第三庭
法　官　林靜雯

以上正本係照原本作成。

如對本判決上訴,須於判決送達後20日之不變期間內,向本院提出上訴狀。如委任律師提起上訴者,應一併繳納上訴審裁判費。

中華民國103年12月30日

書記官　陳彥君

第六章

積體電路電路布局保護法與營業秘密法

第一節 積體電路電路布局保護法
第二節 營業祕密法

本單元係針對《積體電路電路布局保護法》，以下簡稱《電路布局法》與《營業祕密法》相關問題，說明如下：

第一節 《積體電路電路布局保護法》

《電路布局法》之說明，有：概念、起源、立法、內容、實務，以及案例等項說明：

一、概念：

所謂"積體電路（integratedcircuit，簡稱 IC）"，係指將電路，包括半導體裝置、被動元件等，集中製造在半導體晶圓表面上，可以大大的減少其體積，是一種小型化的基板電路；並由法律所創設的一種權利，即謂之"電路布局權（Circuitlayoutrights）"；而經

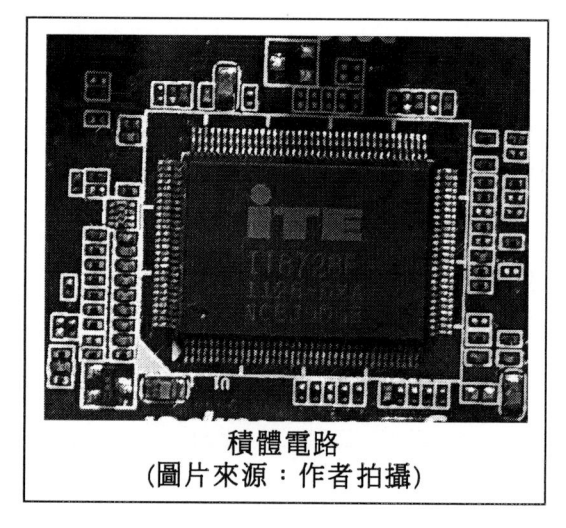

積體電路
（圖片來源：作者拍攝）

由法律一定的程序，制定一套規範來保護該權利者，即是"《積體電路電路布局保護法(IntegratedCircuitLayoutProtectionAct)》"。

該積體電路，大陸、香港等稱作"集成電路"或芯片，也稱作"晶片（chip）"，或"微晶片（microchip）"，或"微電路（microcircuit）"等用詞。

二、起源：

積體電路起源於，德國‧維爾納‧雅可比（WernerJacobi）、英國‧傑佛理‧杜默（JeffreyDummer）、美國‧西德尼‧達林頓（SidneyDarlington）、日本‧樽井康夫等，於 1949 年到 1957 年間，所開發出的積體

第六章　積體電路電路布局保護法與營業祕密法

電路原型。到 1958 年，美國‧傑克‧基爾比（JackKilby）與美國‧羅伯特‧諾伊斯(RobertNortonNoyce)，終於發明了現代的積體電路。

第一個積體電路的雛形，是由傑克‧基爾比所完成，內含：一個雙極性電晶體，三個電阻和一個電容器，相較於今日尺寸來講，體積相當龐大。以至今日一個小型積體電路，可容納邏輯閘 10 個以下或電晶體 100 個以下的數量。一個巨型積體電路，則可容納邏輯閘 100 萬個以上或電晶體 1,000 萬個以上的數量。

積體電路對於離散電晶體有三個優勢：一為成本低，是由於晶片把所有的元件通過照相平版技術，作為一個單位印刷，而不是在一個時間只製作一個電晶體；二為效能高，是由於元件很小且彼此靠近，其快速開關，消耗能量更低；三為體積小，適用於各種大小不等的裝置。到 2006 年，一個晶片面積從幾平方毫米到 350mm²，每 mm² 可以達到一百萬個電晶體。

積體電路在開發後半個世紀，即無處不在，如：電腦、手機、數位電器等。此乃因現代計算、交流、製造、交通系統，以及網際網路等，全都依賴於積體電路的存在。積體電路的成熟將會帶來科技的大躍進，不論是在設計的技術上，或是半導體的製程突破，兩者都是息息相關。

然積體電路的研發，所投入的人力、物力非常龐大。根據經濟部統計，2023 年我國製造業中，臺積電投入研發經費高達 1,787 億元。它是人類精神活動之成果，所產生智慧財產上的價值，自然要立法保護。

三、立法：

我國《電路布局法》，制定於民國八十四年八月十一日，全文共 41 條；並自公布日施行。復於：

民國九十一年六月十二日總統令修正公布；

前後僅修法一次，以成為現行之 41 條的條文。

民國一百零一年二月三日行政院院臺規字第 1010122318 號公告第 2

4 條第 2 項所列屬〝行政院公平交易委員會〞之權責事項，自一百零一年二月六日起改由公平交易委員會管轄。

〝積體電路布局〞，為何不以著作權法或專利法加以保護，而要另訂法律來保護呢？根據主管機關智慧財產局在 94 年 07 月 27 日，以智著字第 09400059700 號函，加以詮釋區別：「按著作權法保護表達，不保護表達所含之概念，如表達的本身概念與其表達同一，此時因僅有一種或少數有限方法可予表達時，該概念的表達即例外不受著作權法保護。查積體電路電路布局之概念，係由積體電路電路布局法予以保護，至積體電路電路布局圖係其電路布局之唯一表達方法，故積體電路電路布局圖自不受著作權法保護。又積體電路電路布局保護法所保護者非該電路布局之圖形，而係該圖形所揭示之電路布局本身。易言之，積體電路電路布局之圖形不受著作權法之保護，亦不受積體電路電路布局法之保護。系爭網路測試器之電路板如屬積體電路電路布局圖，即非圖形著作而不受著作權法之保護。」

四、內容：

有關《電路布局法》之內容，大致可分為：制度之由來、立法之目的、立法之原則、保護之年限、基本之要件、保護之標的，以及法定不予保護之事項等。茲分析如下：

1. 制度之由來：

積體電路之半導體產業的數位革命，是人類歷史中非常重要的事件，是世界各國經濟的命脈，並成為我們生活中不可或缺的存在，也是我國經濟發展的核心產業。我國半導體產業，隨著全球市場的成長而蓬勃發展，如今產業結構相當完整，成績也讓國際矚目。根據經濟部的統計：2023 年我國半導體產業總產值達新臺幣 4.3 兆元，在全球排名僅次於美國位居第二。其半導體具備從 IC 設計、製造及封測之一條龍產業，排名第一，約占全球 53%，計 6 千億新臺幣。

如此龐大商機，自然受到各方的矚目。因此，從 1986 年起，國內半

第六章　積體電路電路布局保護法與營業祕密法

導體產業即發出立法保護的聲音,到 1989 年,經濟部終於指定中央標準局(今智慧財產局)為主管機關,開始於法案的制定工作,歷經七年立法院終於三讀通過《電路布局法》,於 1995 年 08 月 11 日公布,並在公布六個月後施行。

我國於 2002 年 01 月 01 日加入世界貿易組織(WTO)後,必須遵守WTO 相關條約。其中之《智慧財產權協定(AgreementonTrade-RelatedAspectsofIntellectualPropertyRights, TRIPS)》第 35 條～第 38 條中,即規範了"積體電路之電路布局"保護。可見,《電路布局法》的立法,為加入 WTO 必備條件之一,也是我國在國際經濟舞臺上之必要立法。

2. 立法之目的:

我國《電路布局法》之立法目的,在第一條即開宗明義說:「**為保障積體電路電路布局,並調和社會公共利益,以促進國家科技及經濟之健全發展,特制定本法。**」可見,積體電路電路布局之立法目的,在於鼓勵我們創作,並給予適當保護,進而利用該創作,來促進國家科技及經濟之健全發展。故其目的有三:

A. 鼓勵創作:

依照《電路布局法》第 17 條規定:「**電路布局權人專有排除他人未經其同意而為左列各款行為之權利:一、複製電路布局之一部或全部;二、為商業目的輸入、散布電路布局或含該電路布局之積體電路。**」同法第 16 條又規定:「**本法保護之電路布局權,應具備左列各款要件:一、由於創作人之智慧努力而非抄襲之設計。二、在創作時就積體電路產業及電路布局設計者而言非屬平凡、普通或習知者。以組合平凡、普通或習知之元件或連接線路所設計之電路布局,應僅就其整體組合符合前項要件者保護之。**」同法第 13 條也規定:「**電路布局首次商業利用後逾二年者,不得申請登記。**」

可見,該電路布局必須具備進步性的創作,但不須具備新穎性為要件,其電路布局權人可以通過自行實施而取得收益,或通過授權他人而

取得權益金,也可以轉讓而獲得權益。這對於鼓勵我們電路布局創造,有積極的作用,也將吸引更多的資金與人力投入創作的行列,尤其是法人機關,投入龐大的經費可以獲得保障。

B. 保護創作:

依照《電路布局法》第 6 條規定:「**電路布局之創作人或其繼受人,除本法另有規定外,就其電路布局得申請登記。**」同法第 19 條又規定:「**電路布局權期間為十年,自左列二款中較早發生者起算:一、電路布局登記之申請日。二、首次商業利用之日。**」可見,凡依法取得電路布局權者,政府即在法定期限與管轄範圍內,保障其享有的獨佔權與專有權。

由此觀之,電路布局權具有:時間性、地域性、獨佔性,以及專有性之特徵。其中之時間性,係指該布局權僅在法律規定的期限內有效,一旦屆滿或因故終止時,該布局權人對其創作所享有之專有權即自動消滅,該項創作即成為社會公共財產,任何人皆可無償利用。而地域性所指是,在那一個國家取得專有權,僅在那個國家所管轄的範圍內有效,受該國的法律保護。獨佔性與專有性則指,該布局權人對其創作,享有獨佔與專有的權利。

3. 立法之原則:

《電路布局法》之立法原則,主要有二:

A. 屬地主義(Territoriality)原則:

《電路布局法》為國內法,非國際法,世界各國皆有其保護法,及其一國有一專有權,故為屬地主義。所謂 **"屬地主義"**,係指該電路布局僅在取得的國家或地區內有效,而不及於其他國家或地區。也就是說,在那一個國家取得該電路布局權,僅在那個國家所管轄的範圍內有效,受該國的法律保護,臺灣的電路布局權不能在美國主張專有權的意思。所以,希想獲得許多國家的專有權,就必須一一向各國登記。

B. 互惠主義(Reciprocitarians)原則:

我國於 2002 年 01 月 01 日加入《世界貿易組織(WorldTradeOrgani

第六章　積體電路電路布局保護法與營業祕密法

zation；簡稱 WTO）》正式成為會員國後，就必須符合《與貿易有關的智慧財產權協定（AGREEMENTONTRADE-RELATEDASPECTSOFINTELLECTUALPROPERTYRIGHTS，INCLUDINGTRADEINCOUNTERFEITGOODS，簡稱 TRIPS）》的規範。該協定所採取之立法原則，有些是延續國際現行之基本原則，遵守巴黎公約、羅馬公約等，以及國民待遇原則、最惠國待遇原則；也有針對特殊對象所定之開發中國家的權利耗盡原則等。其中之國民待遇原則與最惠國待遇原則，即是互惠主義原則。

所謂〝國民待遇（NationalTreatment）原則〞，意即外國人與當地居民享有相同的待遇，也就是說一個國家將特定的權利授予自己的公民，它也必須將這個權利授予處在該國的他國公民，是國際習慣法中，相當重要的原則。所謂〝最惠國待遇（Most-Favoured-NationTreatment）原則〞，意即締約國的一方，給予其他第三者的優惠與豁免，也應同時給予其他締約方，這種最惠國待遇原則是無條件、無限制的，是建立在互惠原則之上。其目的，乃希望透過公平原則相互適用，以求貿易歧視待遇的消除。

4. 保護之年限：

依照《電路布局法》第 19 條規定：**「電路布局權期間為十年，自左列二款中較早發生者起算：**

一、電路布局登記之申請日。

二、首次商業利用之日。」

同法第 25 條又規定：**「有左列情事之一者，除本法另有規定外，電路布局權當然消滅：**

一、電路布局權期滿者，自期滿之次日消滅。

二、電路布局權人死亡，無人主張其為繼承人者，電路布局權自依法應歸屬國庫之日消滅。

三、法人解散者，電路布局權自依法應歸屬地方自治團體之日消滅。

四、電路布局權人拋棄者，自其書面表示之日消滅。」

可見，該電路布局權的保護年限為十年，起算日則以登記之申請日或首次商業利用之日。該電路布局權在有效期間內，皆可讓與、繼承、信託、授權或設定質權等情事。其消滅條件為：A.期滿者；B.電路布局權人死亡，無人主張其為繼承人者；C.法人解散者；電路布局權人拋棄者。

5. 基本之要件：

依照《電路布局法》第16條規定：「**本法保護之電路布局權，應具備左列各款要件：一、由於創作人之智慧努力而非抄襲之設計。二、在創作時就積體電路產業及電路布局設計者而言非屬平凡、普通或習知者。以組合平凡、普通或習知之元件或連接線路所設計之電路布局，應僅就其整體組合符合前項要件者保護之。**」可見，該電路布局權必須具備以下二種基本要件：

A. 利用性或稱實用性（Utility）：

《電路布局法》，並未明文規定有關利用性或稱實用性的條文。但從該法第一條說：「**為保障積體電路電路布局，並調和社會公共利益，以促進國家科技及經濟之健全發展，特制定本法。**」可見，其立法宗旨乃在促進國家科技及經濟之健全發展。該發展，係建立在可供產業之利用性基礎上，否則無從落實。

而所謂〝產業上利用性〞有兩個概念：一為產業之定義；二為產業利用性之定義。前者在《電路布局保護法》並未明文規定產業之定義為何，但一般共識之產業應包含：工業、農業、林業、漁業、牧業、礦業、水產業、運輸業、通訊業、商業等任何領域中，利用自然法則而有技術性的活動。而後者，該電路布局之創作在產業上能被製造或使用，便能被認定為可供產業上利用。

其中之〝能被製造或使用〞，係指在今日之科技下，至少有一種能夠實施該技術手段或方法，且電路布局所揭示的內容，必須使熟悉該項

第六章　積體電路電路布局保護法與營業祕密法

技術者得據以實施，即符合其實用性要件。至於是否必須已然之被製造或使用，《電路布局法》並無要求，只要存在被製造或被使用之可能性，即符合產業利用性之要件。當然，若該創作顯然不能被製造或使用者，即不具產業利用性，而不能取得專有權。

B. 進步性（Progressive）：

如前所述，要申請登記〝積體電路電路布局〞應具備的要件，「**創作人之智慧努力而非抄襲之設計。**」也就是說要符合進步性，才會獲准登記。

6、保護之標的：

《電路布局法》所要保護的標的，是積體電路電路布局之概念，而非表達之方式；《著作權法》則保護表達創作的方式，而不保護創作的概念。因此，由於積體電路電路布局圖係其電路布局之唯一表達方式，依上述之〝思想與表達合併原則〞，該布局圖自不受著作權法保護。又《電路布局法》所要保護者，非該電路布局之圖形，而係該圖形所揭示之電路布局本身的概念。也就是說，積體電路電路布局之圖形，不受《著作權法》之保護，亦不受《電路布局法》之保護。

7. 法定不予專有權之事項：

所謂〝法定不予專有權之事項〞，係指有些技術內容，縱然符合專有權要件，亦不給予專有權之權利，而於《電路布局法》中明文規定者，即謂之法定不予專有權之事項。《電路布局法》並沒有明列法定不予專有權之事項，唯有該法第 13 條規定：電路布局首次商業利用後逾二年者，不得申請登記而已。

五、實務：

《電路布局法》之實務，應可包含：申請之規定、方式、文件、手續、撰寫、範例、規費、審查、實施，以及侵權等項目說明：

1. 申請之規定：

依《電路布局法》有關申請之規定，有如下幾點：

A. 主管機關：

《電路布局法》第3條規定：「**本法主管機關為經濟部。前項業務由經濟部指定專責機關辦理。必要時，得將部分事項委託相關之公益法人或團體。**」這個專責機關就是經濟部智慧財產權局，所以我們要申請電路布局，必須向這個機關申請才會受理。

B. 電路布局申請權：

所謂〝電路布局申請權〞，依《電路布局法》第6條規定：「**電路布局之創作人或其繼受人，除本法另有規定外，就其電路布局得申請登記。**」意即，必須依《電路布局法》的相關規定，且要符合才能取得電路布局登記申請之權利。

同法第5條規定：「**外國人合於左列各款之一者，得就其電路布局依本法申請登記：**

一、其所屬國家與中華民國共同參加國際條約或有相互保護電路布局之條約、協定或由團體、機構互訂經經濟部核准保護電路布局之協議，或對中華民國國民之電路布局予以保護且經查證屬實者。

二、首次商業利用發生於中華民國管轄境內者。但以該外國人之本國對中華民國國民，在相同之情形下，予以保護且經查證屬實者為限。」意即，如果不合於上述二條款者，我國主管機關是可以不受理其申請的。

第六章　積體電路電路布局保護法與營業祕密法

C. 電路布局申請之代理：

《電路布局法》第 8 條規定：『**申請人申請電路布局登記及辦理電路布局有關事項，得委任在中華民國境內有住所之代理人辦理之。**」復謂；『**在中華民國境內無住所或營業所者，申請電路布局登記及辦理電路布局有關事項，應委任在中華民國境內有住所之代理人辦理之。**」其中，"**得**"字意即可以這樣，也可以不這樣；而"**應**"字之意，則必須這樣。

由此觀之，不管是國人或外國人，凡在我國境內有住所的人，或有營業所的法人機構（公司行號），皆可自己申請，也可委託代理人申請；無住所的人，或法人機構則必須委託代理人申請。

D. 電路布局申請日：

依《電路布局法》第 12 條規定：「**申請電路布局登記以規費繳納及第十條所規定之文件齊備之日為申請日。**」同法第 13 條復規定：「**電路布局首次商業利用後逾二年者，不得申請登記。**」由此觀之，電路布局之申請，必須由申請權人備齊文件，向經濟部智慧財產權局申請，並以提出之日做為申請日。但如同法第 14 條規定：「**凡申請人為有關電路布局登記及其他程序，不合法定程式者，電路布局專責機關應通知限期補正；屆期未補正者，應不受理。**」

2. 申請之方式：

智慧財產的申請方式，基本上有紙本與電子兩種方式，但《電路布局法》對於電子申請方式，並無如《商標法》的明文規定，僅依該法第 10 條規定：「**申請電路布局登記，應備具申請書、說明書、圖式或照片，向電路布局專責機關為之。申請時已商業利用而有積體電路成品者，應檢附該成品。**」意即，電路布局申請權人要備齊紙本的申請書、說明書及必要圖式，向主管機關申請，此即紙本方式。又查，智慧財產局網上之線上申請，也無電路布局申請的項目。可見，電路布局的申請，只能用紙本，不適合用電子方式。

3. 申請之文件：

有關電路布局申請之應備文件有：

A. 申請書一份。

B. 說明書一式二份。

C. 圖式或照片一式二份。

D. 成品四顆（申請時已商業利用而積體電路有成品者，應予檢附）。

E. 受讓或繼承證明文件（申請人非創作人者，應予檢附；該文件得以傳真本先行提出，並於指定期間內補正與傳真本為同一文件之正本）。

F. 委任書（委任代理人者，應予檢附）。

G. 身分證明或法人證明文件（本局認為有必要時，始通知申請人檢附）。

H. 圖式或照片及成品如涉及積體電路製造方法之秘密者，申請人得以書面敘明理由，申請以其他資料代之。

I. 以上文件原係外文者，並應檢附原文本。

J. 申請電路布局登記每件新臺幣貳仟元整，並應一併繳納登記費每件新臺幣陸仟元整，共計捌仟元整。

該等文件須以主管機關公告使用之表格。可至經濟部智慧財產局，網址：https://www.tipo.gov.tw/tw/np-13-1.html，積體電路電路布局申請表格下載。

4. 申請手續：

有關電路布局申請之手續有：

A. 申請電路布局登記，由創作人或其受讓人或繼承人填妥前項應備文件，親送本局專利收件櫃臺收辦，或逕以掛號郵寄本局辦理。

B. 申請書、說明書等應依本局所訂之格式繕製，說明書應載明下列事項：

　　a. 電路布局名稱。

第六章　積體電路電路布局保護法與營業祕密法

　　b. 積體電路分類及簡單說明。

　　c. 創作人姓名、國籍、住居所；如為法人，其名稱、事務所及其代表人姓名。

　　d. 申請人姓名、國籍、住居所；如為法人，其名稱、事務所及其代表人姓名。

　　e. 積體電路電路布局說明摘要。

C. 圖式或照片，指下列各款：

　　a. 利用繪圖機製作有關申請之電路布局之圖式或其複製品者。

　　b. 利用有關申請之電路布局為製造積體電路之光罩之照片，或記載光罩之形狀之圖式。

　　c. 利用有關電路布局製造之積體電路之表面及表現在內部形成之各層之照片。

　　D. 前項圖式或照片，除應以國家標準 A4 號（210×297 公釐）紙或折疊成國家標準 A4 號（210×297 公釐）紙格式製作一式二份，並須以實際電路布局二十倍之比例記載或表現該電路布局外，且應足以辨識。

5. 申請書之撰寫：

　　該說明書應載明：

A. 積體電路電路布局名稱。

B. 積體電路分類：

　　a. 結構：□雙極性□ＭＯＳ□Ｂｉ-ＭＯＳ□光學ＩＣ□其他

　　b. 技術：□ＴＴＬ□ＤＴＬ□ＥＣＬ□ＩＩＬ□ＣＭＯＳ
　　　　　　□ＮＭＯＳ□ＰＭＯＳ□其他

　　c. 功能：□邏輯□記憶□微電腦□線性□其他

　　d. 簡單說明：

　　……

智慧財產權之理論與實務

　　……
　　……
　　……
C. 創作人：
　　代表人：　　　　　　　電話：
　　國籍：
　　地址：
D. 申請人：
　　代表人：　　　　　　　電話：
　　國籍：
　　地址：
E. 電路布局說明：
　　……
　　……
　　……
　　……

第六章　積體電路電路布局保護法與營業祕密法

積體電路電路布局登記申請書填寫注意事項

1. 「簡單說明」限２０字內，係就積體電路之用途、目的、功能及特徵作簡單描述，例如：８位元微處理器、６４Ｋ閘門之閘排列、６４位元浮點運算器……等。

2. 「申請人」、「創作人」欄不敷使用時，請利用次頁填寫。

3. 請填寫電話號碼，以利聯絡。

4. 第二次以後申請，其地址與第一次不同，而第一次地址未申請變更者，請於申請書上註明。至前此地址仍使用舊址諸案，請辦理變更地址，以利公文送達。

5. 「ＩＤ」是各類申請人、創作人、代理人等在本局電腦資料中之識別代碼，本國人應填其國民身分證統一編號，本國公司應填其公司統一編號；外國人或公司第一次向本局申請登記者，由本局編給識別代碼，惟在本局編給識別代碼之後，凡對本局行文或為第二次以後之申請時，均應填寫本局第一次編給之識別代碼。

6. 二人以上共同申請登記者，除約定有代表者外，辦理一切程序時，應共同連署，並指定其中一人為應受送達人。未指定應受送達人者，本局將以第一順序申請人為應受送達人。

6. 登記之範例：

　　　登記之範例有：

A. 申請書：

申請案號：
申請日：年月日
案　　由：　１００７０

（以上各欄由本局填寫）

積體電路電路布局登記申請書

　　　　　　　　　　中華民國　　年　　月　　日

智慧財產權之理論與實務

受文者：經濟部智慧財產局
　　主　旨：請准予登記「電子書自動化系統」之積體電路電路布局權。
　　說　明：
一、積體電路分類：
　　1. 結構□雙極性□ＭＯＳ□Ｂi-ＭＯＳ□光學ＩＣ■其他
　　2. 技術□ＴＴＬ□ＤＴＬ□ＥＣＬ□ＩＩＬ□ＣＭＯＳ
　　　　　　□ＮＭＯＳ□ＰＭＯＳ■其他
　　3. 功能■邏輯□記憶□微電腦□線性□其他
　　4. 簡單說明：系統邏輯程序……
二、申請人：普而得數位科技股份有限公司（簽章）等一人
　　代表人：蔡輝振
　　國籍：中華民國
　　地址：臺中市南區忠明南路 787 號 30 樓
　　　　　　　　　　　　　　本地址與前向貴局申請者■相同□不同
　　ＩＤ：80521158
　　指定應受送達人：蔡輝振
三、創作人：蔡輝振
　　代表人：
　　國籍：中華民國電話：04-22623893
　　地址：臺中市南區忠明南路 787 號 30 樓
　　ＩＤ：Ｎ〇〇〇〇〇〇〇〇〇
四、創　　作　　日：113 年 09 月 02 日
五、首次商業利用日：　　年　　月　　日
六、代理人：　　　　　　　　（簽章）　　電話：
　　地址：
　　ＩＤ：
七、檢附下列書件：
　　1. ■申請書一份。　　　　　　　　5. □成品四顆。
　　2. ■說明書一式二份。6. □受讓或繼承證明文件。
　　3. ■圖式或照片一式二份。7. □代理人委任書。
　　4. □原文說明書一份。
八、規費：
新臺幣八千元整（申請費二千元，登記費六千元）

請參閱填寫注意事項

第六章 積體電路電路布局保護法與營業祕密法

B. 說明書：

| 申請案號： |
| 申請日：年月日 |

（以上各欄由本局填寫）

積體電路電路布局說明書

一、電路布局積體電路：「電子書自動化系統」之積體電路電路布局

二、積體電路分類：

　　1. 結構□雙極性□ＭＯＳ□Ｂｉ-ＭＯＳ□光學ＩＣ■其他

　　2. 技術□ＴＴＬ□ＤＴＬ□ＥＣＬ□ＩＩＬ□ＣＭＯＳ
　　　　　□ＮＭＯＳ□ＰＭＯＳ■其他

　　3. 功能■邏輯□記憶□微電腦□線性□其他

　　4. 簡單說明：系統邏輯程序……

三、創作人：蔡輝振

　　代表人：

　　國籍：中華民國　電話：04-22623893

　　地址：臺中市南區忠明南路 787 號 30 樓

　　ＩＤ：N○○○○○○○○○

四、申請人：普而得數位科技股份有限公司

　　代表人：蔡輝振

　　國籍：中華民國

　　地址：臺中市南區忠明南路 787 號 30 樓

　　ＩＤ：80521158

五、電路布局說明：

　　系統邏輯程序……

智慧財產權之理論與實務

C. 圖示：

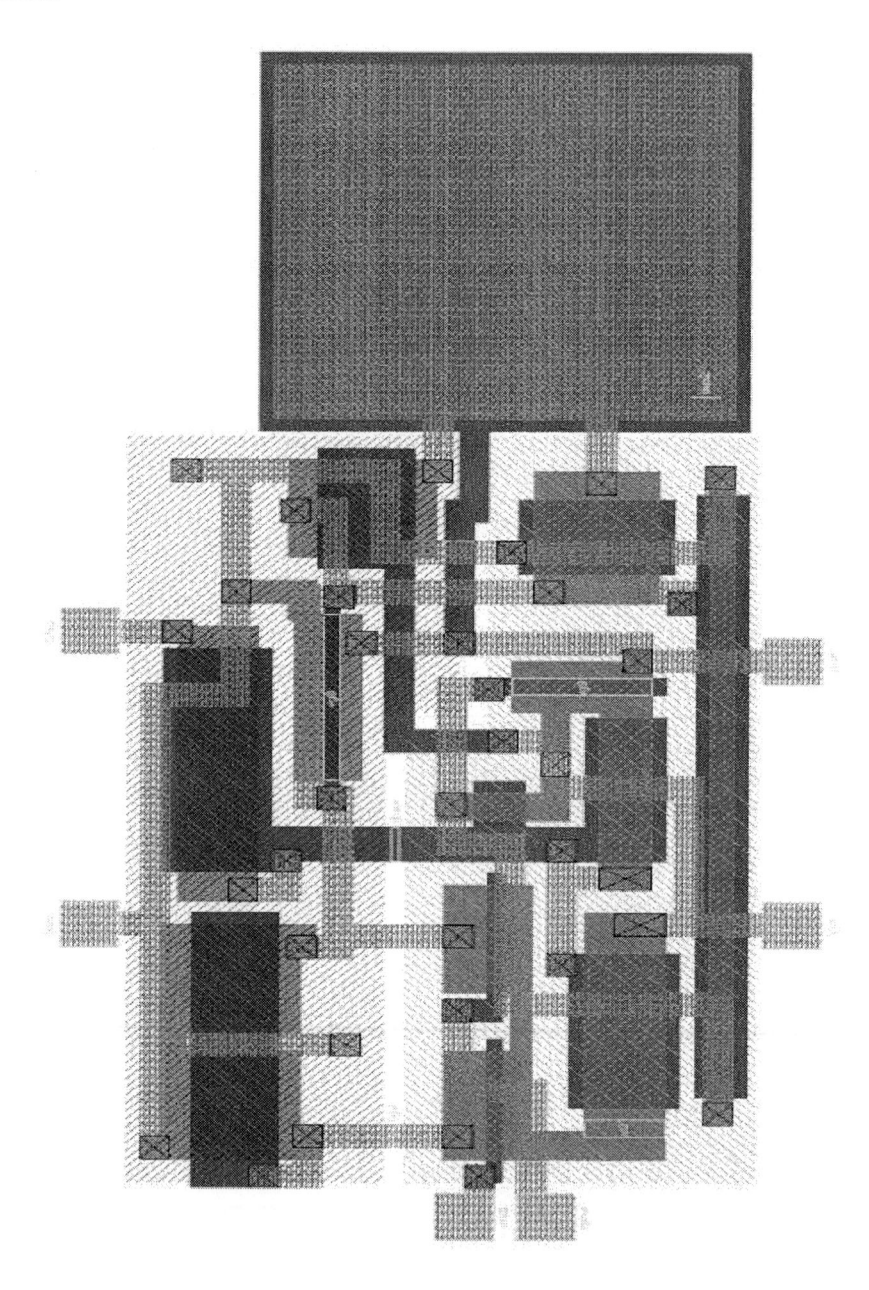

圖資來源：《維基百科》/公開授權

第六章　積體電路電路布局保護法與營業祕密法

7. 登記之規費：

電路布局各項申請費如下：

A. 申請電路布局每件新臺幣二千元。

B. 申請電路布局權讓與或繼承登記每件新臺幣三千元。

C. 申請電路布局權授權登記每件新臺幣三千元。

D. 申請電路布局權質權設定、移轉、變更登記每件新臺幣三千元。

E. 申請電路布局權特許實施登記每件新臺幣三千元。

F. 申請電路布局權特許實施移轉登記每件新臺幣三千元。

G. 申請撤銷電路布局登記每件新臺幣九千元。

H. 申請有關電路布局權爭端之調解每件新臺幣一萬二千元。

I. 申請變更登記事項每件新臺幣一千元。

J. 申請發給證明書每件新臺幣一千元。

K. 申請查閱案卷每件新臺幣一千元。

L. 申請補發證書每件新臺幣一千元。

M. 申請電路布局登記時，應一併繳納登記費，每件新臺幣六千元，合計八千元。但電路布局專責機關不受理前項登記時，應將登記費退還申請人。

8. 電路布局之審查：

電路布局登記之審查，應可包含：審查人員、審查基準、審查程序、行政救濟、核准審定、申請撤銷、爭端調解與鑑定、撤銷登記、權利維護，以及法定時限等項說明：

A. 審查人員：

《電路布局法》並無明文規定審查人員及其資格，僅在第 3 條規定：「前項業務由經濟部指定專責機關辦理。必要時，得將部分事項委託相關

之公益法人或團體。」第 4 條復謂「**電路布局專責機關及前條第二項後段所規定之公益法人或團體所屬人員，對於職務或業務上所知悉或持有之秘密不得洩漏。**」可見，主管機關對於電路布局申請案之審查，如無編制內之專業人員，即可委外專業團體人員審查。

B. 審查基準：

審查人員之審查基準，除《電路布局法》第 13 條規定，首次商業利用後逾二年者，不得申請登記外，要依第 16 條規定，應具備：一、由於創作人之智慧努力而非抄襲之設計。二、在創作時就積體電路產業及電路布局設計者而言非屬平凡、普通或習知者。以組合平凡、普通或習知之元件或連接線路所設計之電路布局，應僅就其整體組合符合前項要件者保護之法定核准要件的規定辦理。如不合法定程式，則依第 14 條規定，通知限期補正；屆期未補正者，應不受理。

C. 審查程序：

電路布局審查程序大致可分為：

a. 形式審查：

該審查即檢視各種申請文件，是否合於《電路布局法》及其《施行細則》之規定。其內容大致包含：審查各種書表，是否採用主管機關訂定的格式；各種申請書、說明書的撰寫、表格的填寫，以及圖式的製法是否符合規定；應檢送的證明文件是否齊備，是否具法律效力；申請日之認定；申請人的資格是否符合規定；代理人是否具備代理之資格與權限；有無依法繳納規費等。

基於實務作業，主管機關無法立即審查文件是否齊備，故不論申請人親自送件，或是郵寄送件，主管機關皆先行收件，經資料建檔後，再交辦審查。程序審查時，如發現申請文件欠缺，或不符法定程式而得補正者，再通知申請人限期補正。申請人屆期補正，或未補正，或補正仍不齊備時，則視其應補正之申請文件種類，可能為行政處分以補正之日為申請日，或處分申請案不受理，或依現有資料逕行後續程序。

第六章　積體電路電路布局保護法與營業祕密法

b. 實質審查：

該審查即針對電路布局登記之法定要件及圖式審查，以確定符合《電路布局法》的規定。

D. 行政救濟：

行政救濟乃申請人，針對主管機關作成的處分不服者，所採取的法定措施。茲說明如下：

a. 答辯：

依《電路布局法》第 27 條規定：「三、**電路布局權違反第十六條之規定者。前項情形，電路布局專責機關應將申請書副本或依職權審查理由書送達電路布局權人或其代理人，限期 30 日內答辯；屆期不答辯者，逕予審查。前項答辯期間，電路布局權人得先行以書面敘明理由，申請展延。但以一次為限。**」可見，審查人員在審定核駁電路布局登記之前，會先寄發〝核駁理由書〞，給申請人再一次答辯的機會。申請人須在法定時間內（通常國內一個月，國外三個月，兩者皆得申請延長一次），以書面答辯理由書，向主管機關提出答辯，該答辯內容一般以補充說明或修正，以消弭審查人員的疑慮為主。

不過，依實務經驗而言，申請人若接到主管機關來文修正，代表審查委員認同該電路布局申請案，只要依審查委員的意見提出修正，其獲准電路布局的機會甚高；但如接到主管機關來文通知申請人，限期答辯，則通常是審查委員並不認同該申請案，基於法定程序要求答辯而已，獲准的機會甚微，必須作適當的減縮，才有可能獲准。

b. 訴願：

依訴願法第一條規定：「**人民對於中央或地方機關之行政處分，認為違法或不當，致損害其權利或利益者，得依本法提起訴願。**」意即，電路布局申請案經主管機關確定不准電路布局登記時，主管機關將會製作〝核駁審定書〞，寄發給申請人，申請人若不服裁定，可於收到該審

定書次日起 30 日內,以書面訴願理由書,向經濟部訴願委員會提起訴願。

其訴願理由書除須記載,訴願人的姓名及住所,原行政處分機關,訴願請求事項,收受或行政處分的日期,以及受理訴願的機關外,並應將該核駁審定書的不當之處,具體指明。訴願委員受理此一訴願後,若認為訴願有理由,將會作成"訴願決定書",撤銷原審定,並責由主管機關依該決定書指示,重新審查。若訴願委員會認為訴願無理由,則將駁回訴願。

c. 訴訟:

依行政訴訟法第四條規定:「**人民因中央或地方機關之違法行政處分,認為損害其權利或法律上之利益,經依訴願法提起訴願而不服其決定,或提起訴願逾三個月不為決定,或延長訴願決定期間逾二個月不為決定者,得向高等行政法院提起撤銷訴訟。**」可見,申請人如不服經濟部訴願委員會的裁定,可於收到訴願決定書,次日起二個月內,向高等行政法院,或智慧財產權法院提起告訴(以下簡稱受理法院)。

受理法院在受理告訴案件後,首先分發案件,再由受命法官寄發開庭通知書。開庭時,當事人必須備齊相關資料,準時出庭。一般而言,準備程序大至有二次庭期,嗣後再開一次言詞辯論庭,受理法院即有可能宣判。如受理法院認為起訴有理由,則會依聲明分別為撤銷原處分與決定的判決,或因事證明確,而直接判決主管機關應作成申請人請求的行政處分。

申請人如再不服受理法院的裁定,可於收到判決書,次日起二十日內,再向最高行政法院提起告訴,這是最後一審(終審),其審理程序大至與上同。

E. 核准審定:

該審定係審查委員,認為電路布局申請案無不予電路布局登記之情事者,應予電路布局登記的審定。依《電路布局法》第 28 條規定:「**申請有關電路布局登記,符合本法規定者,電路布局專責機關應登記於電**

路布局權簿,並刊登於公報。」可見,只要不違反法定不予電路布局登記的規定,並符合電路布局登記要件,即可獲准電路布局權,並發給證書。

F. 申請撤銷:

依《電路布局法》第 27 條規定:「**有左列情形之一者,電路布局專責機關應依職權或據利害關係人之申請,撤銷電路布局登記,並於撤銷確定後,限期追繳登記證書,無法追回者,應公告證書作廢:**

一、經法院判決確定無電路布局權者。

二、電路布局之登記違反第五條至第七條、第十條、第十三條、第三十八條或第三十九條之規定者。

三、電路布局權違反第十六條之規定者。」

意即,申請撤銷係有人認為該電路布局權,有違《電路布局法》的相關規定,均可於電路布局權期間內,向主管機關提起撤銷的申請。由於電路布局權具有排他性之效力,為調和電路布局權人、利害關係人,或公眾之利益,《電路布局法》乃設〝申請撤銷〞之公眾輔助審查制度,該制度可藉由第三人,協助主管機關就公告的電路布局案再予審查,使電路布局之核准更臻於正確無誤。

又撤銷程序之產生,經常源於兩造當事人電路布局侵權之糾紛,申請撤銷人自然想藉此,對已授予電路布局權請求撤銷,以避免涉及侵害電路布局權。透過該程序,撤銷對方電路布局是根本解決的方法,當對方電路布局權被撤銷後,該電路布局權即視為自始不存在,自然無所謂侵權情事。進行撤銷申請需要如下資料:

a. 撤銷證據:

必須具有公信力之公開資料,如電路布局資料、期刊、書報等皆可,其中當以電路布局資料最佳,若是內部資料較不利;該公開資料包含世界各國。

b. 撤銷理由書:

必須引用上述資料,並逐一比對其電路布局範圍,然後詳列撤銷理由,以及所依據的法條。

c. 程序追蹤:

依《電路布局法》第 27 條規定:「**電路布局專責機關應將申請書副本或依職權審查理由書送達電路布局權人或其代理人,限期 30 日內答辯;屆期不答辯者,逕予審查。**」意即,在撤銷審查期間,必須隨時留意對方,是否有對其撤銷理由進行答辯,如有須在電路布局專責機關的送達撤銷人限期陳述意見書,可再補充撤銷理由,以反駁其答辯意見。惟撤銷申請案經審查不成立者,任何人不得以同一事實及同一證據,再為申請撤銷。

G. 爭端調解與鑑定:

調解與鑑定係電路布局產生爭議時,由主管機關依《電路布局法》第 36 條規定:「**電路布局專責機關為處理有關電路布局權之鑑定、爭端之調解及特許實施等事宜,得設鑑定暨調解委員會。前項委員會之設置辦法,由主管機關定之。**」設立鑑定暨調解委員會,來解決爭端。

H. 撤銷登記:

撤銷登記係電路布局權人的電路布局權被申請撤銷後,主管機關依法認為符合撤銷電路布局權之規定,即會作出撤銷登記的裁定,電路布局權人如有不服,可依法提起行政救濟程序。

I. 權利維護:

在電路布局權利維護,應注意以下事項:

a. 僅記所擁有之電路布局權僅為十年,不需繳年費,也不能延展。

b. 記得在產品上標示電路布局及其證號,以為電路布局權受不法侵害時,能證明侵害者的故意或過失。

c. 記得如發現他人未經授權,而有侵權行為時,即可檢具相關證據,

第六章　積體電路電路布局保護法與營業祕密法

對侵權人發出請求排除侵害的存證信函,並要求損害賠償,如侵權人不予理會,或仍繼續侵權時,則應立即向智慧財產權法院提出告訴,並附帶損害賠償之請求。

J. 法定時限:

依訴願法第二條規定:「**人民因中央或地方機關對其依法申請之案件,於法定期間內應作為而不作為,認為損害其權利或利益者,亦得提起訴願;前項期間,法令未規定者,自機關受理申請之日起為二個月。**」可見主管機關應明確告知社會大眾,其電路布局審查的作業時間,並於該主管機關違反其作業時間內,仍未有初步結果之審定時,申請人可依法向主管機關,提出訴願。有關電路布局申請案之法定時限表如下:

電路布局各項申請案件處理時限表

序號	事項類別	處理期間
1	積體電路電路布局登記	三個月
2	撤銷電路布局登記	十二個月
3	電路布局權特許實施登記	二十四個月
4	廢止電路布局權特許實施登記	十八個月
5	電路布局權鑑定	二十四個月
6	電路布局權爭端調解	六個月
備註	處理時限自收文日起算,但通知補正、申復、答辯期間或因其他正當事由緩辦之期間不計算在內。	

9. 電路布局權利之實施：

電路布局權利之實施，大至有：電路布局權人實施、電路布局授權實施二種。茲說明如下：

A. 電路布局權人實施：

電路布局申請權人取得電路布局權後，即可在一定期間內，享有排他性之使用權，並可依法自行實施，以及電路布局權人不管是自行實施、授權實施，或特許實施等，皆要注意以下問題：

a. 依《電路布局法》第 22 條規定，電路布局授權非經電路布局專責機關登記者，不得對抗善意第三人；授權登記後，電路布局權移轉者，其授權契約對受讓人仍繼續存在；非專屬授權登記後，電路布局權人再為專屬授權登記者，在先之非專屬授權登記不受影響；專屬被授權人在被授權範圍內，排除電路布局權人及第三人使用登記電路布局。專屬被授權人得於被授權範圍內，再授權他人使用；但契約另有約定者，從其約定。而非專屬被授權人非經電路布局權人或專屬被授權人同意，不得再授權他人使用；再授權，非經電路布局專責機關登記者，不得對抗善意第三人；至於，電路布局權人以其電路布局權移轉、設定質權及質權之變更、消滅，非經電路布局專責機關登記者，也不得對抗善意第三人。

b. 同法第 21 條亦規定，共有電路布局權之授權、再授權、移轉、拋棄、設定質權或應有部分之移轉或設定質權，應經全體共有人之同意；各共有人，無正當理由者，不得拒絕同意。但因繼承、強制執行、法院判決或依其他法律規定移轉者，不在此限。

c. 有關電路布局權之核准、變更、轉移、授權、拋棄，以及設定質權及其他應公告事項，主管機關皆會依法公告在電路布局公報上。

B. 電路布局授權實施：

授權可分為："專屬授權"與"非專屬授權"兩種。所謂專屬授權：**「指被授權人在授權範圍內，取得相當於智慧財產權權利人的地位，授權人將不得在授權範圍內自行利用該智慧財產權，或是再授權給第三人使**

第六章　積體電路電路布局保護法與營業祕密法

用。」而非專屬授權:「**指授權人在授權範圍內,可同時授權給多人使用,也包含自己實施。**」電路布局權人可依法專屬授權,或非專屬授權他人實施,並收取適當之權利金。

10. 電路布局權利之侵權:

所謂侵權:「**係指在電路布局權存續期間,未經電路布局權人許可,私自使用該電路布局權,此即為侵權。**」電路布局之侵權可分為:侵權之類型、侵權之救濟、侵權之鑑定,以及電路布局權效力不及之事項等,茲分別說明如下:

A. 侵權之類型:

侵權之類型有:〝直接侵權(Directinfringement)〞與〝間接侵權(Indirectinfringement)〞兩種。茲分析如下:

a. 直接侵權:

所謂直接侵權:「**是指被控侵權人,經由電路布局侵權鑑定,符合其要件而使侵權成立時謂之。**」

b. 間接侵權:

所謂間接侵權:「**係指行為人實施的行為,雖不構成直接侵犯他人電路布局權,卻故意誘導、慫恿、教唆別人實施他人電路布局,進而發生直接侵權行為。**」意即,行為人在主觀上有誘導或唆使別人侵犯他人電路布局權的故意,在客觀上有為別人直接侵權行為的發生,提供必要條件,但並未實施,則間接侵權行為不能成立。可見,侵權行為的實際發生,是構成間接侵權最重要的要件。

B. 侵權之救濟:

依《電路布局法》第 29 條規定:電路布局權人對於侵害其電路布局權者,得請求除去之;有侵害之虞者,得請求防止之;電路布局權人對於因故意或過失侵害其電路布局權者,得請求損害賠償。

總的來說,電路布局權人對於其侵權之救濟有:

a. 賠償損害請求權：

依《民法》第 216 條規定：「**損害賠償，除法律另有規定或契約另有訂定外，應以填補債權人所受損害及所失利益為限；依通常情形，或依已定之計劃、設備或其他特別情事，可得預期之利益，視為所失利益。**」

可見，侵權行為之賠償損害請求權，乃在填補被害人之實際損害為原則，非給予更多的利益。因此，損害賠償必須有實際損害為成立要件，無損害自無賠償之理。但如實際損害之金額，確屬難於證明者，法院應依侵害情節，審慎酌定賠償金額，使與被害人之實際損害相當。被害人可依《電路布局法》第 30 條規定，從下列方式擇一計算損害賠償金額：

(a). 依上述之《民法》第 216 條規定，請求損害賠償。如不能提供證據，以證明其損害時，電路布局權人得就其實施電路布局權，通常可獲得之利益，減除受害後實施同一電路布局權所得之利益，以其差額為所受損害。

(b). 依侵害人因侵害行為所得之利益計算。如侵害人不能就其成本，或必要費用舉證時，以銷售該項物品全部收入為所得利益。

(c). 請求法院依侵害情節，酌定新臺幣五百萬元以下之金額。

b. 排除侵害請求權：

意指電路布局侵權行為已發生，電路布局權人依法請求排除其侵害謂之。也就是說，當電路布局權人知悉，或發現有他人侵害其電路布局權時，即可依法請求侵害人停止侵害行為。

c. 防止侵害請求權：

意指電路布局侵權行為雖未發生，但有侵害之虞慮，電路布局權人可依法請求防止其侵害謂之。也就是說，當電路布局權人知悉，或發現他人有侵害其電路布局權之虞慮時，即可依法請求防止其侵害行為。

排除侵害與防止侵害，不以主觀之是否故意或過失為考量，亦不問電路布局權是否有受損，只要侵權行為已發生，或對侵權行為有虞慮者，即可依法請求。

第六章　積體電路電路布局保護法與營業祕密法

六、案例：

可受著作權法保護的「電路布局圖」

裁判字號：最高法院 111 年度臺上字第 214 號刑事判決
裁判日期：民國 111 年 06 月 02 日
裁判案由：違反著作權法
最高法院刑事判決 111 年度臺上字第 214 號
上訴人：幸暉電子企業有限公司
兼代表人：王明財
共同
選任辯護人：邱文男律師
參與人：幸暉電子企業有限公司
代表人：王明財
上列上訴人等因違反著作權法案件，不服智慧財產及商業法院中華民國 110 年 7 月 28 日第二審判決（108 年度刑智上訴字第 23 號，起訴案號：臺灣高雄地方檢察署 105 年度偵字第 14513、17009 號），提起上訴，本院判決如下：

主文

上訴駁回。

理由

一、按刑事訴訟法第 377 條規定，上訴於第三審法院，非以判決違背法令為理由，不得為之。是提起第三審上訴，應以原判決違背法令為理由，係屬法定要件。如果上訴理由書狀並未依據卷內訴訟資料，具體指摘原判決不適用何種法則或如何適用不當，或所指摘原判決違法情事，顯與法律規定得為第三審上訴理由之違法情形，不相適合時，均應認其上訴為違背法律上之程式，予以駁回。本件經原審審理結果，認上訴人幸暉電子企業有限公司（下稱幸暉公司）代表

人王明財有原判決事實欄所記載之犯行,因而撤銷第一審之不當科刑判決,改判論處王明財意圖銷售而擅自以重製之方法侵害他人之著作財產權罪刑(就被訴擅自重製美術著作部分,則不另為無罪諭知),及相關未扣案之犯罪所得沒收、追徵;另以幸暉公司之代表人,因執行業務,犯意圖銷售而擅自以重製之方法侵害他人之著作財產權罪,乃對幸暉公司科以該罪罰金,並宣告其扣案如原判決附表(下稱附表)一編號 1 所示之物均沒收。已詳敘其調查、取捨證據之結果及憑以認定犯罪事實之得心證理由。

二、上訴意旨略稱:

(一)幸暉公司於民國 104 年間已處於停業狀態,王明財於該停業期間之 104 年 8 月至 12 月涉嫌重製銷售告訴人王勇元(即臺灣元美有限公司之代表人)享有著作財產權之圖形著作屬其個人作為。且王明財係以個人名義託運出售予樺乙實業社電子遊戲機臺主機板,並以案外人明益事業有限公司之名義開具銷售統一發票,均足證明王明財非以幸暉公司代表人的身分執行業務而犯本罪。原判決認王明財係幸暉公司之代表人,因執行業務而觸犯本罪,其採用之證據與卷證不符,自有理由不備及理由矛盾的違法。

(二)原判決既認王明財係以幸暉公司代表人身分執行業務而犯本罪,則其將侵害圖形著作之電子遊戲機主機板 10 片出售予樺乙實業社所得之新臺幣(下同)47,000 元,自應屬幸暉公司所有,不應認為係王明財個人犯罪所得予以宣告沒收。原判決將該 47,000 元認係王明財個人犯罪所得,則其所犯侵害本案圖形著作行為,即非屬代表幸暉公司執行業務之行為,原判決所認定亦有理由矛盾之違法。

(三)幸暉公司於停業狀態中所扣案之如附表一編號所示主機板 242 片,係王明財犯本罪所重製,應屬其個人所有。原判決命幸暉公司參與沒收程序,並就上開扣押物對幸暉公司宣告沒收,顯違背訴訟程序並有理由矛盾之違法。

(四)實際比較扣案主機板與告訴人圖形著作之圖形,可知:①有關顯示

第六章　積體電路電路布局保護法與營業祕密法

「8」數字的 LED 兩者顯示的圖形不同。②有關電容標示兩者不同。③圖形右上方有關電阻與 IC 排列組合之「零件配置位置」有明顯差異。④「電路佈局走線」，亦有所不同。是以其圖形之差異應不能構成「實質近似」，原判決僅憑財團法人臺灣經濟科技發展研究院（下稱臺經院）鑑定報告書即認定兩者構成實質近似，其採證認事有悖於經驗法則之違法。

（五）王明財係以各種零件實物，組合串聯製成具有實際操作功能的立體實物，已非單純重製圖形著作。本件扣案電子遊戲機主機板，非屬告訴人之圖形著作內容以平面形式附著於立體物上，或立體物上以立體形式單純性質再現；參諸內政部、經濟部智慧財產局相關函示及本院 93 年度臺上字第 5488 號刑事判決意旨，王明財製作扣案電子遊戲機主機板圖形之行為，應屬專利法上的「實施」行為，並非屬著作權法的「重製」行為。原判決認該行為屬重製行為，進而認定王明財擅自重製本案圖形著作致觸犯本罪，有適用法則不當之違法。

三、惟查：證據之取捨與事實之認定，為事實審法院之職權，倘其採證認事並不違背證據法則，即不得任意指為違法；又證據之證明力如何，本得由事實審法院依其確信自由判斷之。原判決依憑王明財之部分自白，並參佐臺經院之鑑定報告，暨綜合調查卷內相關證據資料之結果，已敘明如何認定有本件事實欄所載犯行所憑證據及得心證之理由。對於王明財在原審所為有如第三審上訴意旨之否認犯罪辯解如何不足採，亦已逐一指駁，所為論斷及說明，俱有相關證據在卷可資佐證。且原判決已於理由說明：王明財已供承其為幸暉公司之代表人，並有卷附幸暉公司變更登記表、幸暉公司申請准予備查自 106 年 5 月 21 日起至 107 年 5 月 20 日止暫停營業之財政部高雄國稅局函、幸暉公司之商工登記公示基本資料等證據資料可佐，自堪認王明財為幸暉公司代表人無訛。另載敘以電路佈局軟體繪製之電路佈局圖如何可認為係著作權法保護之圖形著作，而電路板雖係以電路佈局圖為基礎經多種製程製作而成之實體物，惟依其製作

~ 367 ~

原理與實際製程,涉及將電路佈局圖轉印至電路基板之步驟,最後完成之電路板上呈現的圖形亦會與電路佈局圖圖形完全相同,故將電路佈局圖之圖形著作製作成印刷電路板之行為,如何係屬著作權法第3條第1項第5款所定「重製」行為之範疇,而非專利法上所稱之「實施」行為。且王明財擅自重製之本案圖形著作,經由臺經院以零件配置位置及電路佈局走線進行比對結果,除些許差異外,其餘零件大小、配置位置、走線方式及孔位位置皆相同,而各項比對上之差異大多為零件部分腳位連接方式有些許差異,或電路板上零件編號不同,該等差異不影響電路板整體零件配置位置或其他佈局走線方式,故就整體電路板而言,差異所佔整體比例甚小,其他大部分區域之孔洞、線路等則均呈現相同,就整體「質」與「量」而言,王明財重製之主機板與告訴人圖形著作仍呈現高度相同或相似而構成「實質近似」,應認王明財擅自重製本案圖形著作之犯行事證明確,所為辯解均不足採,應依法論科。復敘明沒收應適用裁判時之法律及刑法之規定予以沒收。而幸暉公司雖列為本案被告,惟著作權法第101條第1項係屬對法人特別訂定之兩罰處罰規定,法人本身並非侵害著作權之犯罪行為人,與犯罪行為人所得之主體尚有不同,然為保障幸暉公司財產可能被沒收之所有人程序主體地位,使其有參與本案程序之權利與尋求救濟之機會,乃依職權裁定命其參與本案沒收程序。故扣案如附表一編號1所示之主機板242片,既為參與人幸暉公司所有,即應依刑法第38條第3項規定,沒收之。至王明財將本案侵害圖形著作財產權之電子遊戲機主機板10片出貨予樺乙實業社,每片4,700元,因此共取得出售款47,000元,有匯款委託書、託運單及統一發票在卷可證,此係王明財犯罪所得,雖未扣案,仍應依刑法第38條之1第1項前段、第3項規定宣告沒收、追徵等旨(見原判決第12至23、26、27頁)。經核係本諸事實審合理推論作用,依其職權適法行使之證據取捨及判斷,所為採證認事均有卷證資料可稽。且依卷內資料所示,王明財仍係幸暉公司之代表人,其並供稱:告訴人所提出之名片是我交給對方的,而該

第六章　積體電路電路布局保護法與營業祕密法

託運單寄送之主機板 10 片亦係我寄出的,因為我的公司辦停業,沒辦法開發票,才用我太太陳秀月的公司「明益事業有限公司」的名義開發票給對方等語(見警卷第 3、4 頁),核與陳秀月所證稱情形相符,並有卷附載有「幸暉電子企業有限公司王明財」之名片、託運單及以「明益事業有限公司」開立之統一發票可參(見警卷第 7、8 頁、他字卷第 26、31、33 頁),是原審認王明財係以幸暉公司代表人之地位執行該公司業務,方需藉由其妻之公司開立統一發票與對方,而犯本罪,乃依著作權法第 101 條第 1 項之規定對幸暉公司科以本罪之罰金,並對之沒收扣案主機板 242 片,即無違誤。再稽之卷附京城銀行匯款委託書,載明該筆金額匯款之收款人為王明財,且係匯入其個人帳戶內(見他字卷第 29 頁),則原判決認王明財將侵害圖形著作權之主機板 10 片出售所得 47,000 元,應屬王明財犯罪所得,而依刑法第 38 條之 1 第 1 項前段、第 3 項規定對之宣告沒收、追徵,亦無何違法可指。上訴意旨均置原判決已明白論斷之事項於不顧,猶執陳詞再為單純事實之爭執,指摘原判決有前揭違法,洵非上訴第三審之合法理由。

四、綜上及其餘上訴意旨,均係對事實審法院取捨證據與自由判斷證據證明力之適法職權行使,徒以自己之說詞,任意指為違法,俱非適法之第三審上訴理由。本件上訴為違背法律上之程式,應予駁回。

據上論結,應依刑事訴訟法第 395 條前段,判決如主文。

中華民國 111 年 06 月 02 日

刑事第二庭審判長法官林勤純
法官王梅英
法官李鈦任
法官吳秋宏
法官莊松泉

本件正本證明與原本無異

書記官

中華民國 111 年 06 月 08 日

第二節 《營業秘密法》

《營業秘密法》之說明，有：概念、起源、立法、內容、實務，以及案例等項說明：

一、概念：

所謂〝營業秘密（TradeSecret）〞，也就是〝商業機密〞，係指企業在經營上所使用的機密資訊，具有主客觀兩種概念：在主觀的概念上，要具有機密的意思而須加以保護；在客觀的概念上，要具有經濟價值的意思而須加以保護。並由法律所創設的一種權利，即謂之〝營業秘密權(Tradesecretrights)〞；而經由法律一定的程序，制定一套規範來保護該權利者，即是《營業秘密法(TradeSecretsLaw)》。

依《營業秘密法》第2條所稱：「**營業秘密，係指方法、技術、製程、配方、程式、設計或其他可用於生產、銷售或經營之資訊**。而符合左列要件者：

一、非一般涉及該類資訊之人所知者。
二、因其秘密性而具有實際或潛在之經濟價值者。
三、所有人已採取合理之保密措施者。」

意即，該秘密是指：製作方法、設計程序、產品配方、製作工藝、以及管理訣竅、產銷策略、客戶名單等的技術信息和營業信息；且該信息不為普遍所知，能為權利人帶來經濟利益，具有現實的或潛在的實用性，並經權利人利用保密手段來管理，該信息不與公共利益相衝突者，如：可口可樂的配方就是著名的商業機密。

二、起源：

古羅馬時期的農莊經濟，需要大量掌握手工業、建築業等知識的奴隸，奴隸主與這些奴隸之間不再是簡單的人身依附關係，當時奴隸被誘

第六章　積體電路電路布局保護法與營業祕密法

使出賣奴隸主的秘密是一個普遍問題。根據《羅馬法》，奴隸沒有獨立的法律人格，所以不可能對奴隸進行訴訟。《羅馬私法》出現對抗誘騙商業秘密第三人的請求訴訟制度，稱為《奴隸誘惑之訴》。

到了 18、19 世紀初期，商業秘密開啟法律保護的進程；19 世紀中期，法國和德國的刑法懲處未經許可洩漏工廠秘密的行為；以至到 1967 年，各國簽訂的《成立世界智慧財產權組織公約》將 "未公開的信息" 納入智慧財產權範圍；1994 年，在馬拉喀什通過的《與貿易有關的智慧財產權協定（TRIPS）》，明文把商業秘密列入一項與貿易有關的智慧財產權；並認為它屬於 "反不正當競爭" 的一項內容，與《巴黎公約》中的 "反冒牌貨" 同屬一個條文管轄。[18]

三、立法：

我國《營業秘密法》，制定於民國八十五年一月十七日總統（85）華總字第 8500008780 號令制定公布全文 16 條；並自公布日施行。復於：

民國一百零二年一月 30 日總統華總一義字第 10200017761 號令修正公布；

民國一百零九年一月十五日總統華總一經字第 10900004051 號令修正公布。

前後僅修法二次，以成為現行之 16 條的條文。

我國是世界貿易組織（WTO）的成員，自應受《與貿易有關之智慧財產權協定》的規定，會員至少應對具有商業規模而故意仿冒或侵害營業秘密之案件，訂定刑事程序及罰則。救濟措施應包括足可產生嚇阻作用之徒刑及（或）罰金，並應和同等程度之其他刑事案件之量刑一致。因此，《營業秘密法》在我國，仍具有民事責任與刑事責任。但僅限於 "故意侵害" 行為，侵權者需負懲罰性賠償責任，若非故意為之，則不算侵

---

[18] 見吳漢東等：《智慧財產權基本問題研究（分論第二版）》，北京：中國人民大學出版社，2009 年 3 月，頁 589、591。

害營業秘密權。

四、內容：

有關《營業秘密法》之內容，大致可分為：制度之由來、立法之目的、立法之原則、保護之年限、基本之要素、保護之標的，以及取得與保密等。茲分析如下：

1. 制度之由來：

我國營業秘密之保護制度，源於 80 年 02 月 04 日所制定公布施行之《公平交易法》第 20 條。該條規定：「**有下列各款行為之一，而有限制競爭之虞者，事業不得為之：**

一、以損害特定事業為目的，促使他事業對該特定事業斷絕供給、購買或其他交易之行為。

二、無正當理由，對他事業給予差別待遇之行為。

三、以低價利誘或其他不正當方法，阻礙競爭者參與或從事競爭之行為。

四、以脅迫、利誘或其他不正當方法，使他事業不為價格之競爭、參與結合、聯合或為垂直限制競爭之行為。

五、以不正當限制交易相對人之事業活動為條件，而與其交易之行為。」

其中之第四款「**以脅迫、利誘或其他不正當方法。**」意即，營業祕密所有人可以禁止他人運用不正當的方法，來取得其營業祕密。但如果他人用正當的手段，來取得相同之技術內容時，營業秘密法並不能禁止其使用該技術。

由於，商業化的社會，以及產業上的競爭，有必要制訂一套法規，來約束產業的不當競爭，以維護產業倫理與競爭秩序，調和社會公共利益，加上民國 82 年，對美經貿諮商時，我國承諾將制定營業秘密法，以

第六章　積體電路電路布局保護法與營業祕密法

強化營業秘密之保護。該承諾終在八十五年一月十七日，總統（85）華總字第 8500008780 號令制定公布全文 16 條；並自公布日施行。

2. 立法之目的：

我國《營業秘密法》之立法目的，在第一條即開宗明義說：「**為保障營業秘密，維護產業倫理與競爭秩序，調和社會公共利益，特制定本法。**」可見，營業秘密之立法目的，在於維護產業倫理與競爭秩序，調和社會公共利益，以避免產業間以不正當之方法相互挖取營業祕密，造成不公平競爭之現象。

營業秘密有兩類型，一為是商業經營性的營業秘密；另一為則是技術性的營業秘密。其中之商業性營業秘密，例如：企業未來短、中、長程的發展計劃，及其研發的方向，以及客戶的資料等；技術性營業秘密，則如：企業研發中的產品，還有未受專利保護之技術等。如果一家公司投下大量的資本與時間，去研發一樣新的產品，而此產品如在其還未申請專利保護前就被竊取，則此公司的研發恐怕就血本無歸。可見，技術性之營業秘密的重要性，並不亞於商業性之營業秘密。

技術性的營業秘密，本可藉由取得專利而受到保護。惟專利保護之效力雖強，但有一定的保護期，也受到審查時間長短的影響。尤其是專利雖可擁有很強的權利，卻必須公開其技術，而公開技術就會容易被他人仿冒，要如何禁止他人仿冒就成為重要的問題。營業秘密則無此缺點，其特點在於必須具備有秘密性，可以避免仿冒的發生。可見，營業秘密之保護的重要性，並不亞於專利權。

專利權是有其申請先後順序，當某人先申請取得專利後，他人就不得以相同的技術取得專利，且別人未經其同意原則上，亦不能使用相同的技術，縱使別人是自行研發出相同的技術，專利權人亦能禁止其使用。但營業秘密法，只要別人以正當的方法，如自行研發的方法，去得知技術秘密，《營業秘密法》就不保障營業秘密的所有人，有權利去禁止別人利用該營業祕密。所以，營業秘密非排他性與獨佔性的權利。至於營業秘密或專利的選擇，若技術易破解就申請專利，不易破解就用營業秘密。

3. 立法之原則：

《營業秘密法》之立法原則，主要有三：

A. 創作主義（Creationism）原則：

《營業秘密法》係採創作保護主義，又稱〝自動產生原則〞。而所謂〝創作保護主義〞，係指創作自然人或法人於營業秘密完成時起，只要符合法定要件，營業秘密權就自動即時產生保護，不須申請核准，也不須註冊或登記。

B. 屬地主義（Territoriality）原則：

《營業秘密法》雖非如商標等典型的屬地主義，在哪一個國家註冊，那個國家才有保護。但它為國內法，非國際法，世界各國皆有其保護法，及其一國有一專有權，故為非典型的屬地主義，該主義僅限於在各國境內保護本國人的營業秘密。而所謂**〝屬地主義〞**，係指該營業秘密只能依當地《營業秘密法》，在當地受到保護。

C. 互惠主義（Reciprocitarians）原則：

我國於 2002 年 01 月 01 日加入《世界貿易組織（WorldTradeOrganization；簡稱 WTO）》正式成為會員國後，就必須符合《與貿易有關的智慧財產權協定（AGREEMENTONTRADE-RELATEDASPECTSOFINTELLECTUALPROPERTYRIGHTS，INCLUDINGTRADEINCOUNTERFEITGOODS，簡稱 TRIPS）》的規範。該協定所採取之立法原則，有些是延續國際現行之基本原則，遵守巴黎公約、羅馬公約等，以及國民待遇原則、最惠國待遇原則；也有針對特殊對象所定之開發中國家的權利耗盡原則等。其中之國民待遇原則與最惠國待遇原則，即是互惠主義原則。

所謂〝國民待遇（NationalTreatment）原則〞，意即外國人與當地居民享有相同的待遇，也就是說一個國家將特定的權利授予自己的公民，它也必須將這個權利授予處在該國的他國公民，是國際習慣法中，相當重要的原則。所謂〝最惠國待遇（Most-Favoured-NationTreatment）原則〞，意即締約國的一方，給予其他第三者的優惠與豁免，也應同時

第六章　積體電路電路布局保護法與營業祕密法

給予其他締約方,這種最惠國待遇原則是無條件、無限制的,是建立在互惠原則之上。其目的,乃希望透過公平原則相互適用,以求貿易歧視待遇的消除。

4. 保護之年限:

《營業秘密法》並無法定存續期間的限制,只要營業秘密權人主張的營業秘密,始終符合營業秘密法第 2 條營業秘密的三個保護要件,其營業秘密即可永續存在,並無保護年限的規定。但有下列情事之一者,營業秘密權當然消滅:

1. 營業秘密所有權人死亡,或法人解散者。
2. 已為眾人所皆知者。
3. 法院依法取消者。

5. 基本之要素:

依《營業秘密法》第 2 條規定:「**營業秘密,係指方法、技術、製程、配方、程式、設計或其他可用於生產、銷售或經營之資訊。而符合左列要件者:**

一、非一般涉及該類資訊之人所知者。
二、因其秘密性而具有實際或潛在之經濟價值者。
三、所有人已採取合理之保密措施者。」

可見,該營業秘密權必須具備以下三種基本要素:

A. 利用性(Utility):

上述第 2 款之具有實際或潛在之經濟價值者,即是利用性。

B. 進步性(Progressive):

上述第 1 款之非一般涉及該類資訊之人所知者,即是進步性。

C. 新穎性(Novelty):

上述第 3 款之所有人已採取合理之保密措施者,即是新穎性。

6、保護之標的：

依《營業秘密法》第2條規定：「**營業秘密，係指方法、技術、製程、配方、程式、設計或其他可用於生產、銷售或經營之資訊。**」其中之資訊，即是一種概念之虛體，非表達之實體。可見，該法保護的標的，是營業秘密之概念，而非表達之方式。

但不包含：A.與產業競爭無直接相關之如員工私人感情問題；B.軍事機密；C.非法內容，如使用未經批准的原料等。也就是說，《營業秘密法》所要保護的範圍，係與企業的商業利益直接相關且合法的資訊，才能被視為營業秘密並受法律保護，。

7、取得與保密：

營業秘密權之取得與保密，其中之取得有：本人、受雇，以及出資，茲說明如下：

A. 本人：

本人(或數人共同)完成營業秘密時，即享有營業秘密權，採自動生效制，並不以登記為要件，如有人主張營業秘密時，應自負舉證責任。至於保護範圍：依法取得之營業秘密權，其保護僅及於該營業秘密之資訊概念，而不及於其所表達之方式。

B. 受僱：

依《營業秘密法》第3條規定：受雇人於職務上研究或開發之營業秘密，歸雇用人所有，但契約另有約定者，從其約定。而受雇人於非職務上研究或開發之營業秘密，歸受雇人所有。但其營業秘密係利用雇用人之資源或經驗者，雇用人得於支付合理報酬後，於該事業使用其營業秘密。

C. 出資：

依《營業秘密法》第4條規定：出資聘請他人從事研究或開發之營業秘密，其營業秘密之歸屬依契約之約定；契約未約定者，歸受聘人所

第六章　積體電路電路布局保護法與營業祕密法

有，但出資人得於業務上使用其營業秘密。

而保密則有與聘僱人之保密協議，其應記載事項：

A. 明列保密事項：

協議內容的制定，乃為維護企業的競爭優勢，所以應該明確界定哪些資訊屬於營業秘密，並列入保密範圍，讓員工在使用或披露該等資訊時的限制。並確認該協議內容是否符合營業秘密的法定要件，以確保違約時可以有效地，以營業秘密侵害的罪名追究責任。

B. 內容公平合理：

協議內容，對於當事者雙方應公平合理，既能保護企業利益，也不應對員工權益造成不合理的侵害，如要求員工因洩露而賠償千萬，過分嚴苛的要求可能會被法院認為不合比例原則，而導致賠償金額的調整。其中之"比例原則（Proportionality）"，也叫"對稱性"，係指法律中出於保障基本人權的目的，而要求政府必須注重手段正當性的一個原則。在很多時候，政府為達到合法的目標，需要採用一定的手段，這該手段有時無可避免會侵犯基本人權，因此就有比例原則，以在人權與手段間做出權衡，以確保基本人權不受政府各種手段過度干預。

C. 違法條款內容：

協議內容，其條款不應違反現行法律的規範，如《勞基法》等，以避免未來可能的爭議，故務必考量其合法性與實際的可行性，以確保其效力。

D. 協議有效期限：

保密協議的期限，可分為兩種類型：

a. 合約期限：

合約期限，通常指合作或工作實際進行的時間，該時間範圍依照具體性質與需求來確定，如與員工簽署的保密協議中，該期限可能是指員工在職的時間或是完成特定任務的期間。

b. 效力期限：

效力期限，基於保密資訊的敏感度和商業價值，其中之商業價值會隨著時間而持續，其保護期限自然設定得更長，直至該資訊不再具有商業秘密的價值為止。

五、實務：

在《營業秘密法》之實務中，應注意如下幾點：

1. 侵權之責任：

侵害營業秘密權有：民事責任與刑事責任；民事責任屬告訴乃論，受害當事人必須提告法院才受理；不提告法院則才受理。刑事責任原則上也是告訴乃論，只有意圖在外國、大陸地區、香港或澳門使用，而犯罪者，才是公訴罪，不待受害當事人主張權利，檢察官知道可能有犯罪事實，就可以主動展開偵查，犯罪證據充足就會向法院提起訴訟。

告訴乃論只要原告撤銷告訴，檢察官或法院就不會再受理。而公訴罪不可以撤告，但仍可以跟被害人達成和解，和解有利於展現犯後積極彌補的良好態度，檢察官會依犯罪情節輕重，以及犯後態度酌情給予公訴罪起訴、不起訴，或緩起訴的處分。

2. 舉證之責任：

依民事訴訟法第 277 條，或刑事訴訟法第 161 之規定，舉證責任原則上係由當事人主張有利於己之事實者，就其事實有舉證之責任，而被告人則無舉證之責任。但法律另有規定，或依情形顯失公平者不在此限。

營業秘密並不以公開發表為前題，只要創作人之創作完成時即受到保護，縱不公開發表，也不影響其權利。但創作人在發生侵權時，必須舉證。營業秘密並不公開發表，故沒有明確時間，創作人要舉證就顯得困難。但可以該營業秘密之表達方式，所產生的實體，也就是產品的創作、展示、銷售等時間方式舉證。

第六章　積體電路電路布局保護法與營業祕密法

3. 侵權之要件：

侵權構成要件，在於三項要件，才能構成侵權：

A. 必須是人類精神力作用的成果：

《營業秘密法》的保護對象，是人類精神文明的智慧成果，因此必須是有人類精神力灌注其中所完成的創作資訊才受保護。什麼是創作，什麼是非創作，其分界線在於如：應用繪圖軟體Photoshop，所繪出有意義的圖片，其中之〝意義〞資訊，即是人類精神灌注其中的活動；如：應用 AI 所完成的作品資訊，以及測速器自動攝影的照片資訊等，均非創作。

B. 必須具有法定要素：

該營業秘密權必須具備法定三種基本要素，如上所述之：利用性、進步性，以及新穎性。

C. 必須具有法定行為：

依《營業秘密法》第 10 條規定：明確列出幾種侵犯營業秘密的典型情況：

一、以不正當方法取得營業秘密者。

二、知悉或因重大過失而不知其為前款之營業秘密，而取得、使用或洩漏者。

三、取得營業秘密後，知悉或因重大過失而不知其為第一款之營業秘密，而使用或洩漏者。

四、因法律行為取得營業秘密，而以不正當方法使用或洩漏者。

五、依法令有守營業秘密之義務，而使用或無故洩漏者。

前項所稱之不正當方法，係指竊盜、詐欺、脅迫、賄賂、擅自重製、違反保密義務、引誘他人違反其保密義務或其他類似方法。這些行為，自然被視為對企業營業秘密的嚴重威脅。

4. 侵權之鑑定：

所謂"鑑定(Identification)"，係使該領域的專家學者，或有特別知識經驗的第三人，就鑑定情事陳述或報告他的判斷意見，以作為法院判斷事實的法定證據資料。第三人可以是自然人，也可以是法人機關。營業秘密侵害之鑑定，是營業秘密爭議案件的核心，所牽涉議題的範圍非常廣，內容也更多元複雜。當然，越複雜的案件越容易受到其他外力因素，產生誤判的結果。如何使爭訟回到《營業秘密法》的本質，是很重要的事情。以下是侵權鑑定的相關事宜。

A. 鑑定機關：

智慧財產局，雖是《營業秘密法》的主管機關，對《營業秘密法》所生疑義有解釋之權責，但營業秘密係屬私權，應由司法機關本其權責審查認定。然司法機關並無專業人才，只能委託專業機關，包含公家單位或私人機構來鑑定，並採雙盲方式進行，以避免因人情關係而有所偏執。如：財團法人中華工商研究院，即是奉司法院(八八)院臺廳刑一字第〇〇七七四號函的鑑定機構。

B. 鑑定程序：

鑑定程序分為：爭議鑑定與侵權鑑定等兩個階段。第一階段成立侵權的可能，才會有第二階段的侵權鑑定，茲說明如下：

a. 爭議鑑定階段：

不是《營業秘密法》法定所要保護的標的，自然與《營業秘密法》無關，沒有爭議問題；但是《營業秘密法》法定所要保護的標的，如有爭議則需鑑定其資訊概念，具不具有利用性、進步性，以及新穎性等法定基本要素。有即受到保護；無即不受到保護，但沒有侵權問題。

b. 侵權鑑定階段：

侵權鑑定，必須藉由專業分析方能確定，要確認的事項有如下幾點：

(a). 原告之證據，是否為《營業秘密法》要保護的標的？

第六章　積體電路電路布局保護法與營業祕密法

(b). 原告之證據,是否為《營業秘密法》法定侵權行為?

(c). 原告之證據,是否為未互惠保護的資訊?

(d). 被告是否僅止於表達之方式?

(e). 依兩者之間接觸的可能,如看到或聽到等,來確認是否為平行創作?因〝英雄所見略同〞在我們生活中,是經常會發生的巧合。

依《營業秘密法》第 14-1 條規定:檢察官偵辦營業秘密案件,認有偵查必要時,得核發偵查保密令予接觸偵查內容之犯罪嫌疑人、被告、被害人、告訴人、告訴代理人、辯護人、鑑定人、證人或其他相關之人。該相關人員收到偵查保密令後,就其接觸的偵查內容,不可以為偵查程序外的使用,並且也不可以讓其他人知道這些內容。違反者,依第 14-4 條處理:違反偵查保密令者,處三年以下有期徒刑、拘役或科或併科新臺幣一百萬元以下罰金。

5. 權利之實施:

營業秘密權之實施,大至有:營業秘密權人實施、營業秘密授權實施,以及不得對抗善意第三人。茲說明如下:

A. 營業秘密權人實施:

具有營業秘密權人,除平行創作外,即享有排他性之使用權,並可依法自行實施。

B. 營業秘密授權實施:

授權可分為:〝專屬授權〞與〝非專屬授權〞兩種。所謂專屬授權:「指被授權人在授權範圍內,取得相當於智慧財產權權利人的地位,授權人將不得在授權範圍內自行利用該智慧財產權,或是再授權給第三人使用。」而非專屬授權:「指授權人在授權範圍內,可同時授權給多人使用,也包含自己實施。」營業秘密權人可依法專屬授權,或非專屬授權他人實施,並收取適當之權利金。

《營業秘密法》第 6 條規定：營業秘密得全部或部分讓與他人或與他人共有，共有時對營業秘密之使用或處分，如契約未有約定者，應得共有人之全體同意，但各共有人無正當理由，不得拒絕同意。各共有人非經其他共有人之同意，不得以其應有部分讓與他人，但契約另有約定者，從其約定。然要注意以下問題：

a. 授權契約：

營業秘密權之授權，並不需要經過專責機關之登記，故須以〝契約〞來約束。

b. 契約內容：

明確專屬授權或非專屬授權，授權範圍與期限，權利金支付辦法，違約罰則，以及應注意事項等情事。

c. 公平合理：

契約內容，對於當事者雙方應公平合理，保護雙方利益，並符合比例原則。

d. 違法內容：

契約內容，不可違反現行法律的規範，務必考量其合法性與實際的可行性，以確保其效力。

C. 不得對抗善意第三人：

營業秘密權移轉者，其授權契約對受讓人仍繼續存在；非專屬授權，營業秘密權人再為專屬授權者，在先之非專屬授權不受影響；專屬被授權人在被授權範圍內，排除營業秘密權人及第三人使用營業秘密。專屬被授權人得於被授權範圍內，再授權他人使用；但契約另有約定者，從其約定。而非專屬被授權人非經營業秘密權人或專屬被授權人同意，不得再授權他人使用；再授權不得對抗善意第三人；至於，營業秘密權人以其營業秘密權移轉、變更、消滅等，也不得對抗善意第三人。

6. 權利之侵害：

所謂侵害：「**係指在營業秘密權存續期間，未經營業秘密權人許可，私自使用該營業秘密權，此即為侵害。**」營業秘密權之侵害可分為：侵害之類型、侵害之救濟等，茲分別說明如下：

A. 侵害之類型：

侵害之類型有："直接侵害（Directinfringement）"與"間接侵害（Indirectinfringement）"兩種。茲分析如下：

a. 直接侵害：

所謂直接侵害：「**是指被控侵害人，經由營業秘密侵害鑑定，符合其要件而使侵害成立時謂之。**」

b. 間接侵害：

所謂間接侵害：「**係指行為人實施的行為，雖不構成直接侵犯他人營業秘密權，卻故意誘導、慫恿、教唆別人實施他人營業秘密，進而發生直接侵害行為。**」意即，行為人在主觀上有誘導或唆使別人侵犯他人營業秘密權的故意，在客觀上有為別人直接侵害行為的發生，提供必要條件，但並未實施，則間接侵害行為不能成立。可見，侵害行為的實際發生，是構成間接侵害最重要的要件。

B. 侵害之救濟：

營業秘密權侵害救濟有：民事責任與刑事責任二項說明：

(A). 民事責任：

依《營業秘密法》第11條規定：營業秘密權人對於侵害其營業秘密權者，得請求除之；有侵害之虞者，得請求防止之；同法第12條規定：因故意或過失不法侵害他人之營業秘密者，負損害賠償責任。數人共同不法侵害者，連帶負賠償責任。前項之損害賠償請求權，自請求權人知有行為及賠償義務人時起，二年間不行使而消滅；自行為時起，逾十年者亦同。

總的來說，營業秘密權人對於其侵害之救濟，在民事責任上：

a. 賠償損害請求權：

依《民法》第 216 條規定：「**損害賠償，除法律另有規定或契約另有訂定外，應以填補債權人所受損害及所失利益為限；依通常情形，或依已定之計劃、設備或其他特別情事，可得預期之利益，視為所失利益。**」

可見，侵害行為之賠償損害請求權，乃在填補被害人之實際損害為原則，非給予更多的利益。因此，損害賠償必須有實際損害為成立要件，無損害自無賠償之理。但如實際損害之金額，確屬難於證明者，法院應依侵害情節，審慎酌定賠償金額，使與被害人之實際損害相當。被害人可依《營業秘密法》第 13 條規定，從下列方式擇一計算損害賠償金額：

(a). 依上述之《民法》第 216 條規定，請求損害賠償。如不能提供證據，以證明其損害時，營業秘密權人得就其實施營業秘密權，通常可獲得之利益，減除受害後實施同一營業秘密權所得之利益，以其差額為所受損害。

(b). 依侵害人因侵害行為所得之利益計算。如侵害人不能就其成本，或必要費用舉證時，以銷售該項物品全部收入為所得利益。

(c). 請求法院依侵害情節，酌定損害額以上之賠償，但不得超過已證明損害額之三倍。

b. 排除侵害請求權：

意指營業秘密侵害行為已發生，營業秘密權人依法請求排除其侵害謂之。也就是說，當營業秘密權人知悉，或發現有他人侵害其營業秘密權時，即可依法請求侵害人停止侵害行為。

c. 防止侵害請求權：

意指營業秘密侵害行為雖未發生，但有侵害之虞慮，營業秘密權人可依法請求防止其侵害謂之。也就是說，當營業秘密權人知悉，或發現他人有侵害其營業秘密權之虞慮時，即可依法請求防止其侵害行為。

排除侵害與防止侵害，不以主觀之是否故意或過失為考量，亦不問

第六章　積體電路電路布局保護法與營業祕密法

營業秘密權是否有受損,只要侵害行為已發生,或對侵害行為有虞慮者,即可依法請求。

(B). 刑事責任：

依《營業秘密法》第 13-1 條規定,意圖為自己或第三人不法之利益,或損害營業秘密所有人之利益,而有下列情形之一,處五年以下有期徒刑或拘役,得併科新臺幣一百萬元以上一千萬元以下罰金：

a. 以竊取、侵占、詐術、脅迫、擅自重製或其他不正方法而取得營業秘密,或取得後進而使用、洩漏者。

b. 知悉或持有營業秘密,未經授權或逾越授權範圍而重製、使用或洩漏該營業秘密者。

c. 持有營業秘密,經營業秘密所有人告知應刪除、銷毀後,不為刪除、銷毀或隱匿該營業秘密者。

d. 明知他人知悉或持有之營業秘密有前三款所定情形,而取得、使用或洩漏者。

依《營業秘密法》第 13-2 條規定,意圖在外國、大陸地區、香港或澳門使用,而犯前條第一項各款之罪者,處一年以上十年以下有期徒刑,得併科新臺幣三百萬元以上五千萬元以下之罰金。

科罰金時,如犯罪行為人所得之利益超過罰金最多額,得於所得利益之二倍至十倍範圍內酌量加重。

依《營業秘密法》第 13-3 條規定,違反第 13 條之 1 罪者,為告訴乃論。對於共犯之一人告訴或撤回告訴者,其效力不及於其他共犯。而公務員或曾任公務員之人,因職務知悉或持有他人之營業秘密,而故意犯前 2 條之罪者,加重其刑至二分之一。

六、案例：

裁判字號：臺灣橋頭地方法院 105 年度智附民字第 16 號刑事判決

裁判日期：民國 107 年 01 月 25 日

裁判案由：損害賠償

臺灣橋頭地方法院刑事附帶民事訴訟判決

105 年度智附民字第 16 號

原　　　告	日月光半導體製造股份有限公司
法定代理人	張虔生
訴訟代理人	李佳育律師
	陳譽泠
被　　　告	宏久科技有限公司
被告兼法定	
代　理　人	陳信華
上 2 人共同	
訴訟代理人	林堯順律師

上列被告因違反營業秘密法案件（案號：本院 104 年度智訴字第 13 號），經原告提起附帶民事訴訟，請求損害賠償，本院判決如下：

主文

被告應連帶給付原告新臺幣叁佰萬元及自民國一百零六年一月四日起至清償日止，按週年利率百分之五計算之利息。

被告應連帶負擔費用，將本判決附件所示之道歉啟事，以不小於新細明體二十號之字體，刊載於蘋果日報、聯合報、自由時報壹日。

原告其餘之訴駁回。

第六章　積體電路電路布局保護法與營業祕密法

本判決第一項於原告以新臺幣壹佰萬元供擔保，得假執行。但被告如於假執行程序實施前，預以新臺幣叁佰萬元為原告預供擔保，得免假執行。原告其餘假執行之聲請駁回。

事實及理由

一、原告主張：原告日月光半導體製造股份有限公司（下稱「日月光公司」）為半導體封裝測試業者，為求生產人員所著無塵衣與無塵鞋之靜電接地裝置可將人體所產生靜電導出，確保作業物件不會受到人體產生的靜電破壞，以符合客戶要求之國際標準，且靜電接地裝置須不影響人員之操作，自民國 101 年 8 月至同年 11 月間，研究相關之技術，以改進舊式無塵衣（鞋）之靜電阻量測值以及人員使用之便利性，開發出在無塵衣內部織縫「左側、右側、腰部環繞、手腕、腳踝」等五處導電帶連接全身之新式無塵衣，及在無塵鞋內部織縫導電帶，使其得與新式無塵衣之腳踝導電帶連結，進而導通人體靜電至地面之新式無塵鞋，嗣原告為強化對於此開發成果保護，於 102 年 1 月 9 日將新式無塵衣（鞋）之部分設計，向經濟部智慧財產局提出發明專利之申請（已於 103 年 7 月 16 日為早期公開），並將其他未經原告發明專利公開仍屬應保密之部分設計，以營業秘密之方式進行保護。嗣後原告為擴大採用新式無塵衣（鞋），乃對外進行採購招標擬增加供應商，被告陳信華為被告宏久科技有限公司（下稱「宏久公司」）之負責人，為參與原告公司招標採購，於 102 年 8 月 7 日與原告簽署保密契約，就為促成雙方交易過程中所獲悉之營業秘密，彼此負有保密義務，且非經他方之同意，不得洩漏及使用。隨後被告於 102 年 8 月 16 日代表被告「宏久公司」前來原告廠區，與原告員工張修明與鄭茂券商談新式無塵衣（鞋）採購案之相關事宜，張修明即於該次會議上以口頭說明原告所欲採購之新式無塵衣內有「左側、右側、腰部環繞、手腕、腳踝」等五處連接全身導電織帶的設計，而新式無塵鞋內之鞋內亦有導電織帶設計等營業秘密，並明確告知原告正為此新式無塵衣（鞋）申請專利中。會後被告陳信華即陸續依原告要求，打樣新式無塵衣（鞋）樣品提供原告公司人員驗證，惟被告「宏久公司」於 102 年 9 月 11 日及同年 10

月 8 日 2 次送驗之新式無塵衣（鞋）樣品外觀特徵明顯與原告所要求者有所出入，故原告公司員工鄭茂券乃於第 2 次驗證後，提示原告所有新式無塵衣（鞋）之實品供被告陳信華閱覽，並說明導電織帶與扣環之設計方式等，以利被告等改善製作，此後被告等所送之樣品，即不復見導電織帶或扣環設計方式等外觀特徵問題，惟被告「宏久公司」嗣後於 102 年 12 月 4 日、同年月 24 日、同年月 27 日所送之樣品，仍均未能通過原告之驗證標準。詎料被告陳信華意圖為自己不法之利益，佯作繼續與原告協調新式無塵衣（鞋）之製作，並利用被告「宏久公司」員工向原告查詢確認新式無塵衣（鞋）相關之規格，原告乃於 103 年 4 月 8 日將「新式無塵衣（鞋）」之「左側、右側、腰部環繞、手腕、腳踝、鞋內」等處之織帶設計、「新式無塵衣（鞋）」靜電阻值及製作圖式等營業秘密具體內容之「新式靜電衣鞋規格備註說明」等相關資料以電子郵件寄予被告「宏久公司」，被告宏久公司人員再於同年 4 月 17 日，就上開內容中有關織帶之材質、拉鍊及縫製方法等向原告提問查詢，使原告不知情之承辦人員再回覆予被告「宏久公司」之員工胡湘芸轉交被告陳信華知悉，以此方式取得原告所有關於新式無塵衣（鞋）之營業秘密資料。豈料被告陳信華即於 103 年 4 月 28 日起，未經原告同意時，將其經由原告所取得有關新式無塵衣（鞋）之導電織帶及扣環設計方式等尚未經原告發明專利公開仍屬應保密之營業秘密，洩漏予不知情之鄒鈺奎及其所屬之三立國際專利商標事務所（下稱「三立事務所」），由鄒鈺奎及三立事務所人員製作相關之文件供被告陳信華核對後，於 103 年 9 月 4 日以被告陳信華之名義，向經濟部智慧財產局分別申請「導電織帶連接全身式無塵衣」、「導電織帶連接無塵鞋」等新型專利（證書號數：M493272、M493281），且於 104 年 1 月 11 日獲經濟部智慧財產局公告通過。嗣因原告接獲另一協力供應商豪紳纖維科技股份有限公司之通知後，始獲悉上情，經原告比對被告陳信華所申請上揭新型專利之內容，確認被告陳信華所申請之新型專利係違法使用其所取得原告所有關於新式無塵衣（鞋）之營業秘密資料，乃向法務部調查局航業調查處高雄調查站提出告訴，並經高雄地方法院檢察署檢察官調查後，以被告陳信華違反營業秘

第六章　積體電路電路布局保護法與營業祕密法

密法第 13 條之 1 第 1 項第 1 款及同法第 13 條之 4 之規定，而對被告等人提起公訴，是原告得依刑事訴訟法第 487 條第 1 項，及營業秘密法第 12 條第 1 項前段、第 13 條第 1 項第 1 款之規定提起本件刑事附帶民事訴訟，請求回復原告之損害，而被告陳信華於其代表被告「宏久公司」與原告商談交易事宜，反為汲取自身之不法利益而申請上述 2 件新型專利獲准，侵害原告之營業秘密，自是於執行職務時違反法令，致原告受有損害，爰依公司法第 23 條第 2 項規定，起訴請求被告「宏久公司」與被告陳信華負連帶賠償責任，而被告前開犯行致原告受有損害部分包括「競爭力減損」、「授權收入之喪失」與「原告商譽之減損」等，又由於原告所受競爭力減損之損害賠償金額難以估算，爰請求依營業秘密法第 13 條第 2 項、民事訴訟法 222 條第 2 項之規定，酌定損害賠償金額，請求被告陳信華及「宏久公司」連帶賠償 25,089,807 元；此外，原告並依民法第 195 條第 1 項後段之規定，請求被告等連帶負擔費用，以不小於新細明體 20 號之字體，將附件所示之道歉啟事內容刊載於蘋果日報、聯合報、自由時報 1 日，以回復原告商標權之商譽。並聲明：

(一)被告應連帶給付原告 25,089,807 元，並自起訴狀繕本送達之翌日起至清償日止，按週年利率百分之 5 計算之利息。

(二)請准供擔保宣告假執行。

(三)被告宏久公司與被告陳信華應連帶負擔費用，以不小於新細明體 20 號之字體，將附件所示之內容刊載於蘋果日報、聯合報、自由時報 1 日。

二、被告陳信華及「宏久公司」則以：伊固不否認有與原告簽立保密契約，但被告陳信華所申請無塵衣鞋之導電織帶新型專利為被告陳信華自行構想創作而改良，並無違反營業秘密法之行為，且原告係半導體公司，並非販賣無塵衣業者，況原告亦無提出競爭力及商譽減損及授權金損害之證據云云（見智附民卷第 204 頁背面），資為抗辯，並聲明：原告之訴駁回，如受不利判決，願供擔保請准予宣告免為假執行。

三、本院得心證之理由：

㈠按附帶民事訴訟之判決，應以刑事訴訟判決所認定之事實為據，刑事訴訟法第 500 條前段定有明文。又按「以不正當方法取得營業秘密者，為侵害營業秘密。」、「前項所稱之不正當方法，係指竊盜、詐欺、脅迫、賄賂、擅自重製、違反保密義務、引誘他人違反其保密義務或其他類似方法。」、「因故意或過失不法侵害他人之營業秘密者，負損害賠償責任。數人共同不法侵害者，連帶負賠償責任。」，營業秘密法第 10 條第 1 項第 1 款及第 2 項、第 12 條亦有明定。是以，竊盜、賄賂、擅自重製、違反保密義務、引誘他人違反其保密義務之不正當方法取得營業秘密者，即為侵害營業秘密之行為。又按依前條請求損害賠償時，被害人得依左列各款規定擇一請求：一依民法第 216 條之規定請求。但被害人不能證明其損害時，得以其使用時依通常情形可得預期之利益，減除被侵害後使用同一營業秘密所得利益之差額，為其所受損害；二請求侵害人因侵害行為所得之利益。但侵害人不能證明其成本或必要費用時，以其侵害行為所得之全部收入，為其所得利益；依前項規定，侵害行為如屬故意，法院得因被害人之請求，依侵害情節，酌定損害額以上之賠償。但不得超過已證明損害額之 3 倍，同法第 13 條定有明文。營業秘密法第 13 條亦有明文；再按因故意或過失，不法侵害他人之權利者，負損害賠償責任，民法第 184 條第 1 項前段已有明定。

㈡經查：

1. 本件原告起訴主張被告陳信華未經原告書面同意，違反保密義務，擅自使用其因交易而取得之原告公司所有關於新式無塵衣鞋導電織帶之發明、設計概念及製作圖示等具體資料之營業秘密，據以向經濟部智慧財產局申請新式無塵衣鞋之導電織帶之新型專利獲准，而涉犯違反營業秘密法第 13 條之 1 第 1 項之規定等事實，業據本院以 104 年度智訴字第 13 號刑事判決判處被告陳信華有期徒刑 1 年 6 月，及被告「宏久公司」科處罰金 200 萬元在案等情，有本院 104 年度智訴字第 13 號刑事判決 1 份在卷可稽，是原告主張被告陳信華違反營業秘密法，侵害其權益之侵權行為事實，應負損害賠償責任之事實，自堪信為真實。

第六章　積體電路電路布局保護法與營業祕密法

2. 而被告陳信華於代表被告「宏久公司」與原告公司雙方交易過程中所取得上開新式無塵衣(鞋)之相關製作資料是否為營業祕密法保護之客體？被告陳信華是否因故意或過失不法侵害上訴人之營業祕密？按「本法所稱營業祕密，係指方法、技術、製程、配方、程式、設計或其他可用於生產、銷售或經營之資訊，而符合左列要件者：一非一般涉及該類資訊之人所知者。二因其秘密性而具有實際或潛在之經濟價值者。三所有人已採取合理之保密措施者。」，營業祕密法第 2 條定有明文。查本件被告陳信華未經原告公司同意，並違反保密義務，而擅自使用其於雙方促進交易過程而取得原告所有關於新式無塵衣(鞋)之營業祕密之行為，而違反營業祕密法之規定，業經本院認定如前述刑事判決所述，是被告陳信華違反保密義務，而以擅自使用重製取得上開有關新式無塵衣鞋之營業祕密，即為侵害營業祕密之行為，足堪認定，則被告陳信華對其因故意侵害原告營業祕密所生侵權行為，致原告所受之損失，自應負損害賠償責任。

(三)本件損害賠償額之計算方式暨其數額，茲羅列探討如後：

1. 營業祕密法第 12 條所定之損害賠償，是否以受有實際損害為必要？按營業祕密乃是財產上之利益，故所謂損害，就是指營業祕密受有客觀上不利益之結果，亦即營業祕密本身即為財產上之利益，洩漏或以不正當方法取得營業祕密，即足以使營業祕密所有人受有財產上損害，是侵害營業祕密，不以發生實害結果為必要，且鑑於取得侵害營業祕密行為之證據不易，其證明度應可降低（最高法院著有 97 年度臺上字第 968 號判決意旨可資為參）。營業祕密既為無形之資訊，為無體財產，若因侵權行為遭受不法侵害致生損害時，本質上無回復原狀之可能，問題在如何確認損害賠償金額。營業祕密法第 13 條第 1 項第 1 款後段規定即所謂「差額說」，此係減輕被害人之舉證責任，並將被害人損害概念具體化，雖造成被害人利益差額因素，不僅限於營業祕密被侵害，尚有加害人行為、天災事變、產品之生命週期等諸多因素，然營業祕密為無體性，其交易價值具有不確定性，被害人不易取得相關侵權事證，且侵害營業祕密之損害計算，有其高度之專業性及技術性；從而，以差額說減輕被害人之舉證證明因營業祕密被侵害所受損害及所失利益之責任，以減輕權

利人及法院處理侵害營業秘密之訴訟成本。又營業秘密法第 13 條第 1 項第 2 款規定即所謂「總利益說」與「總銷售額說」，則以侵權行為人因侵害行為所得之利益，為計算損害賠償數額之方式，均以侵害人之立場，非以被害人之因素，計算應賠償之金額，故即使超過被害人所受之損害，被害人仍得請求侵害人所得之利益。

2. 原告主張其因被告陳信華未經原告同意，違反保密義務，並擅自使用於雙方促進交易過程而取得原告所有關於新式無塵衣（鞋）之發明設計概念及製作圖示等營業秘密資料，據以聲請新式無塵衣（鞋）之導電織帶之新型專利獲准在案，顯已侵害原告之營業秘密，並獨佔原不歸屬於被告陳信華所有龐大經濟利益，且導致原告因而因喪失申請取得新式無塵衣（鞋）之專利機會，故原告因被告陳信華不法行為受有損害，而原告所受損害包括「競爭力減損」、受有因取得相關新型專利「授權金收入之喪失」與「原告商譽之減損」等損害。然依據原告所主張其因授權無塵衣（鞋）業者將新式無塵衣（鞋）銷售予臺灣其他半導體業者時，可收取之合理權利金收入約為 5,363,269 元【計算式：160,097,600×13.40%×25%=5,363,269.6，小數點後捨去】及競爭力減損部分，僅係原告依據目前國內半導體業者人員及原告公司 103 年稅後淨利等相關資料作為計算基礎，然此為被告否認在案，原告復無法提出其他證據以資為佐，自為本院所不採。

3. 惟被告陳信華違反保密義務，擅自使用前開有關新式無塵衣之發明設計概念及製作圖示等營業秘密資料，而先行取得新式無塵衣（鞋）之導電織帶之新型專利獲准，當有可能影響原告原可取得新式無塵衣（鞋）之專利機會，因而失去競爭優勢及授權金收入等潛在經濟價值；然在國內現今實欠缺對授權實施營業秘密之合理權利金計算方式，對於專利之合理權利金計算方式亦無適切標準之現實狀況下，原告此部分所受損害顯難以證明；則依據前開規定及說明，本院自應依據被告陳信華本件不法行為之侵害情節，依通常可得預期之利益減除被侵害後使用同一營業秘密所得利益之差額或侵害人因侵害行為可得之利益，依法酌定被告應賠償之數額。是以，本院審酌原告公司之營業資本、規模，及其就研發新式無塵衣鞋之發明成本、

第六章　積體電路電路布局保護法與營業祕密法

期間等，並考量被告陳信華所擅自使用、重製使用新式無塵衣（鞋）之營業秘密具體內容，及被告陳信華擅自使用此等秘密之目的、動機、情節等侵害及其所獲利益之程度等情節，認本件損害賠償金額應以 300 萬元為適當，逾此部分請求，即屬過高，不應准許。

4. 又按公司負責人對於公司業務之執行，如有違反法令致他人受有損害時，對他人應與公司負連帶賠償之責，公司法第 23 條第 2 項已有規定。查被告陳信華為被告「宏久公司」之負責人，被告陳信華於代表「宏久公司」執行業務過程中，而取得原告公司所有關於新式無塵衣之發明設計概念及製作圖示等營業秘密資料後，為違背雙方簽立保密契約所約定之保密義務，而違反營業秘密法之行為，侵害原告之營業秘密，而致原告受有損害，則「宏久公司」自應依公司法第 23 條第 2 項之規定，與被告陳信華負連帶賠償責任。

㈣原告請求被告陳信華及「宏久公司」連帶負擔費用，將附件所示之道歉啟事內容，以不小於新細明體 20 號之字體，刊載於蘋果日報、聯合報、自由時報 1 日，是否有理由？

1. 按不法侵害他人之名譽，得請求回復名譽之適當處分，民法第 195 條第 1 項後段定有明文。上開規定旨在維護被害人名譽，以保障被害人之人格權。鑒於名譽權遭侵害之個案情狀不一，金錢賠償未必能填補或回復，因而授權法院決定適當處分，目的洵屬正當。而法院在原告聲明之範圍內，權衡侵害名譽情節之輕重、當事人身分及加害人之經濟狀況等情形，認為諸如在合理範圍內由加害人負擔費用刊載澄清事實之聲明、登載被害人判決勝訴之啟事或將判決書全部或一部登報等手段，仍不足以回復被害人之名譽者，法院以判決命加害人公開道歉，作為回復名譽之適當處分，尚未逾越必要之程度（司法院大法官會議釋字第 656 號解釋意旨可資參照）。

2. 本院審酌被告陳信華未經原告同意，除違反兩造所簽立保密契約約定外，竟擅自以自己之名義，將其自原告處所取得而知悉有關新式無塵衣（鞋）之發明設計概念及製作圖示等之營業秘密資料，據以申請前開 2 項新型專利獲准，侵害原告之營業秘密，致身為半導體業者之原告因被告陳信華不法行為，而致受有對新式無塵衣（鞋）

之發明設計概念及製作圖示等之智慧財產之經濟利益之損失外;又原告為半導體封裝測試業者,且原告為求生產人員所著無塵衣、鞋之靜電接地裝置可將人體所產生靜電導出,確保該公司作業物件不會受到人體產生的靜電破壞,以符合客戶要求之國際標準,而早於自101年間即由原告公司人員研究相關技術,以改進舊式無塵衣(鞋)之靜電阻量測值以及人員使用之便利性,而發明在無塵衣鞋內部織縫導電帶,使其得與新式無塵衣之腳踝導電帶連結,進而導通人體靜電至地面之新式無塵鞋,並於102年1月間即向經濟部智慧財產局提出人員靜電接地裝置(即新式無塵衣鞋之導電織帶)發明專利之申請,以為強化對於此開發成果之保護;而原告為知名半導體業者,並在半導體封裝測試市場上享有相當信譽,原告經由其堅實技術能力而取得良好製程表現,以取得客戶對於原告公司之信賴,致該公司享有業務上相當商譽;然被告陳信華於代表「宏久公司」執行業務過程中,於取得前揭原告所交付之營業秘密後,卻無視交易誠信及雙方所簽立保密契約約定,復在明知原告已將前開新式無塵衣(鞋)之發明設計概念及製作圖示等營業秘密之智慧財產權申請發明專利中之情形下,竟仍意圖自身不法利益,藉由搶先取得新型專利權人之身分,以資獨佔新式無塵衣之龐大經濟利益,實有致原告之商譽亦因而受有減損之可能,則原告自得依前揭規定,請求被告陳信華與被告「宏久公司」連帶進行回復原告名譽之適當處分,殆屬無疑;而被告陳信華無視與原告所簽立保密契約,擅自使用、重製原告營業秘密之行為,致原告之客戶告對原告是否可確保客戶之智慧財產與營業秘密受到完善保護遭到質疑之可能,亦可能因而減少原告提供商品或服務獲利之機會,堪認被告陳信華本件侵權情節非屬輕微等一切情狀,故本院認為原告請求被告等連帶負擔費用,將附件所示之道歉啟事內容,以不小於新細明體20號之字體,刊載於蘋果日報、聯合報、自由時報1日,作為回復原告名譽譽之適當處分,為有理由。

㈤末按給付無確定期限者,債務人於債權人得請求給付時,經其催告而未為給付,自受催告時起,負遲延責任。其經債權人起訴而送達訴狀,或依督促程式送達支付命令,或為其他相類之行為者,與催

第六章　積體電路電路布局保護法與營業祕密法

告有同一之效力，民法第 229 條第 2 項定有明文。而遲延之債務，以支付金錢為標的者，債權人得請求依法定利率計算之遲延利息；應負利息之債務，其利率未經約定，亦無法律可據者，週年利率為百分之 5，亦為民法第 233 條第 1 項、第 203 條所明定。原告請求被告賠償其損害，係以支付金錢為標的，而本件損害賠償之給付無確定期限，依上開規定，自應以被告等收受本件刑事附帶民事訴訟起訴狀繕本翌日起負遲延責任。查被告等係 106 年 1 月 3 收受本件刑事附帶民事訴訟起訴狀繕本，此有本院送達回證附卷可按（見智附民卷第 61、62 頁），是原告請求被告等應連帶給付自本件起訴狀繕本送達翌日即 106 年 1 月 4 日起至清償日止，按週年利率 5%計算之法定遲延利息，洵為正當，應予准許；逾此部分之請求，則屬無據，應予駁回。

(六)按法院得依聲請或依職權，宣告被告預供擔保，或將請求標的物提存而免為假執行，民事訴訟法第 392 條第 2 項分別定有明文，且為刑事附帶民事訴訟所準用（參見刑事訴訟法第 491 條第 10 款）。查原告業已陳明願供擔保請准宣告假執行，爰依聲請宣告假執行及對被告酌定相當之擔保金額宣告免為假執行。至原告敗訴部分，其假執行之聲請失所附麗，應予駁回。另訴訟費用並未在刑事訴訟法第 491 條準用之列，且參以同法第 504 條第 2 項、第 505 條第 2 項就刑事附帶民事訴訟移送民事庭之案件均特別規定免納裁判費用之意旨，足徵刑事附帶民事訴訟之當事人並無負擔訴訟費用之問題，本院自毋庸命當事人負擔，併此指明。

四、綜上所述，被告陳信華未經原告同意，擅自使用、重製原告所有營業秘密，據以申請新型專利獲准之侵害營業秘密行為，而違反營業秘密法第 13 條之 1 第 1 項第 2 款之規定，原告依營業秘密法第 12 條 1 項、第 13 條第 1 項第 1 款、第 2 項及公司法第 23 條第 2 項、民法第 195 條第 1 項之規定，請求被告等應連帶賠償 300 萬元，及自起訴狀繕本送達之翌日即 106 年 1 月 4 日起至清償日止，按年息百分之 5 計算之利息，及被告等應連帶負擔費用，將附件所載之道歉啟事內容，以不小於新細明體 20 號之字體，刊載於蘋果日報、聯

合報、自由時報 1 日，為有理由，應予准許。逾此範圍，為無理由，應予駁回。

五、本件事證已臻明確，兩造其餘攻擊防禦方法及所提之證據，經審酌與本院前揭判斷不生影響，爰不另一一論述指駁，附此敘明。

六、據上論結，本件原告之訴一部為有理由，一部為無理由，依智慧財產案件審理法第 1 條、第 27 條第 2 項，刑事訴訟法第 502 條、第 491 條第 10 款，民事訴訟法第 392 條 2 項，判決如主文。

中華民國 107 年 1 月 25 日

刑事第四庭審判長法官陳箐

法官徐右家

法官許瑜容

以上正本證明與原本無異。

如不服本判決，應於送達後 10 日內，向本院提出上訴狀。

中華民國 107 年 1 月 25 日

書記官黃麗燕

附件：道歉啟事內容

本公司與本公司負責人於民國 102 年間參與日月光半導體製造股份有限公司（下稱日月光公司）之採購招標案時，侵害日月光公司之智慧財產，致日月光公司受有損害，本公司暨本公司負責人深感歉意。為此，特刊登本文茲向日月光公司鄭重道歉，未來將謹守專利法、營業秘密法、著作權法等智慧財產相關法規之規定，並藉此機會誠懇籲請各界尊重他人之智慧財產權，以免誤蹈法網。

宏久科技有限公司暨

陳信華（宏久科技有限公司負責人）

第七章 結論

智慧財產權之理論與實務

綜上所論，律法在先進國家是普遍常識；在我國則是專業知識。所謂〝常識（Commonknowledge）〞，係指每個智力正常的公民[19]，皆擁有的知識，具有普遍性。而所謂〝專業知識（Commonknowledge）〞，係指僅在特定領域裡，才擁有知識的公民，具有專業性。

在諸多法律中，《刑法》、《民法》，或《交通法規》等，與我們日常生活息息相關，雖不懂該等律法的內容，然我們知道違不違法之間的界線，盡可能避之。然如不慎違法，闖了紅燈頂多繳交 2,700～4,000 元罰款就了事，不會有後遺症。但如違反了《刑法》或《民法》等，損失就可能非常大，甚至坐牢等，也可能有後遺症，還要花龐大金錢聘請律師辯解[20]，一生幸福就此去了一大半，不得不慎。但至少，違不違法之間的界線，我們清楚，可控性的發生率，自然會少很多。

《智慧財產權法》，也是與我們日常生活息息相關，尤其是企業的經營，更顯得重要，因其罰則更重。違反該法，除民事賠償責任外，還有刑事責任。然而，與我們一生幸福有著重大牽連的《智慧財產權法》，我們卻一知半解，甚至連違不違法之間的界線，也無法掌握，非可控性的發生率，自然會高出很多，尤其在今日《智慧財產權法》的崛起，普遍受到重視。根據《法務資訊網》的統計：近 10 年地方檢察署偵查違反著作權法案件新收計 3 萬 9,064 件之多。

當違不違法之間的界線，無法掌握時，侵權與被侵權，便茫然不知所措，會有兩種現象發生：一則諮詢律師，但要付出高昂代價；二則忐忑不安的投機取巧，受害人告你再說，而你被侵權補償的權利，卻躺著睡覺，殊為可惜。尤其學術人對於〝抄襲〞的認知，更是一知半解，抄襲不僅違反學術倫理，還違反《著作權法》的重製罪。如論文抄襲，不僅學位被撤銷，還要負責重製罪的賠償責任，不是一般人所認知，僅違反學術倫理而已。

---

[19] 所謂的〝公民〞，是指根據該國法律規定而享有權利和承擔義務的人民，簡單說：就是具有選舉與罷免權力的人。

[20] 非知名律師，諮詢費每小時約 6,000 元，每一審出庭費約 40,000～80,000 元不等，

第七章　結　論

　　本書以《智慧財產權之理論與實務》為名，著重於理論與實務兩相呼應，並提供相當之實務經驗，以供參考。其目的，在於提供查閱之工具書，讓非《智慧財產權法》專業的人，有疑問時可查閱參考，以獲得解決。尤其是申請專利、商標等的內容，有能力辨識，也有能力撰寫並自己申請、答辯，可節省很多經費。也可以作為教科書，讓學員從中學習，進而從專業知識走向普遍常識，是為筆者所願。

國家圖書館出版品預行編目資料

智慧財產權之理論與實務／蔡輝振　編著~初版~
臺中市：天空數位圖書　2025.08
面：17X23 公分
ISBN：978-626-7576-23-6（平裝）
1.CST：智慧財產權　2.CST：法規
553.433　　　　　　　　　　　　　　　　　　　114011033

書　　　名：智慧財產權之理論與實務

發 行 人：蔡輝振

出 版 者：天空數位圖書有限公司

作　　　者：蔡輝振

版面編輯：採編組

美工設計：設計組

出版日期：2025年8月（初版）

銀行名稱：合作金庫銀行南臺中分行

銀行帳戶：天空數位圖書有限公司

銀行帳號：006-1070717811498

郵政帳戶：天空數位圖書有限公司

劃撥帳號：22670142

定　　　價：新臺幣 690 元整

電子書發明專利第 I 306564 號

※如有缺頁、破損等請寄回更換

版權所有請勿仿製

服務項目：個人著作、學位論文、學報期刊等出版印刷及DVD製作
影片拍攝、網站建置與代管、系統資料庫設計、個人企業形象包裝與行銷
影音教學與技能檢定系統建置、多媒體設計、電子書製作及客製化等

TEL　　：(04)22623893　　　　　　MOB：0900602919
FAX　　：(04)22623863
E-mail：familysky@familysky.com.tw
Https ://www.familysky.com.tw/
地　　址：台中市南區忠明南路 787 號 30 樓國王大樓
No.787-30, Zhongming S. Rd., South District, Taichung City 402, Taiwan (R.O.C.)